中国联通
智慧城市创新实践案例精选集

中国联合网络通信有限公司智能城市研究院◎编著

人民邮电出版社

北京

图书在版编目（CIP）数据

中国联通智慧城市创新实践案例精选集 / 中国联合网络通信有限公司智能城市研究院编著. -- 北京：人民邮电出版社，2023.7
　ISBN 978-7-115-61357-8

　Ⅰ. ①中… Ⅱ. ①中… Ⅲ. ①现代化城市－城市建设－案例－汇编－中国　Ⅳ. ①F299.2

中国国家版本馆CIP数据核字(2023)第042726号

内 容 提 要

本书分为三篇，首先宏观分析当前我国智慧城市发展的现状与趋势。其次阐述中国联通智慧城市建设的总体思路和全景布局。最后以大量实例来展示中国联通依托新型智慧城市能力体系，紧密结合全国各地基础条件和特色需求，在各地富有创意的实践，聚焦顶层设计、综合集成、精细化治理、城市微单元、创新技术应用五大领域，分别从项目背景和需求、主要做法、特色亮点和应用成效等方面深入分析，生动地反映了中国联通赋能各地智慧城市建设的创新实践。

本书适合各级政府机关、单位，尤其是城市决策者、管理者和信息化方面的相关单位或人员，以及智慧城市、数字经济等相关的科技与产业界从业人员阅读。

◆ 编　著　中国联合网络通信有限公司智能城市研究院
　　责任编辑　苏　萌
　　责任印制　马振武

◆ 人民邮电出版社出版发行　北京市丰台区成寿寺路 11 号
邮编　100164　电子邮件　315@ptpress.com.cn
网址　https://www.ptpress.com.cn
北京瑞禾彩色印刷有限公司印刷

◆ 开本：787×1092　1/16
印张：19.75　　　　　　　　　　2023 年 7 月第 1 版
字数：339 千字　　　　　　　　　2023 年 7 月北京第 1 次印刷

定价：150.00 元

读者服务热线：(010)81055493　印装质量热线：(010)81055316
反盗版热线：(010)81055315
广告经营许可证：京东市监广登字 20170147 号

《中国联通智慧城市创新实践案例精选集》顾问专家组

中国联通专家： 梁宝俊　冯华骏　李广聚　方一明　薛吉平
　　　　　　　　李　勇　陈海波　澹台新谱　冯兰晓　汤子楠
　　　　　　　　魏春城　许　玲　李　研　张建荣　宋雨伦
　　　　　　　　李振军　唐雄燕

特邀专家： 李德仁　单志广　张久珍　张小劲　何　伟
　　　　　　　孟天广　李　治　李平原　曾剑秋　翟　云
　　　　　　　张　过　余　坦　高艳丽　陈　才　刘　锋

《中国联通智慧城市创新实践案例精选集》编委会

主　　编： 梁　鹏　夏俊杰　郭中梅

副主编： 孙　亮　白　喆　单　斐　沈　昭　王剑飞
　　　　　　王　楠

成　　员： 张　亮　董正浩　王　鹏　沙默泉　邓成明
　　　　　　　李文东　杨云龙　郭　宇　李　淼　郭　真
　　　　　　　张硕琳　李　奕　孙春兰　王维治　高德扬
　　　　　　　申　奇　付瑞红　刘泽宇　王丽影　许苗峰
　　　　　　　武　通　姜大鹏　王　题　刘　琪　许幸荣
　　　　　　　杜忠岩　杨　杉　高　枫　冯婷婷　陈奇柏
　　　　　　　苗　滢　白秀军　曾传鑫　杨锦洲　黄一申

参编人员：

韦海波	刘炳坤	韩　冰	王　志	许　杰	许玮辉
虞允纲	韩　敏	余　斌	闻　屏	李浩宇	吕　威
李　武	施巍巍	于百川	杜　鹏	林　颖	邹显荣
甘　泉	姚伟俦	向海燕	潘海峰	钱建华	贺美刚
蒋军君	缪兴凤	陈燕芬	胡卫东	蔡晓贤	黄会然
周安顺	辛民雷	堵炜炜	张　倩	梁　亮	王　扬
金　涛	黄　健	金晓林	于　艳	李　虎	王海征
张　腾	张汉宁	于蕾蕾	谭晓北	李栾丰	王家强
刘相均	申梦飞	刘海敏	刘　源	彭东旭	刘灿鹏
刘艳平	黄玉珊	雷锦华	苏　广	袁凌霄	尹鹏军
高　峰	高媛媛	梁　琰	段彩霞	孙　权	赵智文
周　征	范文涛	陶徐福	刘西洋	李升元	张赫男
詹　旭	王　亲	吴昌杰	冯剑平	陈欢欢	王　灵
方　周	史叶琴	马　嘉	晤日晗	李冬冬	郑宝金
杨东岳	孔　成	蒋冬冬	张　宇	李易宸	沈　涛
陈素芳	陈　凯	王　剑	温　涛	刘　群	刘　涛
张　蕾	董惠敏	陈宇霖	姚　璐	张仁勇	张　忠
周　楠	周文波	王福俊	董　婳	潘　艳	武　燕
刘文强	陈拓明	王馨晨	赵　鑫	王新强	左向龙
李琳霞	丁晓燕	马能文	朱昱霖	侯玉萍	姜　艳
王晓光	谢　飞	刘超群	许　亮	李　阳	吴达文
李　姣	杨雨欣	杨　勇	金赛辉		

PREFACE 序言

城市是汇聚多元化生产要素、提供全时空生活服务的综合有机体，是承载区域经济、政治、科技、文化、教育发展的重要载体，在我国经济和社会发展中发挥着举足轻重的作用。与此同时，城市也面临着环境污染、交通堵塞、资源紧缺等多方面的挑战。智慧城市运用物联网、云计算、大数据等新一代信息技术，促进城市规划、建设、管理和服务智慧化，涵盖优政、兴业、惠民、宜居等各个领域，对解决城市问题、提升城市治理能力、促进城市高质量发展具有重要意义，是推进国家治理体系和治理能力现代化、发展数字经济的重要抓手，是建设数字中国智慧社会的重要体现。

我国高度重视智慧城市建设，党的十九大提出要建设网络强国、数字中国、智慧社会，国家"十四五"规划纲要也重点强调"加快数字化发展，建设数字中国"，智慧城市建设作为城市数字化发展的重要路径必将在我国新发展格局构建中发挥越来越重要的作用。

自2012年建立第一批智慧城市试点以来，经过十多年发展，我国已经成为世界上最大的智慧城市实践国，在一站式服务、公共安全等方面走在世界前列，涌现出北京、上海、深圳、杭州、武汉等一大批代表城市，但也面临协同机制不健全、安全管理不充分、商业模式不成熟等一系列问题。因此，深入总结智慧城市实践经验、深刻认识发展态势、持续开展探索创新对今后智慧城市的发展意义重大。

《中国联通智慧城市创新实践案例精选集》一书从产业参与者视角，提供了很好的实践参考。本书系统分析了我国智慧城市的发展现状和发展趋势，提出了"智能未来城"的智慧城市新形态，并对中国联通在智慧城市领域的总体建设思路、技术产品布局、优势实践案例进行了详细阐述，能够帮助读者更好地全面认知和深入理解智慧城市，有助于推动我国智慧城市从高速建设向高质发展升级，全面推进数字中国、智慧社会的建设，为我国实现第二个百年奋斗目标做出应有的贡献！

中国科学院院士、中国工程院院士

目录 CONTENTS

概念篇

第1章 中国智慧城市发展现状 ········ 001
1.1 宏观指引，政策驱动引领智慧城市发展 ········ 002
1.2 市场向好，智慧城市进入爆发式增长期 ········ 010
1.3 技术驱动，数字技术推进智慧城市更新 ········ 014
1.4 应用创新，各级政府持续强化融合协同 ········ 018
1.5 标杆引领，智慧城市建设走向千城千面 ········ 021

第2章 中国智慧城市发展趋势 ········ 025
2.1 以人为本推动城市服务提标扩面 ········ 026
2.2 基础设施一体化集约建设特征鲜明 ········ 027
2.3 智慧城市、数字政府、数字经济协同化建设 ········ 028
2.4 韧性安全理念融入智慧城市发展 ········ 029
2.5 数据要素价值化助推智慧城市发展 ········ 031
2.6 长效运营探索创新仍是破局关键 ········ 032
2.7 区域协同化加快智慧城市群建设 ········ 033

第3章 智慧城市未来发展形态畅想 ········ 035
3.1 跨空间融合推动智慧城市发展形态演变 ········ 036
3.2 智能未来城：为未来城市有机体赋予智慧 ········ 037
3.3 智能未来城演进方向 ········ 038

方法篇

第4章　中国联通智慧城市建设思路 ········· 041

第5章　中国联通智慧城市建设全景布局 ········· 045
- 5.1　云网融合底座 ········ 046
- 5.2　数据智脑引擎 ········ 046
- 5.3　多领域应用 ········ 048
- 5.4　TOP服务体系 ········ 051

案例篇

第6章　顶层设计 ········· 055

第7章　综合集成 ········· 071
- 7.1　智能基座类 ········ 072
- 7.2　创新模式类 ········ 103
- 7.3　应用融合类 ········ 111

第8章　精细化治理 ········· 161
- 8.1　城市治理类 ········ 162
- 8.2　社会治理类 ········ 196

第9章　城市微单元 ········· 215
- 9.1　智慧园区类 ········ 216
- 9.2　智慧社区类 ········ 237
- 9.3　智慧楼宇类 ········ 263

第10章　创新技术应用 ········· 269
- 10.1　大数据类 ········ 270
- 10.2　物联网类 ········ 275
- 10.3　CIM类 ········ 282
- 10.4　5G+北斗类 ········ 288
- 10.5　区块链类 ········ 295

概念篇

第 1 章
中国智慧城市发展现状

　　智慧城市作为推进城市数字化建设和高质量发展的实践探索，在提升政府治理能力、促进数字经济健康发展、提高政务服务质量等方面具有重要意义，已经成为我国从高速城镇化走向高质量城镇化的主要手段和必要途径。本章从宏观背景、市场形势、技术动能、行业应用、实践标杆 5 个方面，对我国现阶段智慧城市发展现状进行了全面梳理。

1.1 宏观指引，政策驱动引领智慧城市发展

1. 国家战略交汇叠加，为智慧城市发展带来新机遇

当前，我国已踏上"十四五"发展新征程。《中华人民共和国国民经济和社会发展第十四个五年规划和2035年远景目标纲要》（以下简称《"十四五"规划纲要》）首次将"加快数字化发展 建设数字中国"单独成篇，从数字经济、数字社会、数字政府和数字生态4个方面对"十四五"时期数字中国建设做出新的部署，并提出"分级分类推进新型智慧城市建设"的要求。《数字中国建设整体布局规划》明确了数字中国建设"2522"的整体框架，通过推进数字技术与经济、政治、文化、社会、生态文明建设"五位一体"深度融合全面赋能经济社会发展，并提出"构建普惠便捷的数字社会"的要求。智慧城市作为数字中国建设的落脚点，是现代经济社会发展与人民生产生活的重要载体，是推动各领域数字化转型的重要抓手，对实现城市可持续高质量发展具有非常重要的意义。

我国政府高度重视智慧城市建设。2023年，《党和国家机构改革方案》提出组建国家数据局，负责协调推进数据基础制度建设，统筹数据资源整合共享和开发利用，统筹推进数字中国、数字经济、数字社会规划和建设等，由国家发展和改革委员会管理，将中央网络安全和信息化委员会办公室承担的协调促进智慧城市建设等职责划入国家数据局。

在国家战略层面，近年来，党中央、国务院、国家部委在智慧城市建设领域密集施策、重点部署，如表1-1所示。国务院《"十四五"数字经济发展规划》提出构建我国数字经济发展的"四梁八柱"，推动数字经济健康发展，全面引领城市经济、生活、治理数字化转型，提升城市治理体系和治理能力现代化。国务院《关于加强数字政府建设的指导意见》指出，以数字政府建设引领数字社会建设，推进智慧城市和数字乡村建设，着力普及数字设施、优化数字资源供给，推动数字化服务普惠应用。国家发展和改革委员会发布《关于加快落实新型城镇化建设补短板强弱项工作有序推进县城智慧化改造的通知》，推动智慧城市建设向县域下沉，推进县城智慧化改造。工业和信息化部先后发布物联网、新型数据中心、5G（第五代移动通信技术）

应用、区块链等领域的行动计划、指导意见等，在《"十四五"信息通信行业发展规划》中提出推动新型数字基础设施建设，赋能智慧城市、数字经济发展。住房和城乡建设部依托《关于加快推进新型城市基础设施建设的指导意见》推进新型基础设施和CIM（城市信息模型）平台建设，引领城市转型升级。国家互联网信息办公室发布《网络数据安全管理条例（征求意见稿）》等文件，明确网络数据安全要求。

表 1-1 智慧城市建设领域相关政策汇总

序号	发布主体	政策名称	发布时间	相关内容
1	自然资源部	《智慧城市时空大数据平台建设技术大纲（2019版）》	2019年1月	建设智慧城市时空大数据平台试点，指导开展时空大数据平台构建；鼓励其在国土空间规划、市政建设与管理、自然资源开发利用、生态文明建设及公共服务中的智能化应用
2	中央政法委	《全国市域社会治理现代化试点工作实施方案》	2019年12月	突出市域社会治理体制现代化、治理工作布局现代化、治理方式现代化等三大板块，将坚持和完善社会治理制度贯穿其中，提出一系列工作任务，包含16项重点任务和86项基本要求
3	国务院办公厅	《关于支持国家级新区深化改革创新加快推动高质量发展的指导意见》	2019年12月	探索高品质城市治理方式；深入推进智慧城市建设，提升城市精细化管理水平；优化主城区与新区功能布局，推动新区有序承接主城区部分功能；提高新区基础设施和公共服务设施建设水平
4	住房和城乡建设部	关于开展城市综合管理服务平台建设和联网工作的通知	2020年3月	搭建国家、省级、市级平台，实现省级平台、市级平台与国家平台互联互通
5	住房和城乡建设部、工业和信息化部、中央网络安全和信息化委员会办公室	《关于开展城市信息模型（CIM）基础平台建设的指导意见》	2020年6月	明确平台功能，要求构建基础数据库、统一平台和数据标准，推进国家、省、市级CIM基础平台的互联互通和数据共享
6	国家发展和改革委员会	关于加快开展县城城镇化补短板强弱项工作的通知	2020年6月	围绕市政公用设施提档升级，推进市政交通设施、市政管网设施、配送投递设施、老旧小区更新改造和县城智慧化改造
7	住房和城乡建设部、国家发展和改革委员会、民政部、公安部、生态环境部、国家市场监督管理总局	《绿色社区创建行动方案》	2020年7月	提高社区信息化、智能化水平；推进社区市政基础设施智能化改造和安防系统智能化建设；搭建社区公共服务综合信息平台，集成不同部门的各类业务信息系统

续表

序号	发布主体	政策名称	发布时间	相关内容
8	国家发展和改革委员会	关于加快落实新型城镇化建设补短板强弱项工作 有序推进县城智慧化改造的通知	2020年7月	推进县城公共基础设施数字化建设改造。深化服务"一网通办""一网统管",提升公共服务、社会治理智能化水平
9	住房和城乡建设部	《实施城市更新行动》	2020年11月	要大幅提升城市科学化、精细化、智能化治理水平,推行城市治理"一网统管"
10	中共中央办公厅、国务院办公厅	《建设高标准市场体系行动方案》	2021年1月	提出打造一批物联网产业基地和物联网技术应用示范城市,推动市场基础设施互联互通;积极发展"智慧街区""智慧商圈""智慧社区"
11	国家发展和改革委员会、工业和信息化部、住房和城乡建设部、自然资源部等28个部门	《加快培育新型消费实施方案》	2021年3月	提出要加强新一代信息基础设施建设,包括推动城市信息模型基础平台建设,支持城市规划建设管理多场景应用;推进新型城市基础设施建设,实施智能化市政基础设施建设和改造;推进智慧社区建设,实现社区智能化管理
12	住房和城乡建设部	关于开展2021年城市体检工作的通知	2021年4月	建设省级和市级城市体检评估信息平台,与国家级城市体检评估信息平台做好对接,加强城市体检数据管理、综合评价和监测预警
13	住房和城乡建设部、工业和信息化部	关于确定智慧城市基础设施与智能网联汽车协同发展第一批试点城市的通知	2021年4月	确定北京、上海、广州、武汉、长沙、无锡6个城市为智慧城市基础设施与智能网联汽车协同发展第一批试点城市
14	国家发展和改革委员会	《2021年新型城镇化和城乡融合发展重点任务》	2021年4月	建设新型智慧城市,推进市政公用设施智能化升级;建设"城市数据大脑"等数字化、智慧化管理平台,推动数据整合共享,提升城市运行管理和应急处置能力;全面推行城市运行"一网统管",拓展丰富智慧城市应用场景
15	国务院办公厅	关于加强城市内涝治理的实施意见	2021年4月	加强智慧平台建设,建立完善城市综合管理信息平台,整合各部门防洪排涝管理相关信息;有条件的城市,要与城市信息模型基础平台深度融合,与国土空间基础信息平台充分衔接
16	住房和城乡建设部	《城市市政基础设施普查和综合管理信息平台建设工作指导手册》	2021年5月	将综合管理信息平台与城市信息模型基础平台深度融合,实现基于数字孪生的监测预警等典型场景应用,为城市规划、建设、管理及应急处置提供服务,支撑一网统管及新型智慧城市建设

续表

序号	发布主体	政策名称	发布时间	相关内容
17	工业和信息化部、中央网络安全和信息化委员会办公室	关于加快推动区块链技术应用和产业发展的指导意见	2021年5月	利用区块链促进城市间在信息、资金、人才、征信等方面的互联互通和生产要素的有序流动；深化区块链在信息基础设施建设领域的应用，实现跨部门、跨行业的集约部署和共建共享，支撑智慧城市建设
18	中共中央、国务院	关于加强基层治理体系和治理能力现代化建设的意见	2021年7月	加强基层智慧治理能力建设；市、县级政府要将乡镇（街道）、村（社区）纳入信息化建设规划，统筹推进智慧城市、智慧社区基础设施、系统平台和应用终端建设；实施"互联网+基层治理"行动，共建全国基层治理数据库
19	国务院	《关键信息基础设施安全保护条例》	2021年7月	国家对关键信息基础设施实行重点保护，采取措施，监测、防御、处置来源于中华人民共和国境内外的网络安全风险和威胁，保护关键信息基础设施免受攻击、侵入、干扰和破坏
20	工业和信息化部、中央网络安全和信息化委员会办公室、国家发展和改革委员会、教育部、财政部、住房和城乡建设部、文化和旅游部、国家卫生健康委员会、国务院国有资产监督管理委员会、国家能源局	《5G应用"扬帆"行动计划（2021—2023年）》	2021年7月	在5G+智慧城市方面，加快推广基于5G技术的智慧政务服务，以社区、园区、街区等为基本单元加快数字化改造，推动5G技术在基于数字化、网络化、智能化的新型城市基础设施建设中的创新应用
21	自然资源部	《实景三维中国建设技术大纲（2021版）》	2021年8月	实景三维中国建设是贯彻落实数字中国、平安中国、数字经济战略的重要举措，是落实国家新型基础设施建设的具体部署
22	工业和信息化部、中央网络安全和信息化委员会办公室、科学技术部、生态环境部、住房和城乡建设部、农业农村部、国家卫生健康委员会、国家能源局	《物联网新型基础设施建设三年行动计划（2021—2023年）》	2021年9月	推进基于数字化、网络化、智能化的新型城市基础设施建设
23	中共中央办公厅、国务院办公厅	《关于推动城乡建设绿色发展的意见》	2021年10月	指出要推动城市智慧化建设，建立完善智慧城市建设标准和政策法规，加快推进信息技术与城市建设技术、业务、数据融合。开展城市信息模型平台建设，搭建城市运行管理服务平台

续表

序号	发布主体	政策名称	发布时间	相关内容
24	住房和城乡建设部	关于开展第一批城市更新试点工作的通知	2021年11月	在北京等21个城市（区）开展第一批城市更新试点工作
25	国家发展和改革委员会	《关于推动生活性服务业补短板上水平提高人民生活品质的若干意见》	2021年11月	引导支持各地加强政企合作，建设面向生活性服务业重点应用场景的数字化、智能化基础设施，打造城市社区智慧生活支撑平台
26	工业和信息化部	《"十四五"信息通信行业发展规划》	2021年11月	支持新型城市基础设施建设……加快推进城市信息模型（CIM）平台和运行管理服务平台建设；提升数字化社会治理效能；鼓励企业积极参与数字社会、数字政府建设，提升公共服务、社会治理等数字化智能化水平；支持新型智慧城市建设……支持智慧社区建设
27	工业和信息化部	《"十四五"大数据产业发展规划》	2021年11月	城市安全大数据；建设城市安全风险监测预警系统，实现城市建设、交通、市政、高危行业领域等城市运行数据的有效汇聚，利用云计算和人工智能等先进技术，对城市安全风险进行监控、监测和预警，提升城市安全管理水平
28	住房和城乡建设部	《城市运行管理服务平台技术标准》	2021年12月	对城市运行管理服务平台的设计、建设、验收、运行和维护等提出了明确要求
29	住房和城乡建设部	关于全面加快建设城市运行管理服务平台的通知	2021年12月	通知明确，城市运管服平台体系包括国家平台、省级平台和市级平台，三级平台互联互通、数据同步、业务协同
30	中央网络安全和信息化委员会	《"十四五"国家信息化规划》	2021年12月	推进新型智慧城市高质量发展；因地制宜推进智慧城市群一体化发展，围绕公共交通、快递物流、就诊就学、城市运行管理、生态环境、证照管理、市场监管、公共安全、应急管理等重点领域，推动一批智慧应用区域协同联动，促进区域信息化协调发展；完善城市信息模型平台和运行管理服务平台，探索建设数字孪生城市；实施智能化市政基础设施建设和改造，有效提升城市运转和经济运行状态的泛在感知和智能决策能力；推行城市"一张图"数字化管理和"一网统管"模式；丰富数字生活体验，加快发展数字家庭；推进新型智慧城市与数字乡村统筹规划、同步实施，探索城乡联动、资源共享、精细高效的智慧治理新模式

续表

序号	发布主体	政策名称	发布时间	相关内容
31	国务院	《"十四五"数字经济发展规划》	2022年1月	推动数字城乡融合发展；统筹推动新型智慧城市和数字乡村建设，协同优化城乡公共服务；深化新型智慧城市建设，推动城市数据整合共享和业务协同，提升城市综合管理服务能力，完善城市信息模型平台和运行管理服务平台，因地制宜构建数字孪生城市
32	自然资源部	关于全面推进实景三维中国建设的通知	2022年2月	各地要坚持系统观念，强化顶层设计，构建技术体系，创新管理机制，形成统一设计和分级建设相结合、国家和省市县协同实施的"全国一盘棋"格局
33	中共中央办公厅、国务院办公厅	《关于推进以县城为重要载体的城镇化建设的意见》	2022年5月	推进数字化改造；建设新型基础设施，发展智慧县城；推动第五代移动通信网络规模化部署，建设高速光纤宽带网络；推行县城运行一网统管，促进市政公用设施及建筑等物联网应用、智能化改造，部署智能电表和智能水表等感知终端；推行政务服务一网通办，提供工商、税务、证照证明、行政许可等办事便利；推行公共服务一网通享，促进学校、医院、图书馆等资源数字化
34	国务院	关于加强数字政府建设的指导意见	2022年6月	推进智慧城市建设，推动城市公共基础设施数字转型、智能升级、融合创新，构建城市数据资源体系，加快推进城市运行"一网统管"，探索城市信息模型、数字孪生等新技术运用，提升城市治理科学化、精细化、智能化水平
35	中共中央	党的二十大报告	2022年10月	坚持人民城市人民建、人民城市为人民，提高城市规划、建设、治理水平，加快转变超大特大城市发展方式，实施城市更新行动，加强城市基础设施建设，打造宜居、韧性、智慧城市
36	国务院办公厅	全国一体化政务大数据体系建设指南	2022年10月	汇聚城市人流、物流、信息流等多源数据，建立城市运行生命体征指标体系，运用大数据的深度学习模型，实现对城市运行状态的整体感知、全局分析和智能处置，提升城市"一网统管"水平
37	中共中央、国务院	数字中国建设整体布局规划	2023年2月	明确数字中国建设按照"2522"的整体框架进行布局，即夯实数字基础设施和数据资源体系"两大基础"，推进数字技术与经济、政治、文化、社会、生态文明建设"五位一体"深度融合，强化数字技术创新体系和数字安全屏障"两大能力"，优化数字化发展国内国际"两个环境"

推进智慧城市建设，是党中央、国务院推动我国新型工业化、信息化、城镇化和农业现代化同步发展做出的重大决策，有利于深化新一代信息通信技术与城市发展的深度融合，实现城市可持续发展。如图1-1所示，在经历概念探索期、统筹推进期、突破升级期等几个发展阶段后，我国智慧城市建设已进入全面深化期，国家战略交汇叠加、参与主体不断增多，投资规模持续扩大，智慧城市建设和发展迎来了新的机遇。

概念探索期 2008—2012年	统筹推进期 2012—2016年	突破升级期 2016—2020年	全面深化期 2020年至今
理念落地　试点先行	全局统筹　协同推进	以评促建　战略升级	分类施策　融合发展
·2008—2010年：IBM公司提出"智慧地球"，我国提出"感知中国"，物联网兴起 ·2010—2011年：国家物联网示范工程推进，两网一站四库十二金+GIS（地理信息系统），数字城市向智慧、感知城市演进 ·2012年：新型城镇化与智慧城市融合，**多部委开展试点工作**，地方规划密集出台	·国家层面成立**部际协调工作组**，国家发展和改革委员会、国家互联网信息办公室牵头推进智慧城市建设 ·2014年：中共中央、国务院印发《国家新型城镇化规划（2014—2020年）》，将智慧城市列为我国城市发展的三大目标之一 ·2014年8月：国家发展和改革委员会、工业和信息化部等八部委印发《关于促进智慧城市健康发展的指导意见》	·2016年11月：国家发展和改革委员会发布《关于组织开展**新型智慧城市评价工作务**实推动新型智慧城市健康快速发展的通知》 ·2018年10月：国家市场监督管理总局、国家标准化管理委员会发布《智慧城市 信息技术运营指南》 ·2019年3月：国务院政府工作报告强调**智慧城市要柔性化治理**	·2021年3月：《"十四五"规划纲要》提出"**分级分类推进新型智慧城市建设**" ·2022年1月：国务院《"十四五"数字经济发展规划》提出"深化新型智慧城市建设" ·2022年6月：《国务院关于加强数字政府建设的指导意见》强调"推进智慧城市建设" ·2023年2月：《数字中国建设整体布局规划》提出"构建普惠便捷的数字社会"

图1-1　我国智慧城市发展历程

2. 部委政策密集出台，推动行业智慧化与智慧城市深度融合

当前，我国智慧城市建设已进入高质量发展新阶段，大数据、5G、互联网、数字孪生等技术与智慧城市各行业领域深度融合，带动智慧城市各行业领域的创新应用层出不穷，同时也给智慧城市整体发展增添了新动能。为了促进行业领域智慧建设与智慧城市深度融合发展，国家在水利应急、城市发展、综合交通、能源安全等领域积极颁布相关政策，提出了在行业领域数字化、智慧化的建设新要求。在水利应急领域，《"十四五"水安全保障规划》重点提出，要加快已建水利工程智能化改造，不断提升水利工程建设运行管理智能化水平，要推进数字流域、数字孪生流域建设，实现防洪调度、水资源管理与调配、水生态过程调节等功能，推动构建水安全模拟分析模型，要在重点防洪区域开展数字孪生流域试点建设。在城市发展领域，《"十四五"支持老工业城市和资源型城市产业转型升级示范区高质量发展实施方案》强调，要加速推进老工业城市和资源型城市的智慧城市建设，推进数字技术与经济社会发展和产业发展各领域广泛融合，完成城市绿色化改造。在综合交通领

域,《数字交通"十四五"发展规划》提出,到 2025 年,实现"交通设施数字感知,信息网络广泛覆盖,运输服务便捷智能,行业治理在线协同,技术应用创新活跃,网络安全保障有力"6 个目标。在能源安全领域,《电力安全生产"十四五"行动计划》提出,要基于三维数字信息模型技术进行安全预警,依托互联网推动数字孪生、边缘计算等技术应用。

3. 标准体系日趋完善,保障智慧城市健康发展

智慧城市标准体系对新型智慧城市建设具有重要的基础性和支撑性作用,既是引领和支撑新型智慧城市规划设计、建设运营、迭代升级的重要抓手,也是承载新型智慧城市产业、技术规则制定权和国际话语权的载体。智慧城市标准体系建设是引导我国各地智慧城市健康发展的重要手段,是促进信息资源汇聚、共享和开发利用的基础支撑,是推进我国云计算、物联网、大数据、移动互联网等智能技术规模化应用的必要条件,也是我国智慧城市试点建设的重要内容和保障。

我国智慧城市标准体系建设在协调机制搭建、标准组织建设、标准研制实施等方面取得了积极进展,同时也取得了丰硕的成果。

协调机制搭建方面:2014 年 1 月,国家标准化管理委员会下发了《关于成立国家智慧城市标准化协调推进组、总体组和专家咨询组的通知》(标委办工二〔2014〕33 号),正式成立了国家智慧城市标准化协调推进组、国家智慧城市标准化总体组、国家智慧城市标准化专家咨询组 3 个小组,探索建立了智慧城市标准化协调机制。

标准组织建设方面:智慧城市标准化工作是一项高度复杂的系统工程,在总体组指导与协调下,全国信息技术标准化技术委员会(SAC/TC28)、全国智能建筑及居住区数字化标准化技术委员会(SAC/TC426)、全国通信标准化技术委员会(SAC/TC485)和全国信息安全标准化技术委员会(SAC/TC260)等相关标准化技术委员会均在各自的领域内开展了智慧城市相关标准的研究工作。结合新阶段的智慧城市信息技术标准化需求,全国信息技术标准化技术委员会于 2019 年 7 月成立了直属"智慧城市标准工作组(SAC/TC28/WG28)"。此外,国家测绘地理信息局和卫生健康委员会等相关部门也开展了时空基础设施和智慧医疗等相关领域的标准化工作。

标准研制实施方面:2021 年 12 月,国家标准化管理委员会、国家互联网信息

办公室、科学技术部等十部门联合印发《"十四五"推动高质量发展的国家标准体系建设规划》，该规划在重点领域国家标准体系中提出研制智慧城市标准，并从智慧城市分级分类建设、基础设施智能化改造、城市数字资源利用等方面进一步明确了我国智慧城市国家标准的研制方向。

成果方面：根据《智慧城市标准化白皮书（2022版）》，在2015版智慧城市标准体系（试行稿）的基础上，我国已构建了新版智慧城市标准体系总体框架，如图1-2所示。目前我国相关标准化技术组织共规划、立项了69项急用先行的国家标准，其中39项已发布。在我国智慧城市标准体系中，GB/T 33356—2016《新型智慧城市评价指标》有效支撑了全国智慧城市评价工作，GB/T 36333—2018《智慧城市顶层设计指南》等国家标准已成为各地开展智慧城市规划、建设、评估时重点参考的技术依据。加速研制智慧城市领域评价指标、数据资源融合、共性应用平台、典型场景、运营服务等标准，规范智慧城市相关项目建设与管理，为落实《智慧城市建设指南》提供有力支持。

图1-2 智慧城市标准体系总体框架
（数据来源：《智慧城市标准化白皮书（2022版）》）

随着新型智慧城市相关理念认知的演化，以及相关地方智慧城市实践的不断丰富和发展，新的标准化需求不断涌现，在新形势下需要不断加强对智慧城市标准体系的研究，加快制定适应新时期发展要求的智慧城市领域标准。

1.2 市场向好，智慧城市进入爆发式增长期

1. 新技术产业的快速发展为智慧城市奠定坚实的产业基础

当前，新兴数字技术突飞猛进，已成为推动城市经济社会高质量发展的重要

引擎。据国务院、工业和信息化部、中国信息通信研究院等数据，预计到 2025 年，5G、人工智能、大数据及云计算市场规模将突破 7.7 万亿元，为我国智慧城市建设提供重要支撑。一方面，新技术在城市治理和公共安全领域的应用，能有效提升城市治理效能，促进城市公共服务的精细化、普惠化、智慧化水平；另一方面，通过智慧城市对新兴信息技术的市场化应用，将城市数字技术和数据要素转化为现实生产力要素，形成城市数字产业链和产业集群，使得新兴技术产业发展更加活跃，不断催生全新的城市应用场景，成为加速智慧城市发展的重要驱动力。未来，充分利用数字技术和智能化设施，开展物联网数据动态采集、实时监测和智能分析，推动 5G 技术在城市社区的普及应用，尤其是推动新兴数字技术在交通、环境、市政等民生领域的应用，加快推进城市传统基础设施的数字化改造和升级，将成为智慧城市运行管理决策和精准服务的重要手段。

2. 智慧城市发展规模不断扩大，市场前景广阔

建设智慧城市和发展数字经济是我国重要的发展战略。2021 年是"十四五"开局之年，《"十四五"规划纲要》《"十四五"国家信息化规划》《"十四五"数字经济发展规划》《国家新型城镇化规划（2021—2035 年）》《关于加强数字政府建设的指导意见》《数字中国建设整体布局规划》均将智慧城市作为重要建设内容，并明确了智慧城市作为我国城镇化发展和实现城市可持续化发展方案的战略地位，国家政策也持续刺激各地对智慧城市的建设需求，对促进智慧城市和相关行业的发展具有极大的积极作用。同时，国家互联网信息办公室、国家发展和改革委员会、工业和信息化部、住房和城乡建设部等多个国家部委陆续推出不同类型的智慧城市试点超过 1200 个，积极推进智慧城市建设中的技术应用和模式探索，国家相关支持资金规模不断扩大，为智慧城市发展提供了重要保障。此外，各省也在加大投资力度，积极推进市、区、县不同类型的智慧城市试点示范建设，促进了智慧城市市场规模化发展。各级政府持续推动智慧城市建设工作，吸引了大量社会资本加速投入，直接拉动智慧城市产业的大规模发展。中国信息通信研究院、中商产业研究院等统计的数据显示，中国智慧城市市场规模近几年均保持 30% 以上的增长，2021 年市场规模达 21.08 万亿元，预计 2022 年市场规模将达 24.3 万亿元，2023 年市场规模将达到 28.6 万亿元，如图 1-3 所示。

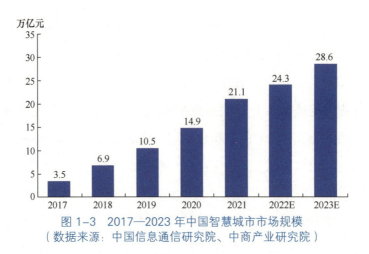

图 1-3 2017—2023 年中国智慧城市市场规模
（数据来源：中国信息通信研究院、中商产业研究院）

3. 智慧城市市场下沉，引领新一轮发展热潮

我国智慧城市建设经过多年发展，已经进入"全面深化"阶段，具体表现在，一是应用内容持续扩展，各行各业的智慧化应用不断成熟落地；二是建设主体逐步向基层下沉，促进"数字城乡"建设，推动基层治理能力持续提升，弥合城乡数字鸿沟，加速"城乡一体化"进程。在此背景下，以县（区）域为主要载体的智慧城市和数字乡村，大中城市的智慧园区和智慧社区等小区域、细分场景智慧化建设成为重要内容。从市场数据看，智慧城市建设向县（区）域下沉，智慧社区建设已经成为重要趋势，正逐步成为新型智慧城市建设的新空间。据不完全统计，2021 年县（区）级智慧城市项目招标占到全国智慧城市项目招标总数近 59%，招标预算占比接近 48%，全国智慧社区每年投资规模已接近 6000 亿元，预示着我国县（区）域智慧城市建设市场在持续扩大。同时，为助力国家新型城镇化建设，众多智慧城市厂商都积极布局县（区）域、新城新区、智慧园区、智慧社区等智慧城市建设市场，正逐步成为智慧城市下沉发展的主导力量。

4. 智慧城市建设主体多元化，综合能力成为核心竞争力

智慧城市建设涉及政府、企业、公众等多个角色，政府引导、市场主导、公众参与的模式逐步形成，建设主体呈现多元化。一方面，政府积极鼓励和引导社会资本参与智慧城市建设，吸引了 ICT（信息与通信技术）设备供应商、电信运营商、系统集成商、软件开发商、互联网、金融、房地产等企业纷纷入局。中国信息通信研究院

测算，智慧城市各级政府财政支出约占总投资的 21%，社会投资约占 79%。激烈的市场竞争打破了原有企业业务格局，单一产品的竞争优势不再明显，只有整体化的解决方案才会被市场所选择。需要指出的是，整体解决方案不仅对企业的技术能力要求高，还要求企业具备投融资、持续运营服务和产业生态带动等综合性能力。地方政府积极探索建设和运营模式，在政府成立大数据类管理局的基础上，通过重组本地国有资产或引入社会资本联合组建本地化、平台化运营企业，推动智慧城市持续运营。目前，这些本地化平台企业主要是通过与 ICT 厂商合作推进项目建设，未来要谋求长期发展，还需要重点从运营技术、运营人才和运营模式方面，系统强化智慧城市持续建设和运营的能力。值得关注的是，随着智慧城市建设的深入发展，无论是平台还是上层应用，模块化协同集约建设会成为主流。在主导运营的服务商的管理下，政府也在积极推进通过细分场景"揭榜挂帅"，召集不同厂商多元参与本地智慧城市建设，打造开放、公平的市场环境，进一步加快形成智慧城市建设主体多元化格局。

5. 智慧城市建设模式务实创新，共性平台服务更受青睐

目前，智慧城市建设模式从大的方面来说，主要有政府投资建设，政府和运营商合作建设，企业 BOT（建设 – 运营 – 移交）、企业建设运营共性平台、政府购买服务模式等。随着智慧城市建设场景的细分扩展和向区县、社区、乡村持续下沉，政府持续投资建设和运营智慧城市的压力越来越大，对集约建设和商业化运营的要求也越来越高。因此，在中小城市、微单元及细分场景领域，由企业建设运营共性平台、政府购买服务的模式越来越受到关注。中国联合网络通信有限公司（以下简称"中国联通"）在北京、河南、山东等地正在积极探索智慧社区、县（区）域智慧城市、智慧园区、数字乡村等共性服务平台建设和运营模式，使得基层政府购买智慧城市服务像购买"SIM（用户识别模块）卡"一样灵活成为现实，持续降低政府建设投资难度和企业运营的复杂度。在国家深入推进城市更新、新型城镇化和基层治理的大背景下，这种由国有通信运营商建设运营智慧城市共性平台、政府灵活购买服务的模式，既能有效缓解财政投资压力，还能确保网络和数据安全，实现智慧化建设敏捷、快速迭代更新。随着共性平台自身建设和生态体系建设的日益成熟，企业建设运营共性平台、政府购买服务的模式对城市政府会变得

越来越有吸引力，智慧城市建设和服务生态向平台汇聚也会成为重要趋势。

1.3 技术驱动，数字技术推进智慧城市更新

1. 5G＋融合创新为智慧城市提供技术动能

5G与人工智能、区块链、云计算、大数据、边缘计算等技术深度融合应用（如图1-4所示），打造"感知＋传输＋存储＋计算＋智能＋安全＋可信"的数字化生产力，将开启以泛在连接、数据洪流、终端智能和主动感知为特征的"万物智联"新时代。

图1-4 5G＋融合创新

"5G＋人工智能"，可实现海量原始数据的高效上传、智能运算结果的高速分发，提升智能的可及性，同时辅助实现5G网络资源的智能分配、精准投放，推动网络运营降本增效，实现连接的智能化；"5G＋区块链"可促进更多终端数据链条化，提高网络连接的可靠性、安全性，促进数据存整、身份验证、供应链追溯等应用加速落地；"5G＋云计算"可促进云网深度融合，催生云联网、云组网、云专线、云宽带等新型服务模式；"5G＋大数据"依托5G技术的高速率、广连接、低时延等特性，可进一步提升数据收集能力，同时为5G网络和服务优化提供数据分析支撑能力；"5G＋边缘计算"可促进中心节点算力下沉，支持海量数据的就近处理，实现终端设备的高效协同工作。

2. 数据要素成为新型智慧城市发力的关键

在数字经济时代，数据要素是智慧城市建设不可或缺的关键，数据要素的价值与城市发展不断深度融合，使得城市成为数字价值创新的主战场。数据具有基础性战略资源和关键性生产要素的双重属性，企业应善用数据生产要素，发展数字化生

产力,通过数据要素互联互通,推动智慧城市应用场景创新,让城市更智慧。以数据要素驱动的新型智慧城市建设,为城市发展带来了政府新治理、产业新动能、惠民新服务的"三新"发展机遇。在政府治理领域,通过数据要素共享融合,提供对人、地、物、事、组织、舆情的全要素、全状态的全景洞察,促进城市高效运行,降低城市发展内耗,提升城市治理能力的现代化水平;在产业发展领域,通过数据要素激活全产业链,为企业发展注入新动能;在民生服务领域,基于数据共享互通的跨场景智慧应用能够改善市民生活,提升人民的幸福感。

3. 城市大脑正在成为智慧城市建设的新热点

《"十四五"规划纲要》提到"以数字化助推城乡发展和治理模式创新,构建城市数据资源体系,推进城市数据大脑建设"。如今,在《"十四五"规划纲要》"新基建""人工智能""数字经济"等相关战略和政策的引导下,随着智慧城市发展的不断深化,城市大脑正在逐步成为智慧城市建设的核心内容。城市大脑以共性基础平台建设和场景创新应用支撑为重点,融合物联网、云计算、大数据、人工智能、区块链等新一代信息技术,通过建设集约共享的通用能力组件,解决跨行业、跨领域的关键共性技术问题,为城市的各类智慧场景赋能。

杭州作为城市大脑发展的起源城市,在全国率先制定了《杭州城市大脑赋能城市治理促进条例》,全力推进城市大脑建设,上海、北京等多地也结合自身需求,纷纷探索城市大脑在城市运行管理等方面的应用。目前城市大脑正逐步由"积极探索"走向"全面建设",城市大脑在治理海量数据、优化资源配置、提升治理能力、促进产业发展等方面表现出巨大潜能,已成为政府推进智慧城市建设的焦点。此外,城市面临的各类公共突发事件也让各级政府意识到数字化的迫切性和重要性,将城市大脑的理念提升到全局高度,以城市大脑统筹引领全域智慧城市建设,实现政务服务"一网通办"、政府运行"一网协同"、城市运行"一网统管"、政府决策"一网慧治",提升城市治理体系和治理能力现代化水平。

当前,城市大脑的内涵逐渐丰富,如图1-5所示。一方面,纵向多层级城市大脑逐步细化,市级城市大脑着力汇聚数据资源,聚焦政务服务、城市治理、经济运行、社会治理等领域的智慧化升级;社区小脑关注基层治理,以智慧党建为引领,重点开展网格管理、养老服务等方面的建设;而区县中脑衔接大脑和小脑,关注智慧园区、智慧城管等融合应用场景。另一方面，横向多行业城市大脑持续拓展，城市各个领域的管理者都面临所在领域决策、分析、精细化治理的问题，城管大脑、交通大脑、生态大脑、经济大脑等不断涌现，不断满足城市运行和发展的实际需要。

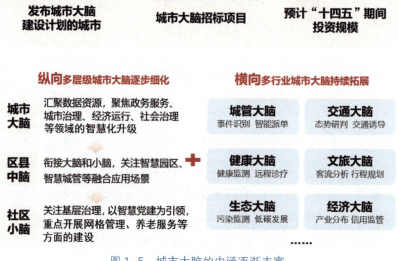

图1-5　城市大脑的内涵逐渐丰富

4. 数字孪生城市为智慧城市规建管全生命周期赋能

随着新一代信息技术发展演进、城市数字化转型持续加速、城市现代化治理能力不断提升，数字孪生城市应运而生，如图1-6所示。从技术角度来说，数字孪生城市融合5G、大数据、人工智能、新型测绘、物联网、云计算等先进的信息技术，构建城市全域泛在感知体系、信息高速传输体系、三维全息仿真体系和数据智能决策体系融合的复杂系统，打造智慧城市的数字化基础底座。从建设理念角度来说，数字孪生城市是一种城市智慧化建设的新范式和数字化转型的新路径，是城市治理能力现代化的重要推动力，为城市规建管全生命周期赋能。数字孪生技术为城市提供一张全景视角图，构筑城市二三维多源多时空全量数据资源池；提供一系列精细管理手段，构筑城市全域立体感知能力体系，深度透视洞察城市体征数据及运行规律；提供一盘棋城市管理协同手段，实现城市全域资源协调联动和系统管理；提供一站式城市管理科学决策支撑，实现城市发展态势模拟仿真和推演预判，以数据驱动城市管理决策，优化城市资源配置。

图 1-6　数字孪生城市示意

近年来，国家高度重视数字孪生城市建设并将其纳入国家决策体系。2021年，《中华人民共和国国民经济和社会发展第十四个五年规划和2035年远景目标纲要》明确指出"完善城市信息模型平台和运行管理服务平台，探索建设数字孪生城市"，成为数字孪生城市重要的政策里程碑。各地政府也积极跟进，从政策、项目、市场等多个维度强力推动数字孪生城市建设，构建"基础设施+数据+平台+应用"的数字孪生城市建设体系，推进数字孪生在城市规划、建设、运行、管理、服务的全流程闭环的应用落地，探索城市数字化转型的新路径和新动力。

雄安新区是我国数字孪生城市建设的先行者，"数字城市"建设贯穿"物理城市"建设全过程，实现城市一张蓝图绘到底。浙江、广州、北京、天津等省市也是我国数字孪生建设的领跑者，建成了一批具有技术先进性和应用实效性的项目，取得了丰富的建设成果，为数字孪生城市在全国各省市全面铺开树立了新标杆。

5. 网络安全与隐私保护构筑智慧城市安全底线

当前，经济社会发展逐步向数字空间拓展，新技术广泛应用在为我们带来便利的同时也使得网络安全、数据安全、关键信息基础设施安全和个人信息安全等领域的安全威胁不断加剧，安全问题已经渗透到国家宏观发展和人民群众日常生活的方方面面。信息时代，强化智慧城市建设网络安全，确保相关数据的绝对安全，无论对个人还是对国家来说，都极为重要。

近年来，我国加大网络安全政策指导力度，陆续发布了"三法一条例"，即《中华人民共和国网络安全法》《中华人民共和国数据安全法》《中华人民共和国个人信息保护法》和《网络数据安全管理条例》，为网络安全提供强有力的法治保障，进一步驱动网络安全技术产业的发展。在产业发展方面，各创新主体纷纷聚焦数字产业化和产业数字化发展需求，不断提升网络安全技术水平，深度探索人工智能、大数据、区块链等新兴技术在网络安全领域的应用，强化应对新的安全威胁的能力，推动智慧城市健康可持续发展。

1.4 应用创新，各级政府持续强化融合协同

当前，我国智慧城市的研究与实践更加务实，在搭建智慧城市大脑、智能中枢、城市信息模型等底层逻辑的基础上，赋能不同行业的应用系统，支撑城市空间高效治理，拓展社会经济、生态环境、城市治理等不同领域的创新性应用场景。

1. 协同应用推进城市治理与服务跨部门融合

从电子政务到"互联网 + 政务"，再到数字政府，政务服务一直是智慧城市建设的基础和重点场景应用。近年来，很多城市以智慧大脑建设为契机，整合各个部门管理运行和政务服务数据，面向政府决策、部门管理和社会服务，打造多元化的跨部门、跨层级、跨业务应用场景，进一步深化了政务服务"一网通办"、城市运行"一网统管"、政府运行"一网协同"等协同应用。

一网通办：2018 年 7 月，国务院印发《关于加快推进全国一体化在线政务服务平台建设的指导意见》，明确要求加快建设全国一体化在线政务服务平台，推进各地区、各部门政务服务平台规范化、标准化、集约化建设和互联互通，形成全国政务服务"一张网"。截至目前，全国 31 个省级政府和 40 余个国务院部门全部建设了自己的政务服务平台。作为实现全国"一网通办"总枢纽的国家政务服务平台，主体功能建设已完成并开始运行，初步具备统一的身份认证、事项管理、电子证照、电子印章、数据共享等能力。各地推进"一网通办"建设也呈现出 5 个特点。一是在推进"一网通办"时坚持制度创新。不少地区通过构建"数据 + 业务"双轮驱动的管理新机制，与转变政府职能、深化"放管服"改革紧密结合，建立健全政务服务平台建设和管理协调机制。二是在建设一体化平台时坚持统筹推进。在国务院办公

厅的牵头带动下，国务院各有关部门、各地政府通力打好"组合拳"，以国家政务服务平台为总枢纽，实现了政务服务平台建设从"独唱"到"合唱"，从分头建设向集中管理的转变。三是在实现数据共享时着力破解难题。以政务服务数据整合共享为抓手，全国一体化在线政务服务平台按照国家政务服务平台统一标准，推动系统通、数据通、用户通、证照通、业务通，着力破解了影响"一网通办"的互联互通难、数据共享难、业务协调难等难题。四是在深化应用时坚持"以用户体验为中心"。以企业群众生产生活中的高频事项为重点，坚持流程优化、业务创新，有效解决了企业群众办事环节多、跑道多、收费多、材料多的"四多"，进一步实现了减时间、减环节、减材料、减跑动的"四减"。五是以移动政务应用推动服务方式从"线上"到"指尖"，App、小程序成为政务服务的新平台、新支点，进一步丰富了企业群众办事的载体和渠道。

一网统管："一网统管"从概念提出到实践落地，经历了城市网格化管理、城市综合管理服务和城市运行管理服务3个阶段。从2004年网格化城市管理模式的应用与推广，到2017年城市综合管理服务平台的提出与探索，再到2021年城市运行管理服务平台建设的全面实施，"一网统管"经过了近20年的探索和实践，目前已经进入以全方位状态监控为基础、跨部门协调联动为抓手、智能化预警处置为核心的新阶段。2021年12月，住房和城乡建设部发布《关于全面加快建设城市运行管理服务平台的通知》（建办督〔2021〕54号），要求各地以城市运行管理"一网统管"为目标，在城市综合管理服务平台建设和联网工作的基础上，围绕城市运行安全高效健康、城市管理干净整洁有序、为民服务精准精细精致，以物联网、大数据、人工智能、5G移动通信等前沿技术为支撑，整合城市运行管理服务相关信息系统，汇聚共享数据资源，构建全国城市运行管理服务平台"一张网"。同步发布《城市运行管理服务平台建设指南（试行）》《城市运行管理服务平台技术标准》（CJJ/T312-2021）和《城市运行管理服务平台数据标准》（CJ/T545-2021），作为现阶段指导平台建设和运行的基本依据，推动城市运行管理服务平台建设进入全面实施阶段。

一网协同："一网协同"理念起源于近年来各地政务信息化建设的实践，旨在提高党政机关办文、办会、办事水平，促进各级党政机关协同办公，强化跨层级、跨地域、跨部门、跨系统、跨业务的协同联动能力。随着互联网的普及，基于新一代信息化技术发展和当下政府用户数字素养的提升，原有办公系统在功能和技术体系上已难以满足当前需求，政府治理也面临着越来越多的跨域业务处理需求。特别是国务院发布《关于加强数字政府建设的指导意见》（国发〔2022〕14号）中明确要求"加快一体化协同办公体系建设，全面提升内部办公、机关事务管理等方面共性办公应用水平，推动机关内部服务事项线上集成化办理，不断提高机关运行效能"，因此政府党政机关更加重视政府一体化运行和提升移动办公协同水平，移动协同办公系统的横向贯通也成为数字政府下一步的重要建设方向。

2. 超级App成为整合智慧城市服务内容的有效手段

随着智慧城市建设的深入发展，城市超级App将成为智慧城市发展的重要手段，"i深圳""粤省事"等的横空出世都是超级App的成功实践，它们在提升数字政府的管控能力、改善营商环境、促进经济发展方面发挥了积极的作用。

城市超级App在城市治理能力、政务服务水平、城市综合承载能力、群众获得感和城市品牌建设等方面都发挥了举足轻重的作用，也正在成为一个城市重要的命运共同体。以南京为例，"我的南京"定位为一站式获取南京本地多方位信息的政务App，它集合了公众日常所需的基础民生服务，初步实现了各个政府部门资源的整合，提供了一站式的公共服务平台，公众通过一个入口即可找到所需服务，不仅给公众带来了极大便利，也简化了政府业务办理程序，提升了公共服务的水平和质量。

据不完全统计，现有城市App主要有智慧交通、智慧医疗和智慧生活3种类型。智慧交通以提供出行缴费、实时路况和交通违章等功能栏目为主；智慧医疗以医疗服务预约、健康信息查询、移动医疗缴费等功能栏目为主；智慧生活以便民服务、人社服务、政务服务等功能栏目为主。但是在城市App中，这3类的比重存在差异，首先占比最高的是交通类，占比达44.5%；其次是生活类相关的，占比达37.8%；而医疗应用则是占比最少的，只占17.7%。当然也有整体比较综合的城市App，例如"北京通""智慧青岛""我的南京""灵锡"等，既涵盖了政务服务、人社服务、便民服务，也整合了预约挂号、实时公交、交通违章查询等健康、交通类栏目。

3. 丰富的智慧应用加速与城市场景深度融合

智慧城市建设逐步渗透到市民生活、企业生产、社会治理等各个方面，尤其是

在园区和社区等城市微单元领域、校园等民生领域、交通等城市治理领域，智慧应用与城市场景的深度融合已经成为当前智慧城市建设的主要抓手。

智慧园区：园区是智慧城市建设的重要组成部分，通过智慧园区管理平台和遍布园区的传感器网络，智慧园区可以实现对生产设备的实时监测，对园区人流、车流实时动态监测，推动园区空间布局和承载力的合理分配，提升园区运行效率、保障生产安全。

智慧校园：整合利用人工智能、物联网、5G、云计算等技术助力校园智慧化建设，实现教学、科研、管理、服务的资源共享，创建安全健康的校园环境、赋能教学科研创新、提高教学质量和效率。

智慧社区：早在 2014 年，住房和城乡建设部就发布了《智慧社区建设指南（试行）》，在场景化建设语境下，智慧社区越来越多地与基层治理结合起来。用信息技术搭建平台可以为基层社会治理赋能，构建全民参与和共享的智慧社区利益共同体。随着人口老龄化趋势的加剧，老年人成为智慧社区场景建设中重点关注的群体。《智慧健康养老产业发展行动计划（2021—2025 年）》提出要通过实施智慧养老服务推进工程，推进新一代信息技术及智能设备在居家、社区、机构等养老场景集成应用，重点打造家庭养老床位、社区助老餐厅、养老院等智慧化解决方案。

智慧交通：随着自动驾驶技术的不断进步，新的智慧交通应用场景不断涌现，包括无人公交、物流配送、环卫作业、港口码头等具体应用场景。智能网联汽车、无人驾驶等技术的发展，也将促进城市道路、建筑、公共设施、交通工具等共同形成更泛在、更智能的融合感知体系，从而提升交通运行效率。

智慧能源、绿色建筑：能源大数据、智慧云平台、智能控制技术、区块链技术等新技术、新平台的建设和发展，为能源运行管理和碳排放监测提供了丰富的技术支撑。国务院在《关于加强数字政府建设的指导意见》中提出要推动绿色低碳转型，加快构建碳排放智能监测和动态核算体系。发展绿色建筑将成为实现绿色转型的重要抓手，通过既有公共建筑的智能化、低碳化改造，以及新建建筑能耗、碳排放的智能监测管理，实现建筑节能减排。

1.5 标杆引领，智慧城市建设走向千城千面

智慧城市在国内各地迎来发展热潮，北京、浙江、上海、广东等省市积极开展

城市数字化转型，探索出本地化的智慧城市建设重点和发展路径，在建设理念、推进思路与发展成效等方面走在全国前列。

北京以打造全球数字经济标杆城市为目标，推进数字政府、数字经济、数字社会一体建设。北京市经济和信息化局牵头制定了智慧城市规划共性基础平台总体框架，以"三京"和"七通一平"为骨架和核心控制手段，实现"控入口、控数据、控底层"，如图1-7所示。北京在政务云、接诉即办、智慧平安社区、区级城市大脑等方面形成了特色亮点，创新了云服务管控模式，依托12345热线建立"接诉即办"平台，探索超大城市治理新模式，推进智慧平安社区建设，为社区基层治理提供了新手段，海淀区、西城区等建立区级城市大脑，市、区、街道、社区等四级联动和跨部门协同治理，从技术和组织机制方面进行了创新尝试，取得了显著成效。

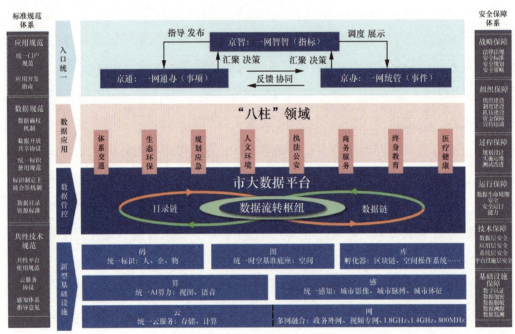

图 1-7 北京市智慧城市规划共性基础平台总体框架

浙江在全国率先部署了"数字化改革"工作，推动各领域制度重构、流程再造、系统重塑，打造全面深化改革的金名片。浙江提出全局性、系统化的数字化改革体系架构，2022年2月召开的数字化改革推进大会将最初的"152"架构迭代升级为"1612"架构。浙江省数字化改革着重强调"数据资源"共享共治，通过"一体化智能化公共数据平台"将公共数据归集范围扩大到党委、人大、政协、法院、检察院等机构，推动社会化公共数据与政府公共数据的融合打通，实现数据"按需归集、应归尽归"。通过"党政机关整体智治"总揽全局,建设党政机关整体智治综合应用,实现党的全面领导在"制度""治理""智慧"3个维度纵深推进。此外,浙江还创新提出"V型工作法",指明数字化改革工作路线,将顶层设计和基层创新相结合,设计数字化改革小切口,从局部重点领域打造出具有地方特色的数字化改革亮点成果,如图1-8所示。

城市数字化转型助力上海成为国际数字之都,探索面向超大城市治理新经验、塑造未来城市核心竞争力。2021年10月,上海市发布《上海市全面推进城市数字化转型"十四五"规划》,提出了"1+3+6"的任务体系,"1"是厚植"城市AIoT(人工智能+物联网)基础设施+城市数据中枢体系+城市共性技术赋能平台"的转型基础,"3"是"经济数字化转型、生活数字化转型、治理数字化转型"三化联动推进转型,"6"是实施数字价值提升工程、数字技术策源工程、数字底座赋能工程、数字规划引领工程、应用场景共建工程、转型标杆示范工程六大工程,如图1-9所示。在建设实施方面,上海市坚持底座先行,率先建成"双千兆宽带城市",加快建设全国一体化大数据中心体系的上海枢纽节点,升级"随申码",加快实现全市"一码通行";大力推动数据要素流通,公共数据开放综合排名全国领先,累计向社会开放数据资源近5400余项,形成普惠金融等10多个标杆应用,大数据核心产业规模达2300亿元,上海市数据交易中心数据流通总量超过百亿条。同时,上海市在数据立法、数据跨境流动方面也走在全国前列,出台《上海市数据条例》,在临港新片区建设一批国际互联网数据专用通道,发布了全国首个智能网联汽车数据跨境流动操作指引。

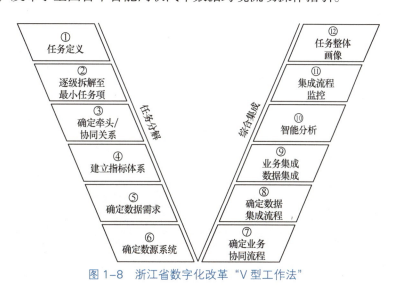

图1-8 浙江省数字化改革"V型工作法"

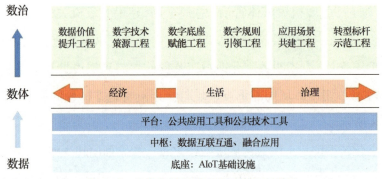

图 1-9　上海市城市数字化转型任务体系

广东省在全国率先探索省域治理"一网统管",以深化政务服务的"一网通办"为主线,积极拓展"跨省通办、跨境通办"。广东省以数据要素市场化配置改革为引领,聚焦省域治理与政务服务两个着力点,以数字政府建设牵引推动全面数字化发展,利用新技术、新模式赋能智慧城市建设。早在 2004 年,广东省就开展了城市信息化工作,形成深圳、广州、佛山等一批全国智慧城市典范案例。2017 年,广东省在全国率先启动数字政府改革建设,在省委省政府领导下,建立"全省一盘棋"数字政府改革建设机制,创新"管运分离,政企合作"建设运营模式,推进数据共享、流程再造、管理创新,推出"粤省事""粤商通""粤政易"系列品牌,高频服务事项基本实现"指尖办理",网上政务服务能力跃居全国首位。2021 年,广东省人民政府办公厅印发《广东省数字政府省域治理"一网统管"三年行动计划》,广东省"1+3+5+N"的"一网统管"基本架构如图 1-10 所示;2023 年,广东省《政府工作报告》进一步提出深入推进数字政府 2.0 建设,加快政务服务"一网通办"标准化、规范化、便利化,丰富省域治理"一网统管"应用体系。

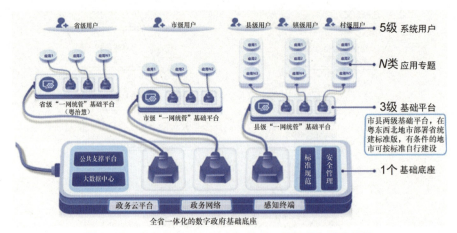

图 1-10　广东省"1+3+5+N"的"一网统管"基本架构

第 2 章

中国智慧城市发展趋势

  在新发展时期，智慧城市建设将更加注重"以人民为中心"的发展理念，坚持集约化、一体化发展路径，深入践行韧性安全的建设要求，以数据要素价值释放为抓手，贯彻"建运并重、长效运营"的发展思路，逐步从单一城市的智慧化发展向区域协同智慧化升级加速演进。

2.1 以人为本推动城市服务提标扩面

人是城市的主体，智慧城市建设将从关注管理需求向关注人的服务需求转变。城市是人类社会步入文明时代的标志，人是城市的主体，人的全面发展和生活品质的全面提升是城市发展的根本目标，随着智慧城市建设的深入，满足居民对美好生活向往的数字化应用场景将得到进一步的拓展和释放。以人民为中心，要求智慧城市的建设更加注重居民的主观感受，从关注自身的管理需求向关注居民的服务需求转变，以公众和企业的切身利益和实际需求为出发点，依托数字技术为市民创造幸福的生活环境、为企业构建良好的营商环境。以智慧交通为例，早期很多城市强调交通基础设施的精细化管理。在城市里大量安装摄像头和传感器，主要用于交通违章、违规的发现和管理。随着智慧城市建设理念的转变，如今智慧交通建设更加注重技术服务于人，逐步以人们的出行需求为发力点，一体化出行服务、"一键护航"、信号自动配时优化等场景应用大量出现并日趋完善。

智慧城市服务在便利化、智能化的基础上，更加趋向精细化、个性化，更加关注特殊群体。近年来，各地政府不断增强公共服务水平，城市居民越来越多地享受到随时随地、多渠道的生活服务。从新加坡政府提供"e-citizen"主动将服务整合，把人的需求和发展放到首要的位置，到我国北京、广州、福州等城市建设了面向市民的市民主页和融合服务平台，通过计算机、手机、热线、社区服务站等多种渠道，提供政务服务、公共服务、增值服务、网络信息服务整合，不仅落实了"便民、利民、惠民"的执政理念，而且搭建了政民良性互动、共同开展城市治理的桥梁。在此基础上，服务智能化能力显著提升，"最多跑一次""一次不用跑""不见面审批""秒批秒办"等先进模式在全国范围探索应用、普及推广。城市服务水平持续提升的同时，智慧城市建设也更加关注"数字普惠"。我国现有残疾人超 8500 万，60 岁以上老年人超 2.67 亿，他们在获取信息、消化信息和利用信息方面存在不同程度的障碍。智慧城市建设正在从"均等化"向"精准化"升级，更加关注特殊群体、持续消除"数字鸿沟"，让建设成果更多、更公平地惠及全体人民，成为智慧城市未来发展的重要目标。如图 2-1 所示，网站、App 针对"银发群体"推出大字体、大图标、高对比度、界面简洁的"老年模式""关怀版"，针对残疾人推出"无障碍浏览模式"，实现在线服务的智能导办、远程帮办、边聊边办等。未来，这些个性化、精细化的服务将成为智慧城市建设的亮点。

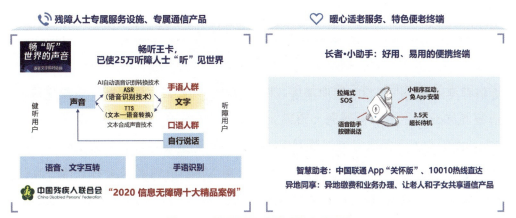

图 2-1 联通助力实现"数字普惠"

智慧城市治理和服务下沉，更关注基层单元。随着"放管服"改革的不断深化，智慧治理与服务从城市向社区、村镇等基层延伸，社会管理服务体系呈现全要素网格化管理的发展态势，各地加快构建多部门协同、多网格叠加的新型基层治理体系，将"人、地、事、物、情、组织"等全要素纳入"一张网"管理，涵盖城市管理、综合治理、环境保护、市场监管、安全监管、公共服务、基层党建等诸多领域，实现多格合一、多网融合。同时基层治理最小单元化趋势明显，更加强调城市运行的每一个最小管理单元都是一个智能的生命体，通过相互之间的连接和聚合，最终构成一个完整、复杂、有机的城市综合体，"感知一栋楼，连接一条街，智能一个区"治理理念逐步落地。随着各地积极探索社会化协同治理模式，公众参与、社会协同的基层网格化管理服务模式将加快成熟，逐步形成"公众参与、社会协同、上下联动、人人有责"的共建、共治、共享的新格局。

2.2 基础设施一体化集约建设特征鲜明

以融合感知、传输、存储、计算、处理为一体的新一代智能化信息基础设施，以及通过利用物联网、先进计算、人工智能等新一代信息技术对交通、能源、水利、管网、市政、环保等传统基础设施进行数字化、网络化、智能化升级，是构建智慧城市的重要组成部分。未来智慧城市建设将更注重云网基础设施及共性支撑平台的集约化建设。

一方面，智慧城市需要同步开展"空、天、地、水、网"一体化的基础设施建设和智能化改造，尤其关注地下管网及相关市政设施的深度感知与智能监测、浮空应急通信平台的布局，真正实现统筹化的城市智能基础设施部署。另一方面，云计算、大数据、人工智能、区块链等共性平台的集约化建设将对数据资源共享互通、算力资源灵活调用、智慧应用加速落地提供强有力的支撑，将同样成为智慧城市下一步重点建设内容。《浙江省数字基础设施发展"十四五"规划》提出打造全国数字基础设施标杆省，有力支撑全省数字化改革、数字经济发展和数字浙江建设的目标，并以"集约发展、联动建设"为主要原则，从网络基础设施、算力基础设施、新技术基础设施、物联基础设施、融合基础设施等方面提出主要任务，致力于搭建"共建共享、开放合作"的基础设施建设环境。广东省按照集约建设的原则，构建"1+N+M"的政务云平台，包含1个省级政务云平台、N个特色行业云平台、M个区域级和地市级政务云平台，并为党委、人大、政协及群团组织预留接口、提供服务，如图2-2所示。

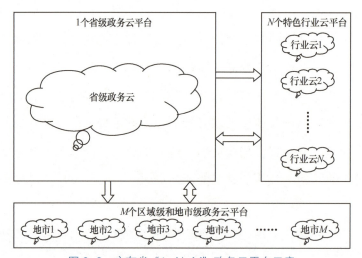

图2-2 广东省"1+N+M"政务云平台示意

2.3 智慧城市、数字政府、数字经济协同化建设

智慧城市、数字政府、数字经济三者相互融合、协同发展，共同实现个人、企业、政府的生活方式、生产方式和治理方式的整体性变革。智慧城市通过创新商业模式、

孵化商业场景，服务数字经济发展，同时推动基础设施智能化转型，提升政府数字化履职能力。数字政府注重优化营商环境、加强经济监管，推动数字经济发展，并依托"一网统管"等数字化手段提升城市治理水平，促进智慧城市建设水平不断提升。数字经济的蓬勃发展可以优化产业布局、推动资源均衡配置，进而促进政府部门治理效能的提高，并通过培育新业态、新模式、新产品，提升生活品质，助力智慧城市不断满足人民群众对美好生活的需要。

以全域旅游为例，其旨在通过对区域内经济社会资源尤其是旅游资源、相关产业、生态环境、公共服务、监管机制、文明素质等进行全方位、系统化的优化提升，实现区域资源有机整合、产业融合发展、社会共建共享。一是更加关注市场监管、生态环境保护等数字化履职体系建设的数字政府建设，目标是推动治理体系和治理能力的现代化；二是更加关注产业协同、品牌宣传、营销推广的数字经济建设，目标是推动产业数字化和数字产业化等新经济形态的发展；三是更加关注城市运行的交通服务、公共服务、导览导购、咨询投诉等智慧城市建设，目标是推动城市高效、便捷、安全运行。三者的共同目标是实现经济和社会资源的有效利用，目标一致，互相补充。

智慧城市建设将更加注重数据整合和应用融合，面向城市服务对象，聚焦"优政、兴业、惠民"，促进建设主动、智能的整体数字政府，助力发展数据要素资源依法自由流动的蓬勃数字经济，从而深入推进数字政府、数字经济和智慧城市三位一体化发展。

2.4 韧性安全理念融入智慧城市发展

近年来，特大暴雨、燃气爆炸等城市突发安全事件时有发生，再度考验着城市治理体系和治理能力，同时也成为智慧城市建设水平的一次大检阅。随着我国智慧城市建设的持续推进，城市在数字基础设施、数据治理、科技赋能方面取得了长足进步，"数字化抗疫""城市大脑"等一批智慧城市建设成果在处置城市安全事件中发挥了重要作用。

总体来看，我国智慧城市建设以满足城市运行管理、解决效率问题为主，尚不能完全满足城市突发安全事件对城市应急管理的需求，城市治理能力特别是应急处理突发安全事件能力的不足给各地的智慧城市建设和运营带来了严峻挑战。《"十四五"规划纲要》明确提出建设"韧性城市",实现"既要繁荣,又要安全"的双重目标已成为城市建设与发展的新要求。以韧性城市治理理念与实践来构建城市安全,弥补城市的脆弱性,将成为未来智慧城市建设新的发力点。

智慧城市与韧性城市建设理念走向融合。当前各地智慧城市建设都开始探索融入韧性治理理念,从城市运行安全全局出发,以数字技术手段构建安全、协同、高效、灵活的城市治理体系,持续强化各类灾害的监测预警、城市风险的分析管理、城市灾后的恢复评估和资源调配等韧性城市建设中的重要环节,依托智慧城市构建的数字基座、中枢与应用发挥最大效用,使韧性城市和智慧城市成为统一体。

城市治理与应急管理协同机制加快建立。针对突发性公共事件,各地政府都在积极推动构建集决策、组织、指挥、协调和控制于一体的权责体系和协同机制,着力做到全面部署、统一指挥、统一协调和统一调度,提高应对执行力。尤其在协同机制方面,建设统一的城市应急管理与治理大数据共享体系已成为共识,通过深化政府信息资源的跨部门、跨层级、跨区域互通与协同共享,提高信息传递效率。

新一代信息技术持续驱动韧性城市治理能力升级。随着5G、云计算、大数据、物联网、人工智能、区块链等信息技术的深化应用,全要素表达、仿真推演、虚实融合能力进一步成熟,在提升城市治理能力"前瞻性与及时性"的迫切需求下,深化大数据预警预测能力、加快构建数字孪生城市成为未来智慧城市建设升级的"新选择",由此进一步推动新型智慧城市向平台集约整合、资源融合共享、应用高效开发、治理全面赋能为特征的集成融合方向演进,这些特征成为数字时代反映城市治理能力的重要显性指标。

城市级数字基础设施安全与应急体系建设成为重要关注点。随着智慧城市在社会经济、生产生活中扮演越来越重要的角色,城市还面临网络安全、信息安全、数字基础设施安全等方面的严重威胁,一旦城市的信息化系统平台、关键基础设施遭受网络攻击和不可抗力破坏,就会让城市业务停摆、经济停滞,造成社会不稳定。未来,智慧城市将更加关注以城市为主体的数字基础设施安全,通过政府统筹规划、建设、运营,实现安全风险的及时发现、快速响应、联防联控、灾备恢复,构建城市级数字基础设施安全体系与应急体系,为城市数字化转型保驾护航。

2.5 数据要素价值化助推智慧城市发展

数据资源共享开放将成为主旋律。当前,由于部分政府缺乏主动开放数据的意识和动力,以及部分信息存在安全性的要求,导致社会数据占比高达 80% 的政务数据尚未充分体现其公共服务价值。随着《关于构建数据基础制度更好发挥数据要素作用的意见》的发布,政府将大力提升数据共享开放水平,重点促进数据要素市场交易流通。特别是,政府部门将优先推动高价值数据(如信用、卫生、医疗、企业登记、行政许可、交通、就业、社保等领域的数据)在市场中开放共享,为企业、个人、社会提供数据资源,进一步释放数据红利。同时,作为公共服务及行业管理部门,政府也将加强数据安全监管法律法规建设,设立政府数据共享开放负面清单,构建个人信息保护制度框架,加强跨境数据流动监督管理,统筹推进各数据要素市场主体协同发展。

"数据可用不可见"将成为数据交易流通中的重要技术趋势。该技术通过隐私计算对信息进行加密与共享,实现数据按用途与用量进行使用且在使用过程中不被泄露。隐私计算解决了长久以来在数据交易流通中较难规避的保护敏感信息(包括个人隐私、商业机密)不被泄露、不可反推的问题。例如,在金融领域,中国联通与电商平台进行联合建模,输出消费金融业务准入和额度授信,提高了电商平台业务风控的准确率。通过隐私计算平台的分布式联合建模技术,在确保数据共享的过程中各方原始数据不出门的前提下,完成用户消费行为数据和用户运营商行为数据的联合风控建模,同时满足企业商业利益与用户隐私保护和信息安全的需求。

数据要素市场行业应用不断拓展。《中共中央 国务院关于构建更加完善的要素市场化配置体制机制的意见》指出,要培育数字经济新产业、新业态和新模式,支持构建农业、工业、交通、教育、安防、城市管理、公共资源交易等领域规范化数据开发利用的场景。当前,5G、大数据、人工智能、区块链等技术加速向各行业融合渗透,数据赋能、赋值、赋智作用日益凸显,数据要素市场应用场景不断拓展。在治理现代化领域,中国联通深挖数据要素的经济价值和社会价值,充分发挥"人口+"大数据优势,为 24 个国家部委和省市政府机构社会治理提供服务。在公共服务领域,中国联通打造河南省金融服务共享平台,实现政府、银行、企业数据资源高效精准对接,累计为中小微企业节约融资成本 6.78 亿元。在产业服务领域,中国商用飞机有限责任公司 5G 全连接工厂采用

5G 与制造业工业互联网的融合应用，实现生产资源三化（生产管理扁平化、作业流程标准化和生产操作规范化）革新，加速数据要素赋能生产过程，打造了近百个 5G 应用，辅材质检效率提升 300%。

2.6 长效运营探索创新仍是破局关键

长效运营成为促进智慧城市健康发展的核心因素。 我国智慧城市建设已进入"深水区"，一方面全国已有超过 89% 的地级及以上城市、47% 的县级及以上城市开展智慧城市建设，另一方面智慧城市重建设轻运营、只运维不运营、运营模式不清晰等问题日渐突出，严重制约智慧城市健康发展与建设成果发挥成效。此外，公共突发事件也在数据互通、应急处置等方面对智慧城市运营提出了新要求。在此背景下，各地政府逐渐意识到智慧城市长效运营的重要性，充分发挥市场在资源配置中的决定性作用，通过政企合作引入优势企业，从管理机制、技术应用、业务协同等多方面提升智慧城市运营质量，着力提高基础设施、数据资源、共性平台、场景应用的运营水平，推动"政府主导、以建为主、建运分离"的智慧城市传统发展模式向"多方合作、建运并重、长效运营"的可持续发展模式转变。

构建多方合作的运营生态是开展长效运营的关键所在。 智慧城市是新技术和城市发展相互融合的产物，完善的运营保障是实现组织机制变革、业务模式创新，以及推动城市高质量发展的必要条件。多地政府积极探索构建智慧城市运营新生态，推动智慧城市建设运营主体向多元化发展，有效减轻政府财政压力，吸引和整合更多的生态资源带动本地发展。同时充分发挥领先企业在技术、人才方面的优势，增强智慧城市运营的专业性，提高公众在智慧城市建设中的参与感，切实了解公众的真实诉求，提升公众对智慧城市服务的满意度。如北京市海淀城市大脑采用政府主导、多元参与、共建共享模式，建立政府、研究院、建设运营平台公司、产业联盟共同建设的"四轮驱动"机制，具体由中关村科学城城市大脑股份有限公司负责建设运营，联合海淀城市大脑科技产业联盟企业打造海淀区城市大脑产业新生态，携手百度、寒武纪等先进科技企业，首次实现了国产 AI 芯片和算法的适配，归集市区 20 多个部门的数据资源，聚焦城市管理、环境保护、应急指挥等领域，构建了 50 余个业务场景应用，打造出动态感知、统筹指挥、智慧决策、精准服务的城市治理新范式。

数据运营和场景运营成为长效运营的重要内容。智慧城市是数据资源的关键汇聚地，一方面城市的运行会产生大量的政务数据、企业数据、公众数据，能够全方位展现城市运行生命体征，另一方面城市数据资源的共享开放、开发利用可以进一步释放数据要素价值，通过预测城市运行态势、优化产业经济布局、支撑政府决策部署等提升智慧城市建设和运营质效。例如北京市经济和信息化局创新"政府监管+企业运营"的公共数据市场化应用模式，授权北京金融大数据公司建设金融公共数据专区，承接公共数据托管和创新应用任务。应用场景是智慧城市从概念到落地的重要环节，也是面向政府、企业、公众提供服务的主要载体，打通应用场景和业务流程，加强场景运营、促进智慧城市场景服务从被动接受到主动供给、从批量供应向精准匹配转变，是开展智慧城市长效运营的必要举措。例如成都城投智慧城市科技有限公司以城市照明为切入点，专注开展成都市智慧多功能杆运营和智慧城市拓展业务，依托智慧多功能杆提供灾害预警、停车辅助、环境监测等服务。

2.7 区域协同化加快智慧城市群建设

伴随着新型城镇化加速发展，以城市群为典型特征的区域协同进入新的历史阶段。《"十四五"新型城镇化实施方案》提出，"提升城市群一体化发展和都市圈同城化发展水平，促进大中小城市和小城镇协调发展，形成疏密有致、分工协作、功能完善的城镇化空间格局"。智慧城市群以大中型智慧城市牵引、带动中小型智慧城市建设，通过统一建设标准、实现基础设施和数据资源互联互通、搭建区域科技创新平台、建立分工合作差异互补的产业体系、构建一体化的公共服务体系、打造协同化的社会治理体系，推动智慧城市从单点发力向智慧城市群体合建演进，将智慧城市的价值从一个城市延伸到一个区域，促进区域内各城市协调联动、特色化发展。

我国《"十四五"规划纲要》提出分类推动京津冀、长三角、珠三角、成渝等19个城市群发展，目前智慧城市群建设已经初见成效。以珠三角城市群为例，中共中央、国务院于2019年印发《粤港澳大湾区发展规划纲要》，明确提出"建设智慧城市群"；在基础设施领域，珠三角城市群着重建设全面覆盖、泛在互联的智能感知网络及智慧城市时空信息云平台、空间信息服务平台等；推进电子签名证书互认工作，推动大湾区电子支付系统互联互通；粤港澳大湾区与华为、平安等巨头企业签署合作协议，依托政企合作高质量推进智慧城市群建设。

第 3 章
智慧城市未来发展形态畅想

  10 年前，智慧城市初露锋芒；10 年后，智慧城市方兴未艾。对于城市发展而言，"只有进行时，没有完成时"。对于未来的城市发展，我们认为将呈现出物理、社会、数字三元空间映射-交互-共生的新形态，实现虚实城市人机协同、无界融合、自我进化的发展新模式，引领智慧城市未来发展。

3.1 跨空间融合推动智慧城市发展形态演变

未来新型智慧城市将呈现出物理空间、数字空间、社会空间深度融合、相互作用的新形态,全生命周期管理、跨时空协同贯穿始终,城市精细化管理、智能化服务、特色化发展成为主基调,如图 3-1 所示。

图 3-1　多空间融合共生的新型智慧城市形态

物理空间是智慧城市建设的坚实根基。人/组织、地、物是城市物理空间的主要内容。未来物理空间的建筑物、城市部件、车辆等所有静态、动态实体要素都将映射到数字空间,为智慧城市发展提供基础的物理支撑。

数字空间是智慧城市发展的全新路径。数字空间是城市物理空间在数字世界的映射孪生。在数字空间,人员、车辆、城市部件等虚拟化实时在线,不断产生大量数据,加速城市治理能力从物理空间向数字空间延伸。在数字空间将形成基于大数据的全方位、立体化、全周期的城市智脑决策支持系统,推动城市智慧化自主演进。

社会空间是智慧城市建设的成果表现。社会空间是实现城市各体系板块协同的主要载体,在物理空间与数字空间协同变革中催生新治理模式、新服务方式、新经济形态与新生态环境。社会空间的运行反馈将进一步指导智慧城市物理空间和数字空间持续融合互动、优化完善,以更好地促进智慧城市建设在社会空间的成果体现。

全生命周期管理是智慧城市可持续发展的长久驱动。从规划、建设到管理运营的全生命周期管理理念将会贯穿智慧城市的全过程。坚持问题导向、效果导向,强化规划的前瞻性、建设的实效性和管理运营的可持续性,是保障智慧城市长效发展的根本。

3.2 智能未来城：为未来城市有机体赋予智慧

智能未来城，是利用数字技术，以人本需求为出发点，对城市场景在多维度空间进行改造升级，具备人机协同、无界融合、自我进化等能力特征的超新型智慧城市。

1. 人机协同的智能体

智能机器与各类智能终端已经成为人类的伴随者，未来智慧城市的发展形态将会是人与智能机器的交互与混合，实现人机物广泛互联、深度融合。5G 和人工智能等新一代信息技术的融合发展，将推动形成"端、边、枢"全域一体的城市协同智能体系，即末端感知智能、边缘计算智能、中枢决策智能。智能未来城建设将以多元数据融合为核心刻画城市体征，通过"端、边、枢"协同智能体系赋予城市生命，推演未来趋势。

2. 无界融合的有机体

有机体是指各个部分有序地结合在一起的整体，未来智慧城市将会是数字世界、物理世界和社会组织无缝衔接、有序运行、良性互动的"无界生态"。人们的衣食住行已经演变为真正意义上的一种无界空间，物理城市和数字城市的边界逐步模糊，在社会空间内的各种行为活动、组织关系等也都会同步在数字城市实现映射。城市的各个空间彼此交互、作用和影响，系统间的协同、信息的交互、业务的融合成为常态，在交互和融合的过程中实现价值再造，在此过程中，未来智慧城市的各类场景体系将有条不紊地搭建起来，实现整体运行。

3. 自我进化的生命体

一座城市就是一个自我进化的生命体，类似于生命体的生物属性，城市的各个部分运行通畅，才能保证生命体的健康。通过多维度、多应用场景的海量数据来维护城市，让算法和算力在数据的业务应用过程中逐步提高精度和效率，逐步从感知、认知、决策到自学习、自进化，城市才能实现不断的发展与壮大。基于智能机器构建的城市多元数据分析能力，不仅能在技术上提升城市的洞察分析能力，还能使城市的组织和治理能力得到同步提升，真正实现城市自动决策替代传统的经验决策。通过"感知－预警－处理－反馈－评估"的闭环提升城市运行的效率。

3.3 智能未来城演进方向

1. 多脑多级协同打造群体智能

智慧城市是一个系统工程，其发展也遵循"木桶效应"，群体的效率远高于个体，只有各部分的智慧相互协同，城市才能实现整体最优。城市大脑一直是智慧城市建设的重点内容，未来智慧城市的建设将以建立交通大脑、环保大脑、应急大脑等为突破口，搭建首期大脑平台，初步实现城市大脑在交通、环保等垂直领域率先统一落地。随着新一代信息技术的不断发展，城市大脑功能将逐步完善，横向不断拓展到文旅、社区等民生领域，纵向实现"城市大脑＋区县中脑＋社区小脑"的垂直贯通，推动城市大脑的全面深化应用，整体提升城市治理体系和治理能力现代化水平。同时，5G网络在未来的快速发展将进一步推进算力边缘化，越来越多的物联网终端将具备边缘计算能力，实现"大小脑并用"的分布式智能，在智能交通、智能医疗、智慧园区等领域具有广阔的应用前景，"大脑＋小脑"的多脑并用模式也将应运而生。

2. 社会服务及生产突破时空限制

随着5G以及新的高速移动通信基础设施的普及，未来大量智能系统都将构建在高速移动通信网络基础之上。社会实体对基础设施和数字技术的应用逐渐全面线上化，个人和组织的活动空间从物理空间拓展至数字空间，数字化的信息传播方式不受限于地域，极大地拓展了人们的消费、收入、生产活动空间。只要连接网络，身处各地的人们即使足不出户也能以较低的成本享受相同的信息服务，满足社会服务和生产的需求。比如从社会生产来看，在未来工作环境中，异地协同工作、机器人实时远程触控等将成为普遍形态，时空距离大幅度压缩使得社会协同大生产成为可能。从个人生活来看，未来智慧城市将给生活服务带来不一样的沉浸式体验，线上零售、远程教育、远程办公、远程医疗等实现更加广泛深入的应用，将成为人们生活中必不可少的内容。

3. 城市实现自主感知、判断与学习

在新技术体系快速发展的大背景下，算法、算力和运算速度已经突破了性能瓶颈，智慧城市具有了"高智商"。基于技术的迅猛发展，智慧城市自身的"情商"将不断提升，在利用新技术判断和理解城市方面能够持续积累成功的经验与总结失败的教训，从而实现自我校正，城市的服务也将由"被动"变得"主动"。所谓"被动"，即城市各主体有需要的时候，呼唤系统，下达指令，系统才会响应，否则保持静默。与"被动"相比，"主动"服务会更加积极，一方面，城市将自主感知运行状态，基于城市运行过程中产生的各类数据、事件信息等内容，进行自主分析与学习。另一方面，城市将以学习成果反馈指导城市更新、优化，随着数据不断积累、系统不断更新，城市提供的主动服务会更加准确、高效、可靠，逐步培养智慧城市发展的自驱力。

方法篇

第4章
中国联通智慧城市建设思路

城市作为现代经济社会发展与人民生产生活的主要载体,其智慧化建设是数字经济发展的重要抓手。中国联通始终践行党中央、国务院的重要指示,坚持依托数字信息基础设施的核心优势,融通"云、大、物、智、安、链"等数字化转型关键能力及运营优势,致力于成为"新型智慧城市建设者和运营服务商"。

中国联通构建"城市智脑"新型智慧城市能力体系（如图 4-1 所示），立足"大连接""大计算""大数据""大应用""大安全"五大主责主业，通过"一个联通，一体化能力聚合，一体化运营服务"，打造全要素、高协同的智慧城市综合服务系统，通过构建核心基座自主研发、场景应用生态聚合、服务全链条、安全端到端的特色能力，推动城市实现高效精细新治理、惠民便民新服务、智能升级新产业和宜居绿色新生态。

图 4-1　中国联通"城市智脑"新型智慧城市能力体系

N（Network and Cloud Integration）即云网融合底座：作为基础电信企业，中国联通充分发挥端网云一体化优势，做深大连接，做强大计算，打造融合、弹性、高速的 5G 特色云网基础设施，为智慧城市搭建起信息系统运行载体，提供"连接＋感知＋计算＋智能"的算网一体化底层服务。

E（Engine of Digital Intelligence）即数据智脑引擎：立足核心能力自主研发，做活大数据，强化大数据、人工智能、区块链技术融合，发布数据智脑引擎 4.0，重点打造了数字孪生城市通用信息模型（CIM）平台及"5G+ 北斗"时空服务体系，提供物联感知、数智融合和时空孪生特色能力，提升大数据创新应用的产业供给能力和行业赋能效应，为城市搭建"智慧中枢"。

X（X Domain Application）即多领域应用：坚持"自主创新＋生态聚合"发展模式，依托城市智能运行中心，打造涵盖优政、惠民、兴业、宜居的应用体系，设计面向未来生产、生活、治理的智能化场景，因地制宜地提供特色应用，助力城市全领域融合协同与创新突破。

T（TOP Service System）即 TOP 服务体系：整合顶层规划（Top-level Planning）、全链服务（One-stop Service）和安全护盾（Protection for Safety）等运营商专业能力，为各地新型智慧城市建设和运营提供高品质服务。

中国联通新型智慧城市能力体系具备以下特色优势。

基座全自研——以 5G 为引领，聚焦核心能力自主研发，构建云网融合、数智一体的核心基座，助力建设广度、厚度、深度一流的智能化综合性数字信息基础设施，为经济社会高质量发展打下数字地基。

应用汇生态——坚持"自主创新 + 生态聚合"发展模式，设计面向未来生产、生活、治理的智能化场景，助力千行百业转型升级，因地制宜地提供特色应用，助力城市全领域融合协同与创新突破。

服务全链条——依托集团、省、市、县四级服务支撑体系，提供"规建管运"全链条一站式服务，涵盖方案设计、金融服务、定制开发、集成交付、持续运营等，实现通信技术/信息技术/数据技术一站服务、全国项目一点对接、自研产品支撑全网，为城市数字化转型升级提供高品质服务。

安全端到端——坚持"数据安全是生命线、安全事件零容忍、敏感数据不出门"的三大安全原则，打造数字经济"'国家首席、政府首选、人民首信'的安全第一盾"。通过网络原生安全和国产化架构，维护云网稳定、守护数据安全、建立可信监管，构筑端到端自主可控的安全能力体系。

第 5 章
中国联通智慧城市建设全景布局

中国联通以信息基础设施优势、数智链技术长板和项目丰富实践经验为依托,打造多端接入、多网融合、多云管理的云网融合底座,构建以物联感知、数智融合、时空孪生为核心的数据智脑引擎,赋能城市智能运行中心及优政、惠民、兴业、宜居四大领域智慧化应用的建设,为各地提供顶层规划、全链服务、安全护盾等一体化服务,助力我国智慧城市健康长效发展。

5.1 云网融合底座

中国联通充分发挥端网云一体化能力优势，构建融合、弹性、高速的 5G 特色云网基础设施，打造算网一体服务，为智慧城市建设打造坚实的数字底座。

多端接入： 融合传感器、视频摄像头、手机、无人机等多种物联设备，与城市感知平台形成配套，实现云端智能深度协同，为城市各类智能应用提供广泛的数据接入和设备管理。

多网融合： 打造覆盖有效、体验优良、能力一流、效能卓越的 5G 精品网，搭建连接千家万户的千兆宽带精品网，建设品质卓越、智能安全的政企精品网，以及泛在智联、高低速协同的物联网，保障各类场景数据互联与流通。依托 5G、光纤网、物联网等精品网络，构建云网融合服务能力，提供安全、快捷、弹性、随选的异构混合云组网方案，打造金融、政企、视频智能精品网、云专线、云宽带、云加速和联通云盾等云网一体产品解决方案，实现城市智能设施与行业应用的泛在连接。

多云管理： 构建云网一体、安全可信、专属定制、多云协同的"联通云"，依托算网一体化，提供海量数据存储云、物联感知云、视频云、自主可控云、5G 边缘云、智链协同云、混合云七大场景云特色产品，满足细分场景下政府对算力、网络、存储等资源的灵活性需求。构建兼容开放、异构混合的多云管理平台，打造云治理、云资源、云服务、云成本、云运维、云适配六大功能模块，实现云资源的多云统一接入、多层级统一管理与多维度编排统计分析，为政府、企业提供跨平台、跨领域的优质云计算服务，保障云业务稳定运行。

5.2 数据智脑引擎

1. 物联感知

建立一张空、天、地一体化的城市感知网络，使能城市万物感知、万物互联。依托物联网平台，实现城市感知信息采集、汇聚、服务一体化，赋能环境监测、城市部件管理、智慧消防等场景。目前，联通物联网平台已具备百万级物联网设备高

性能并发和万路级摄像头接入的能力，支持多协议、多设备、多网络混合接入。

2. 数智融合

构建"大数据+AI"核心基础能力，打造数智融合新平台，发挥数据一点集中、全国运营的差异化优势，构筑新一代大数据底座，激发数据要素的倍增效应，赋能城市思考和决策。

盘活数据资产，释放数据价值。构建强大的数据中台，融合政府、金融、互联网等多维数据，快速构建城市全域数据资源体系，形成城市级数据资产，保障数据资产流通、安全、可信，为数据驱动治理模式创新提供强大可靠的基础。基于数据中台可提供数据归集、治理、共享交换、智能分析、安全为一体的全链路一站式服务，全面推进数据资源整合和开放共享。

挖掘潜在规律，辅助智能决策。打造 AI 中台，基于人脸识别、人体识别、人群识别、物体识别、环境识别等能力，赋能不少于 40 种高频算法场景，实现交通、应急、公共服务等城市应用的智能化决策，支持跨事件、跨场景、跨行业融合分析，服务城市高效、科学治理。

3. 时空孪生

构建数字孪生城市 CIM 平台，通过 GIS（地理信息系统）+BIM（建筑信息模型）+IoT（物联网）融合应用，接入城市规划、市政、工程建设、管理、政务等多源数据，融合时空服务、模拟仿真等能力，在数字空间构建时空一体、动静结合的数字城市，实现与物理城市的虚实交互与融合创新。CIM 平台赋能城市全域要素数字化、实时状态可视化、管理决策智能化，优化提升城市规划、建设与管理能力，为支撑保障城市高效、安全、有序运行提供创新工具。

打造"5G+ 北斗"时空服务体系，提供室内外亚米级、厘米级高精度融合定位和高精度授时服务。基于位置、姿态、时间等基础元素，为城市内所有静态、动态的参与者，提供统一精准的时空信息服务，助力实现交通出行的高精度和无人化、建筑设施状态的高精度感知。同时形成城市时空数据资产，助力城市在数字空间实现全域、全量、高精度、动态的精准映射和融合分析，推动城市精细治理，实现城市高效运营，提升公众生活满意度。

5.3 多领域应用

1. 城市智能运行中心：统筹全时全域治理

城市智能运行中心（IOC）依托联通大数据洞察服务能力，融合城市多源数据，借助智能技术，实现城市各领域运行态势可视、可管、可控，打造城市对外展示的数字窗口。IOC 可为城市提供全域态势感知、智能预测预警等常态智能服务，以及联动调度、辅助决策等应急态智能服务，满足跨领域专题分析、跨场景事项联动、跨组织/层级调度、跨系统对接，有效支撑城市整体及垂直领域的运营管理。

2. 优政：彰显高效治理模式

坚持全生命周期管理理念，全面动态感知城市人、物、事件等，提升城市精细化治理能力、增强突发事件应对能力，推动城市治理体系和治理能力现代化。

社会治理：打造社会治理综合信息平台，依托"多网合一"管理模式，横向整合综合治理、公安、信访等部门的各类管理服务资源，纵向贯通市、区县、镇街、社区、村居全域全量数据，围绕各类社会管理问题实施精细化、信息化、动态化服务管理。同时，结合 5G+ 北斗、BIM 等时空孪生基础能力，实现城市场景在时空维度上的精细化展现，为社区网格服务、街镇社区治理提供强大的时空数据支撑。

精细化管理：以事件/部件管理为核心，构建横向多行业覆盖、纵向多区域层级覆盖的城市精细化管理体系。通过城市部件的全面感知快速发现、归集城市事件，并对事件进行全过程、闭环的智能处置与联动指挥，赋能街面整治、停车管理、环卫作业管理、消防安全监控等应用场景，实现城市治理效能优化、人效提升、环境改善。

应急管理：重点围绕消防、生产事故、自然灾害及综合防范等场景，打造应急综合管理平台，对城市进行综合感知，精确、实时地掌握各类风险动态，提供贯穿"事前-事中-事后"全流程的应急一体化服务，实现监督管理、监测预警、智慧救援、决策支持和协同处置功能，全方位推动应急管理体系和能力现代化。

城市生命线安全管理：围绕供排水、燃气、热力、桥梁、建筑等城市生命线的

安全，以"5G+北斗"智能时空技术为核心，融合智能传感、高精度地图等技术，构建专业化分析系统，对监测对象进行信息化管理、数字化监测和智能化分析，强化城市安全保障能力。

3. 惠民：构筑美好生活图景

坚持从用户需求出发，将智慧服务渗透到生活的方方面面，提高城市服务水平与政府公共服务能力，推进智慧政务、智慧社区、智慧教育、智慧医疗等建设，助力打造高效便捷的民生服务新体验。

智慧政务：以数据共享交换为基础，构建集行政审批、电子证照、电子监察、政务公开、问政咨询等于一体的网上政务服务平台，统一政务服务入口，促进实体政务大厅与网上政务服务深度融合，着力构建方便快捷、优质高效的政务服务体系，助力实现"一网通办""只进一扇门""最多跑一次"等服务。推出智能政务热线，打造智能问答、智能质检、智能座席辅助、智能工单等一揽子解决方案，提供政务多场景智能化业务办理与服务。

智慧社区：以满足居民对美好生活的向往为出发点，汇集并整合社区网络数据、应用数据和基础设施数据，围绕社区党建、邻里、消费、教育、健康、建筑、交通、能源和物业等创新场景，打造公共安全、智能家居、社区医疗、智慧停车等应用，推动社区在治理、服务、生活方面的全方位可视化展现和全面融合管理，构建以人为本的智慧社区。

智慧教育：坚持信息技术与教育教学深度融合的核心理念，构建"教育信息化2.0"时代下的智慧教育新生态。打造智慧教育融合创新平台，面向教育主管部门、各级各类学校和众多教育用户，提供教育教学全流程穿透、"教、学、管、评、测"全环节覆盖的智慧教育产品服务及综合解决方案，包含教育管理云平台、智慧教育云课堂、智慧考务、VR（虚拟现实）职教实训平台等应用，为师生带来互动化、个性化的教育教学新体验，助力打造科技驱动的智慧教育新模式。

智慧医疗：面向医院、卫健、医保等市场，重点聚焦医疗云、全民健康大数据、5G智慧医疗等方向，全面推进医疗行业智能化发展。打造区域健康医疗大数据平台、医疗资源数据可视化平台等大数据应用，以及5G远程超声、远程会诊、VR示教等5G远程协同应用，推动医疗卫生行业资源互联互通、业务协同联动、智慧监管决策，为市民健康保驾护航。

智慧文旅：构建智慧文旅核心能力体系，整合文旅信息资源和联通大数据能力，满足文旅管理机构、游客、文旅企业等不同主体的多样化需求。面向文旅管理部门、景区和文博场馆等，提供全域旅游、智慧景区、智慧文博和智慧文旅小镇解决方案，以数字营销、数字体验、数字管理等科技场景，助力重构文旅产业链，全面提升旅游管理水平，提升旅游服务质量，助力目的地营销，促进旅游消费。

4. 兴业：助力产业经济升级

紧跟产业互联网发展步伐，通过整合5G与云、大、物、智、安、链等创新能力，聚合产业生态，促进数字技术与实体经济深度融合，赋能千行百业数字化转型，推动生产方式变革，壮大经济发展新引擎。

经济运行：依托自有通信、互联网等大数据汇聚与分析能力，打造全生命周期的区域产业经济治理闭环产品（经济运行平台、营商环境优化平台、产融平台），为政府提供洞察区域经济态势变化、研判产业转型升级方向、追踪分析企业和资本信息等服务，形成区域产业发展的全景式分析能力和智能化决策机制，有效提升产业集群综合竞争力，优化营商环境，实现产业可持续发展。

工业互联网：聚焦工业全场景智能，打造5G工业智脑，将5G和光网作为神经系统，通过终端、边缘和中心云平台的分布式智能协同，实现工业全场景数据感知智能、连接控制智能和分析决策智能。聚焦航空制造、矿山、服装、钢铁、家电、装备、电力、石化及产业集群等"8+1"领域，以行业数字化转型为牵引，从营销、支撑到落地实施，为行业级和企业级用户提供定制化、模块化、体系化的全方位可靠服务，助力提升生产、运输、仓储和管理效率，促进产业转型升级。

智慧园区：建设安全、便捷、节能、舒适的新型智慧园区，实现园区与产业发展、城市管理的高度融合。在园区管理方面，构建基于数字孪生的天地一体化立体三维模型，提供实时态势感知、设备联动控制、事件一体化处置等智能化应用；在产业发展方面，基于招商大数据，从区域经济画像、目标企业画像、关键人脉画像、城市产业地图等维度，辅助园区进行智能招商决策，促进园区经济高质量发展；在园区服务方面，面向园区人的生活、工作多样化需求，提供园区消费、智慧会议、智慧人行道等应用，畅享高效便捷体验。

5. 宜居：营造绿色宜居生态

以绿色低碳循环为发展目标，利用智慧化手段将生态文明理念融入城市建设，助力形成绿色生产生活方式，让市民生活更加舒适、健康、安全。

智慧环保：打造城市生态环境大脑，构建生态环境感知的大数据监测体系，利用综合塔杆、无人机等搭载各类环境监测设备，全面感知水、土壤、大气、噪声、污染源等环境信息，及时发现污染、舆情、跨越生态红线的诸类问题，实现环境质量综合监管、环境信息监测、移动执法及联防联控等功能，推动城市生态环境的精细化治理。

智慧水利：建设水环境智慧监测体系，综合利用5G+无人机、5G+无人船、5G+水下无人机及卫星遥感等智能化感知手段，与水利业务场景深度融合，提供"5G天空地一体"智慧水利解决方案。以一张图的展现方式直观展示各类涉河信息，为水资源、水灾害、水环境/生态、水工程、水监督、水行政、水公共服务、水经济八大典型场景提供多维度决策依据，集水利对象的过去、现在和未来于一体，全面掌握时空变化规律，洞悉风险变化态势，实现水利管理由被动管理到主动防御，促进水利治理从人治走向数治。

智慧住建：聚焦建筑管理、房屋管理、城市管理等住房和建设领域，构建一体化支撑体系，提供质量安全监管、智慧工地管理、智慧物业、智慧供热等智慧化应用。此外，面向城市提供城市体检服务平台，形成"体检→诊断→分析→规划→建设→评估反馈"的全周期城市体检闭环，为城市管理和服务优化提供决策支持，为城市高质量发展注入智慧力量。

5.4 TOP服务体系

1. 顶层规划

中国联通拥有一支咨询理论先进、技术力量雄厚、专业类别齐全的智慧城市顶层规划咨询团队，集聚中国联通"ICT智慧"。从城市全局出发，突出"以人为本"，把握"抓关键要素、抓统筹建设、抓开放共享、抓持续推进"的基本原则，紧密跟踪新政策、新标准、新技术，充分结合城市规划，根据各城市独特的发展定位、目标愿景、建设理念，向各地政府提供理念先进、高点定位、解决痛点、实际可行的智慧城市顶层规划，为智慧城市建设运营绘蓝图、定目标、明路径。

2. 全链服务

中国联通拥有 50 余家产品研发机构、覆盖全国的千人解决方案专家和万人服务保障团队，通过集团、省、市、县四级服务支撑体系，提供方案设计、金融服务、定制开发、集成交付、持续运营的全链条服务，实现快速响应，助力城市可持续发展。

方案设计：在智慧城市顶层规划的战略指导下，为各子领域项目决策和管理提供咨询智力服务，输出详细解决方案、可行性研究设计、实施方案等成果，满足智慧城市统筹建设需求，为智慧城市项目落地实施提供咨询保障。

金融服务：推出带"资"建设智慧城市的创新模式，通过融资租赁、商业保理等相关金融产品和服务的嵌入，为智慧城市提供一揽子金融解决方案，如图 5-1 所示。具体模式是由联通融资租赁公司向供应商购买设备，并出租给政府/企业客户使用，或根据保理合同受让供应商的应收账款，先行支付款项，政府/企业客户到期还款等。通过不同的解决方案将项目前期的投入成本转变为可定制的分期付款安排，与政府和合作商的预算及收益周期相匹配，有效解决智慧城市项目投资时间长、前期投入规模大、政府资金不足及相关资产管理难等问题，同时兼顾项目运营、效益及效率，真正实现智慧城市的可持续发展。

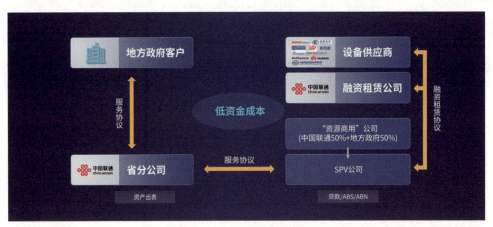

图 5-1　新型智慧城市建设金融解决方案

定制开发：中国联通拥有自主知识产权的研发集成平台，汇聚云、大、物、智、安、链六大信息技术自研能力,并集合金融、教育、应急、医疗等合作生态行业能力,提供统一标准的定制化研发服务。基于研发集成平台已形成 5 大类、28 种、500 余个开放 PaaS(平台即服务)能力,并与 1000 多家生态伙伴深度合作,能够围绕城市需求进行定制化应用开发,有效缩短定制开发的迭代周期。

集成交付:中国联通具备扎实的集成交付能力,通过技术统筹、业务统筹、数据统筹和资源统筹四大统筹,以及自主可控、项目管理和属地支撑三大能力,能够有效解决项目管理烦琐、业务领域众多、技术结构复杂、资源支配困难等建设痛点,推动智慧城市项目顺利实施和持续运营,如图 5-2 所示。

图 5-2　中国联通集成交付解决方案

持续运营:依托属地团队、专家团队和合作伙伴的专业服务团队,建立集中统一的运营体系和标准化、端到端的运维服务体系,以智能运营平台为统一工具、7×24h 城市热线为统一响应、属地服务团队为一点接入,提供统一管控的"运营维护一体化专业服务",包括业务运营、数据运营、安全运营、资产运营,以及系统维护、网络维护、硬件维护等。

3. 安全护盾

凭借全程全网的运营经验、自主可控的平台能力和行业领先的区块链技术,维护云网稳定,守护数据安全,坚持自主可控,建立可信监管,为每一座城市构筑起端到端的安全护盾。

云网稳定：中国联通拥有 5G 烽火台、云盾抗 D、安全岛链、终端卫士、智零盾等安全产品，通过运营商的骨干网运营能力，覆盖整个智慧城市 IT 关键基础设施，构成智慧城市基础安全底座。打造城市安全大脑，通过大网级的威胁情报和攻击溯源定位，提供城市级的攻防对抗和协调指挥能力。借助城市安全底座和城市安全大脑防护赋能城市整体安全，让安全能力全面覆盖智慧城市的 5G 云网底座、数据智脑引擎和智慧应用场景，做到全网"威胁感知""协同防御""溯源震慑"。

数据安全：发挥运营商作为通信数据"守门人"的优势，以自身 PB 级数据管理经验使能智慧城市建设，从安全技术、安全管理、安全运营 3 个方面构建自主可控的大数据安全体系，实现数据全生命周期监管，创新数据防护与运营模式。自主研发数据安全网关、数据溯源、数据脱敏、数据审计等工具，为数据安全管理提供强有力的保障，提升全网的数据安全防控能力。

自主可控：坚持自主可控，构建涵盖国产化替代、信创云、信创安全服务等方面的信创业务体系，助力创建安全之城。在国产化替代方面，为客户提供国产化替代整体解决方案，完成现有终端外设、基础软硬件平台的国产化替代，以及产品国产化兼容适配相互认证，全面助力政企数字化转型；在信创云方面，基于联通云，提供满足国产化需求的信创云产品；在信创安全服务方面，遵循国家信创项目的要求，紧密围绕政企安全需求，提供横向覆盖项目全生命周期、纵向贯穿客户承载网络、平台、应用的多层级专业化安全服务。

可信监管：打造"联通链"，以"1+8+N"区块链能力体系，为智慧城市建设提供可信基础设施。通过"1"个 BaaS（区块链即服务）平台、"8"种通用服务组件构成区块链能力基座，打造"N"种区块链创新应用，服务各行各业万物上链，建立数字信任，助力打造可信城市。如在政务方面，为政府部门提供电子证照链、产融服务链等技术服务，在解决数据可信问题的同时还可提升业务效率；在金融科技方面，将仓库认证信息、装备物联网数据和仓单的质押信息同时上链，助力企业动产质押融资；在工业方面，通过基于区块链的供应链平台，实现物流、信息流、商流、资金流、单证流五流合一、全部上链，加快供应链数据可信流转，提升产业上下游运营效率。

案例篇

第 6 章
顶层设计

　　顶层设计是智慧城市建设的总体蓝图和行动纲领，将推动智慧城市统筹化、集约化、特色化、融合化发展。对智慧城市进行顶层设计时，需综合考虑国家战略、政策要求，充分结合城市建设现状和未来愿景，挖掘建设需求、树立建设目标、搭建总体架构、明确建设路径。中国联通依托一流的行业专家和技术专家队伍、先进的顶层设计方法论、多层次跨领域的合作生态，面向全国提供智慧城市一体化、端到端的顶层设计服务，推动城市数字化转型、智慧化升级。

案例1　北京市门头沟区新型智慧城市顶层规划
——强化顶层设计，助力打造生态创新引领的"智慧生态城"

1. 背景和需求

（1）规划背景

当前，北京市门头沟区正处于全面深化改革的机遇期、经济社会转型发展的关键期，建设新型智慧城市是门头沟区转变经济增长方式、推动产业转型升级和经济结构调整的重要手段，也是提高政府服务效率与城市管理水平，提升公众的幸福感和获得感，增强城市综合竞争力的现实选择，对于提升门头沟区可持续发展能力具有战略意义。从内部需求看，在北京市加快建设全球经济标杆城市和推进新型智慧建设的总体要求下，经过"十三五"时期的建设，门头沟区智慧城市建设取得了一定成效，但在信息基础设施、数据资源、应用体系等方面仍然存在诸多需求痛点。从外部来看，"十四五"时期，外部发展形势及新技术趋势都存在较大变化，为顺应数字化发展大势，门头沟智慧城市建设需要引入新理念、新思路、新技术、新模式，加强顶层设计，做好系统谋划。

在此背景下，门头沟区新型智慧城市"十四五"规划应运而生。本规划全面贯彻党的十九大和十九届历次全会精神，深化落实"网络强国、数字中国、智慧社会"国家战略部署及党中央、国务院关于推进新型智慧城市建设的有关指导精神，响应北京市加快建设全球经济标杆城市和推进新型智慧建设总体要求的重要指导性文件的号召。规划聚焦"生态立区、文化兴区、科技强区"总体发展目标，旨在握牢门头沟区新型智慧城市建设的方向盘，以数字化改革撬动各领域全面深化改革，竞逐数字化赛道。打造城市大脑，塑造生产、生活、生态等数字化新场景，顺转型大势，赢治理大考，以期在新时代京津冀区域深耕细作、砥砺奋进的新征程上，铿锵有力地奏响门头沟智慧发展的主旋律，脚踏实地地迈出门头沟区改革创新的大步伐。

（2）规划需求

通过分析门头沟区发展现状及信息化现状可以看出，门头沟区新型智慧城市建设具备较好的发展基础，但同时也面临诸多问题与挑战。规划需充分考虑智慧城市宏观趋势，借鉴先进经验，立足门头沟区智慧城市发展现状，凸显门头沟区自然生态资源丰富、文化旅游特色突出、新兴产业加速集聚等特点。门头沟区新型智慧城市规划建设需求主要体现在以下4个方面。

① 新型基础设施统筹建设需求。2020年初，中央部署加快推进通信网络等新型基础设施建设，新基建对新型智慧城市的赋能和支撑作用不断提升，全面增强城市服务能级。在万物互联和人机物共融的发展趋势下，门头沟区基础设施的规划与部署面临扩域增量、共享协作、智能升级的迫切需求。需统筹考虑门头沟区已有存量和智慧城市未来需求的新建资源，进一步加大网络基础设施、大数据基础设施、物联感知和公共算力等基础设施建设，支撑大规模智慧应用，降低实施部署成本，提高智慧城市设施资源利用率，避免重复建设。

② 数据资源集约共享需求。需在现有数据共享交换平台的基础上，进一步完善平台功能，补齐数据归集、数据清洗、数据治理能力短板，进一步推进包括政务数据、行业数据、物联感知数据、社会数据等在内的多源数据集中汇聚，满足海量数据存储、治理、共享、交换、融合应用、开放运营等核心需求，完善大数据共建共享机制，全面沉淀数据资产，打通数据壁垒，深挖数据价值，发挥倍乘效应，从而支撑城市运行管理决策，满足社会公众的个性化、一站式服务需求。

③ 决策体系智能升级需求。门头沟区初步建成了城市运行智慧管理平台，将其作为基础的城市运行管理信息化手段，但城市管理、综合执法、市场监管等领域的信息化决策支撑能力、协同联动能力亟待提升。需深化城市数智中枢体系及智慧城市运行中心建设，基于统一的基础能力引擎，打通各类城市应用系统，利用实时全量的城市数据，为城市政务服务、生态保护、精细管理、公共安全防控、应急管理、医疗卫生、文化旅游等领域打造多维度、多层级的数字驾驶舱，实现可视化展现，为城市管理者全面深度了解门头沟区运行态势、分析问题提供决策支撑，提升门头沟区城市运营服务、辅助决策的实时性、准确性和高效性。

④ 应用场景集成创新需求。在生态环境保护方面，需要利用数字化手段进一步推进污染防治精细化管控，改善区域生态环境质量。在城市精细化治理方面，需要深化提升新一代信息技术在城市治理领域的服务能力，提升政府的城市精细化管理能力。在民生服务方面，需要深化"一网通办""接诉即办"向源头管理拓展、向所有领域延伸。围绕医疗、养老、教育、社区服务等专项领域，需要加快公共服务提档升级，切实为广大人民群众带来生活上的便利，分享门头沟区智慧城市

建设的成果。在数字经济创新发展方面，需要加大新兴数字产业培育力度，赋能以京西智造、医疗、视听、智算为代表的特色数字产业园区和长安沿线"专精特"新产业集群建设，同时也需要加速文旅、农业、制造业等优势产业数字化转型升级，进一步优化产业发展环境，提升产业信息服务能力，推动数字经济创新发展。

2. 主要做法

《门头沟区新型智慧城市顶层规划（2022—2025年）》遵循国家标准《智慧城市 顶层设计指南》（GB/T 36333—2018），开展需求分析、总体规划、任务制定、路径明确4个阶段的工作，规划脉络如图6-1所示。本规划具备前瞻性、全局性、科学性和可操作性，是门头沟区新型智慧城市建设发展的行动参考。

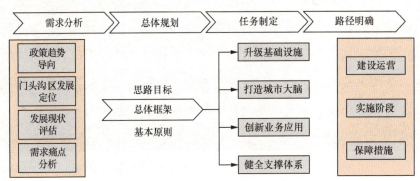

图 6-1　门头沟区新型智慧城市规划脉络

一是分析发展现状与机遇。从信息基础设施、数据资源（共性支撑平台）、城市应用体系（生态环境、产业经济、城市治理、民生服务）、决策指挥体系4个维度，分析门头沟区智慧城市建设取得的成就和存在的问题；从全球化趋势开辟绿色（"绿色转型、建设美丽中国"）发展新空间、国家政策战略（十九大）指引提供新动能、京津冀区域战略（区域一体化）创造协同发展新局面、首都"两区"建设和"北京样板"新机遇、数字技术（5G+大数据、人工智能、云计算等融合技术）全面赋能新发展、数字化培育高质量发展新动能、城市治理（基层治理）新场景催生智慧新升级等方面分析门头沟区智慧城市建设面临的新机遇。

二是提出总体设计。以习近平新时代中国特色社会主义思想为指导，紧扣首都城市战略，结合门头沟区生态涵养、文化旅游、科技创新功能定位，突出数智融合创新，围绕"三生融合"（"三生"即"生态+魅力"城市治理"生态+活力"

人居生活"生态+动力"专精特新产业)和"三区联动"("三区"即城区、园区、山区)的"智慧门头沟"建设新理念和新路径,确立"11123"推进思路,即夯实一底座(新型数字基础设施)、打造一引擎(数智引擎平台)、构建一大脑(以城市运行智慧管理平台为基础的城市指挥运行中心)、完善两张网("一网通办"与"一网统管")、融合"三生态",健全一体化支撑体系(安全保障体系、标准规范体系)。全力打造门头沟区自然生态资源丰富、文化旅游特色突出、新兴产业加速集聚的亮点,赋予门头沟区"生态立区、文化兴区、科技强区"新内涵,全面推进门头沟区生态、生活、产业各领域的数字化融合创新,为全区发展注入"智慧"新动能,将门头沟区打造为京津冀区域乃至国内引领示范的"智慧生态城"。确定六大发展目标,即到2025年,形成基础设施绿色集约、数智引擎敏捷高效、政府服务高效协同、城市治理智能协同、民生服务普惠便捷、数字经济创新集聚的新型智慧城市发展格局。

三是开展架构设计。搭建"5+2"的门头沟区新型智慧城市建设总体架构,如图6-2所示。"5"即"新底座、新引擎、新内核、新中枢、新融合",筑牢高标准、易扩展的端网云智慧城市新底座,打造一中台四平台的数智引擎,深化"一网统管"和"一网通办"两网运行新内核,升级城市大脑+智慧运营中心新中枢,创新"三生融合""三区联动"的新融合应用场景;"2"即健全安全保障体系和标准规范一体化支撑体系,提供信息安全服务保障,强化标准规范建设,保障新型智慧城市建设的数据融合、信息共享和业务协同。同时搭建基础设施架构、数据架构、应用架构和产业架构4个子架构。

四是制定主要任务。围绕六大发展目标,聚焦十大领域,确定筑牢数字基础设施底座、打造敏捷数智引擎、升级智能运行中心、深化"两网"及一体化协同建设、增强数智治理能力、推进政民普惠服务、培育产业发展动能、创新科技环保应用、激发文旅康养生态价值、建立健全支撑体系等十大主要任务,形成建设重点。

五是明确建设运营模式。综合考虑项目主体、属性等因素,选择采用政府建设投资、企业建设运营、政府购买服务、政府和社会资本合作等不同的建设运营模式。探索构建"政府+智慧城市建设运营公司+社会合作伙伴"(1+1+N)的建设运营组织体系,形成"政府统筹引导、平台公司合力推进、产业生态共同参与"的总体格局。

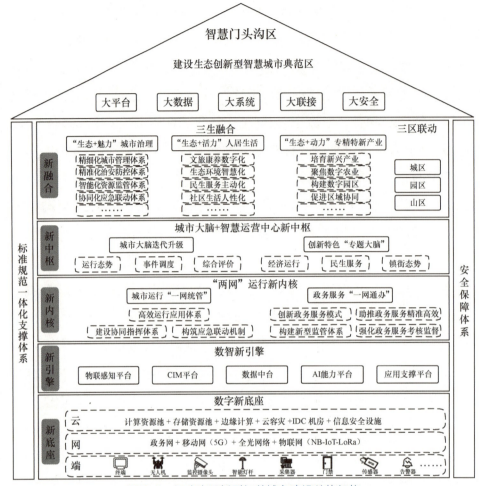

图 6-2 门头沟区新型智慧城市建设总体架构

六是描绘实施路径。确定统一规划、分步实施、基础优先、急用先行、以点带面的推进原则,以数字基础设施升级工程、数智引擎创新工程、智能运行中心统筹工程、民生普惠服务工程、生态治理创新工程、文旅康养价值工程等重大工程为突破口,按照夯实基础重点突破(2022—2023 年)、深化应用持续创新(2023—2024 年)、全面提升争创标杆(2024—2025 年)3 个阶段稳步推进新型智慧城市建设。

七是确定保障举措。提出五大保障举措,包括加强统筹推进,明确责任分工;加大资金保障,拓展金融渠道;重视人才建设,创建引培环境;实施绩效评估,加强项目监管;加强宣传引导,营造良好环境。

3. 特色亮点

《门头沟区新型智慧城市顶层规划(2022—2025 年)》为"十四五"时期门头

沟区新型智慧城市发展做出了宏大规划，指明了新发展阶段的网络化、数字化、智能化建设航向，其创新点主要体现在站位高度、规划模式、架构设计、内容亮点4个方面，具体如下。

(1) 全局的站位高度：贯穿国家战略、智慧城市行业发展与门头沟区实际情况

该规划是一份高屋建瓴、重点突出、指导性很强的规划。在落实国家和区域发展战略方面，规划重点围绕科技创新、大数据/人工智能、数字经济、区域一体化等党中央系列重大决策部署要求，站在全局的高度，对门头沟区"十四五"期间的发展做出了深谋远虑的决策，将门头沟区发展融入国家战略布局；该规划站在了智慧城市行业发展高度，融合了智慧城市最新政策、技术、业务、模式等内容，保证门头沟区智慧城市建设走在时代前端，兼具前瞻性与创新性；该规划充分立足门头沟区发展实际，聚焦"生态立区、文化兴区、科技强区"总体发展目标，对智慧城市发展思路、任务、路径、模式等提出了明确的指导要求，原则鲜明，路径清晰，对门头沟区"十四五"时期发展具有很强的指引性和战略指导作用。

(2) 闭环的规划模式：以系统调研为始、衔接落地为终

该规划探索形成创新的"经验总结－需求调研－规划编制－项目落地－评估反馈"闭环模式，前期以调研为基础，梳理现状问题，后期以项目为落脚点，衡量效果。该规划实施在充分借鉴先进城市智慧城市建设案例的基础上，从本地实际需求出发，开展系统全面的调研工作，摸清门头沟区智慧城市"家底"，面向局委办领导、街镇、社区、园区等，开展现场调研访谈20余场，受访对象超过100余人，梳理关键需求共计121个，形成应对建议与举措36条，为最终形成规划文件奠定坚实基础。同时，该规划以落地实施为导向，系统谋划具体建设内容与项目清单，解决当前的智慧城市建设需求痛点，以终为始，具备较强的可操作性。

(3) 新颖的架构设计：围绕数据智能，打造城市大脑

该规划基于北京市"十四五"时期智慧城市发展行动要求，融合城市大脑、智能运行中心等新要素，从数字筑基、数智赋能、中枢引领、应用创新融合维度，设计形成"5+2"新架构。架构提出"三生融合、三区联动"的全新目标，注重"云、网、端"为核心的新一代数字基础设施建设，强调城市大脑中枢赋能的核心地位，突出体现大数据融合创新、物联全域感知、数字孪生、智能决策等新技术特性。尤其是单独将"智慧生态"作为核心应用体系之一，彰显了门头沟区以推进生态引领、

绿色发展和赋能产业为中心，实现在绿水青山间高质量发展的决心。同时兼顾考虑组织、标准安全、政策三大支撑体系，将管理模式创新（领导小组＋专班）、建设模式创新（政府＋市场＋社会多元共建）、安全模式创新（基础设施＋数据＋应用一体化安全防护）贯穿其中。此外，搭建基础设施架构、数据架构、应用架构、产业架构4个子架构，指导落地实施。整体架构体系既满足北京市智慧城市建设要求，又符合智慧城市新的技术发展趋势。

（4）特色的内容亮点：数字化赋能生态保护、绿色发展，服务数字经济发展

该规划立足门头沟区本地属性特征与资源禀赋，结合"生态＋治理""生态＋生活""生态＋产业"等目标场景，提出以生态引领打造3个特色亮点，即以现代化魅力之城为导向的智慧治理服务新模式、以新技术融合创新为驱动的生态文旅新样板、以城市大脑开放赋能为动力的专精特新产业。其中在智慧治理服务新模式方面，聚焦数据驱动的城市综合治理，打造精细化城市管理体系、精准化治安防控体系、智能化资源监管体系、协同化应急联动体系的城市治理体系和跨域融合性"大系统"，服务现代化魅力之城建设；在生态文旅新样板方面，发挥门头沟区自然生态和文化旅游资源优势，构建集监测、监管、治理、决策指挥为一体的监测体系，实现生态环境质量、重点污染源、生态状况全生命周期管理，探索"生态银行"和"生态文明研究院"等生态资源保护利用新模式，利用人工智能、5G、VR/AR等新技术提升旅游体验，打造共建、共治、共享的智慧生态和智慧文旅示范区；在专精特新产业方面，构建以数据为关键要素的数字产业链条，积极布局以京西人工智能制造产业聚集地、新一代视听产业聚集地、数字医疗健康发展聚集地、人工智能智算产业聚集地等为代表的聚集度高、特色鲜明的数字产业园区，重点推动农业、文旅产业等数字化转型，依托"城市大脑"赋能千行百业，为新产业、新业态、新模式提供数字支撑。

4. 应用成效

门头沟区新型智慧城市顶层规划充分立足本地发展实际，广泛深入开展实地调研，细致梳理研究门头沟区城市发展战略、产业优势及信息化建设现状，最终实现绘蓝图、定目标、搭架构、定路径。《门头沟区新型智慧城市顶层规划（2022—2025年）》是门头沟区新型智慧城市建设发展的指导性文件与行动参考，具备前瞻

性、全局性、科学性和可操作性。该规划可带来良好的经济效益和社会效益，包括以下4点。

一是显著提升智慧城市建设水平。该规划坚持系统性思维，在综合考虑门头沟区资源禀赋、现有需求痛点、未来发展趋势等因素基础上，统筹谋划、整体布局，使得门头沟区智慧城市建设具备统一的蓝图与清晰的路径。通过规划指导实践，能够进一步加速门头沟区智慧城市建设步伐，促进门头沟区经济社会数字化转型，满足城市发展目标，提升公众的获得感、幸福感、安全感，实现发展质量、效率、动力的变革。

二是有效避免智慧城市投资浪费。该规划通过确定智慧城市建设方向及项目清单，在一张蓝图的指引下开展智慧城市建设，避免传统智慧城市各部门"一窝蜂""私搭乱建""重复建设"等无序现象发生，减少乱投资行为。同时，该规划充分考虑利用已有的智慧城市建设成果，注重资源延续性和可持续发展，可有效缩减新投资额度，提升新投资的实效性。

三是极大提升城市数字化运行效率。该规划以新一代信息技术与城市发展深度融合为主线，以"大数据融合创新"为内核，提出建设智慧城市基础底座，实现数据融合治理服务，可有效解决"数据烟囱"和"信息孤岛"等难题，大大提升城市信息互通共享与赋能，推动门头沟区智慧城市建设进入以城市大脑为标志的"集约整合、全面互联、开放共享、协同共治"的新阶段，有效加快门头沟区城市治理体系和治理能力现代化进程。

四是切实塑造智慧城市品牌形象。城市品牌形象对城市发展至关重要，而智慧城市品牌已经成为城市竞争的必要条件之一。该规划通过打造门头沟区特色的"智慧生态城"新名片，传播六大目标、十大重点任务等经验与成果，能够增强城市综合实力，提升市民对城市数字化发展的认同感、自豪感，吸引投资者和人才集聚，同时充分发挥门头沟区在京津冀区域的智慧城市建设示范和带动作用。

当前门头沟区新型智慧城市建设正按照规划的系统谋划，全力搭建数字技术体系，统筹推进相关重点平台应用及举措落地，以数字化撬动经济、社会、城乡全面发展，推动门头沟区新型智慧城市建设驶入快车道。其中重点包括：构建城市大脑数据枢纽，推进智能运行中心与数字驾驶舱建设，成立"生态文明研究院"，探索"生态银行"、乡村治理"文明积分银行"等"门头沟区样板"式应用场景创新。在该规划的指引下，门头沟区正在加速"数字蝶变"，抢抓京津冀一体化发展国家战略和北京市"两区"建设机遇，为全区经济社会发展注入"智慧"新动能，加快实现门头沟区的高质量发展。

案例2 河北保定数字经济发展规划（2021—2025年）
—— 围绕"1483"全方位布局，统筹谋划数字经济创新发展

1. 背景和需求

（1）项目背景

5G、大数据、人工智能等新一代信息技术蓬勃发展，数字经济成为助推经济社会发展的关键引擎。加快数字中国建设，要适应我国发展新的历史方位，全面贯彻新发展理念，以信息化培育新动能，用新动能推动新发展，以新发展创造新辉煌。党的十九届五中全会提出到2035年基本实现社会主义现代化远景目标，强调坚持创新在我国现代化建设全局中的核心地位，并对推动创新发展、建设科技强国、发展现代产业体系做出一系列重大部署。

近年来，河北省大力发展数字经济，出台了《河北省数字经济发展规划（2020—2025年）》等系列文件。保定市发挥区位优势和产业优势，积极推动数字技术与实体经济深度融合，加快数字经济发展步伐，构建以国内大循环为主体、国内国际双循环相互促进的新发展格局。经过"十三五"时期的高速发展，全市信息化基础设施日趋完善，数字产业化和产业数字化发展有序推进，社会治理数字化水平逐步提升。为全面提升数字经济发展实力，指引数字经济发展方向，2020年8月，保定市工业与信息化局委托中国联通智能城市研究院（协同中国联通研究院）、中国联通保定市分公司共同编制了《保定市数字经济发展规划（2021—2025年）》（以下简称《规划》）。

（2）项目需求

保定市数字经济发展势头强劲，数字经济生态圈初步建立，但发展过程中仍存在部分短板亟待改善，亟须通过制定体系化的数字经济发展规划提升5个方面的能力，进一步做强、做优、做大数字经济，推动保定市经济社会高质量、可持续发展。

提升数字基础设施支撑能力。保定市当前的基础通信网络建设水平与国内其他发达城市相比存在一定的差距，尤其在5G网络覆盖率、网络带宽、乡村信息化建设等方面尚不完善。未来将建设高速泛在互联的信息通信基础设施，形成全国领先的下一代互联网技术支撑体系，夯实数字经济发展底座。

提升数字产业化创新能力。目前，保定市信息产业在全市的地区经济中占比不足5%，缺乏具有领军作用的平台型企业。未来将发挥教育资源优势，加强产学研协同、产城融合，丰富高校科研院所成果，提升成果转化率，进一步凸显"双创双服"活动成效，力争数字经济核心产业增加值占GDP（国民生产总值）比重达到全国平均水平。

提升产业数字化转型能力。保定市战略性新兴产业具有一定的发展基础，但由于数字化基础相对薄弱及发展时间较晚，全市产业数字化成熟度较低。未来将培育一批数字化程度较高的行业骨干龙头企业，延伸扩展形成完整的产业链，重点在农业、制造业领域纵深推进产业数字化转型。

提升数据要素价值挖掘能力。当前数据资源参与主体未能有效认识到数据资源的价值和规律，全市统一政务云平台建设处于起步阶段，省市两级数据资源开放共享程度较弱，这些因素影响了数字化治理效率。未来要积极推动政府和私人部门之间的数据共享，实现数据要素在市场的合规流转，构建健全的数据要素市场，加强大数据分析对管理决策的赋能支撑作用。

提升数字经济人才吸引能力。保定市受产业环境限制及京津的虹吸效应影响，数字经济领域人才缺口较大，高端复合型人才的供需不平衡现象尤其突出。未来要着力培养和引进高层次数字经济专业人才，提高全民数字素养。

2. 主要做法

（1）深入开展现状调研，确保《规划》"能落地"

2020年7月～8月，项目组采取书面及实地调研方式，基于保定市信息化基础设施建设、数字产业发展、重点产业数字化转型、数据共享和应用现状等情况，对高阳县、安国市、曲阳县等多个县（市），发展和改革委员会、公安局、统计局、科学技术局、深保高新技术科技创新产业园、中兴汽车等多个部门和企业进行深入调研，深入了解、全面诊断保定市下辖6个县级市的重点产业集群、市重点委办局、龙头企业、产业园区的数字化转型现状、痛点及未来发展需求,使得《规划》更具落地性。

(2)科学制定规划思路,确保《规划》"高质量"

项目组在深入分析国际、国内、河北省和保定市数字经济发展形势的基础上,以习近平新时代中国特色社会主义思想为指导,全面贯彻落实党的十九大和十九届历次全会精神,牢牢把握京津冀协同发展、雄安新区建设思路,以全省数字经济规划为蓝本,立足保定市数字经济"四化"(数字产业化、产业数字化、数字化治理、数据价值化)发展现状,明确发展的机遇与挑战,科学制定发展思路,按照"1483"的总体思路推动保定市数字经济创新发展。保定市数字经济"1483"发展规划框架如图6-3所示,框架内容包括:

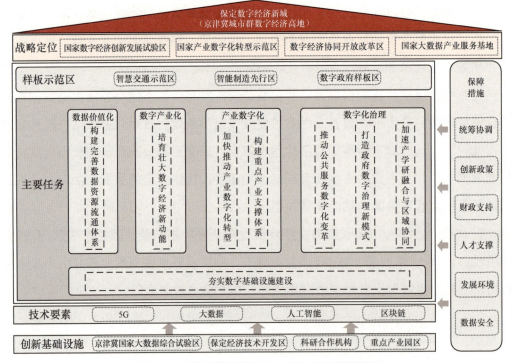

图6-3 保定市数字经济"1483"发展规划框架

1条主线——推动"一基四化","一基"即夯实数字基础设施建设,"四化"即数据价值化、数字产业化、产业数字化、数字化治理;

4个战略定位——国家数字经济创新发展试验区、国家产业数字化转型示范区、数字经济协同开放改革区、国家大数据产业服务基地;

8项主要任务——夯实数字基础设施建设、构建完善数据资源流通体系、培育壮大数字经济新动能、加快推动产业数字化转型、构建重点产业支撑体系、推动公共服务数字化变革、打造政府数字治理新模式、加速产学研融合与区域协同；

3个样板示范区——智慧交通示范区、智能制造先行区、数字政府样板区。

（3）立足本地资源禀赋，确保《规划》"有特色"

在"1483"思路的指导下，项目组以保定市发展布局为依据，聚焦重点领域，壮大特色优势产业，实现立体化发展和差异化发展，培育具有鲜明特色的优势数字经济新业态。从夯实数字基础设施建设、构建完善数据资源流通体系、培育壮大数字经济新功能、加快推动产业数字化转型、构建重点产业支撑体系、推动公共服务数字化变革、打造政府数字治理新模式、加速产学研融合与区域协同8个角度切入，形成保定市"十四五"期间数字经济发展的主要任务与重点项目。

（4）强化重点保障措施，确保《规划》"有支撑"

为保障各项重点任务落实，《规划》提出加强统筹协调、深化政策创新、加大财政支持、强化人才支撑、优化发展环境、完善数据安全等6项具体保障措施，为保定市数字经济的发展保驾护航。

3. 特色亮点

（1）立足于保定市经济社会发展布局，充分发挥保定市优势

① 京津冀一体化的区位优势

保定市作为京津冀世界级城市群的区域性中心城市，具有京津冀协同发展战略带来的承接疏解机遇、雄安新区大规模建设带来的辐射带动机遇，将全力开创"京津疏解，保定承接""雄安引领，保定支撑""深圳北上，保定落地"的建设发展新模式。数字经济发展规划深入落实国家区域协同发展战略，立足长远，突出保定市在区域经济发展中的重要地位，助力保定市深度嵌入京津冀"一小时经济圈"，提出在保定市打造京津冀大数据试验区、京津冀信息消费体验中心、京津冀智能汽车与智慧交通应用示范区、京津冀城市群冷链物流资源一体化基地、京津冀科技网红孵化基地等数字化发展创新标杆。

② 以汽车制造为引领的产业优势

保定市产业基础雄厚，近年来加速推进农业、高端制造、新能源材料、新能源汽车、生物医药、食品、建材、纺织等八大重点产业发展，"十四五"时期提出把

发展经济的着力点放在发展实体经济和先进制造业上,深入推进制造强市、质量强市建设。数字经济规划以保定市产业转型发展为核心,锚定数字经济与实体经济深度融合,赋能传统产业转型升级,充分发挥制造业优势,打造产业数字化转型示范区。《规划》覆盖数字农业示范基地信息化服务、数字化示范车间/园区、智能制造产业链、新能源应用终端、智能网联汽车生态集群、区域级数字中医药平台、被动式超低能耗建筑全产业链体系等多项数字化转型重点任务。

③ 省内高等院校聚集的教育优势

保定市一直以来都是河北省教育高地,拥有河北大学、河北农业大学、华北电力大学等17所高校,形成了较明显的教育资源集聚优势。依托保定市较为成熟的高等教育资源优势,《规划》提出鼓励重点高等院校参与与数字经济相关的学科建设与交流、加快现代职业教育高水平建设、重点领域龙头企业参与合作办学以畅通产学研一体化通道、引入一批北京优质中学落地保定市以提升基础教育质量等创新举措,加强人才培养、产学研合作及科技创新成果落地。

(2)突出一个中心、一个关键、一个重点,构建三位一体的数字经济创新发展体系

① 突出深保高新技术科技创新产业园这个中心,着力打造保定市与深圳市产业合作高地

深保高新技术科技创新产业园是由深圳市与保定市两个城市共同打造的城市级复合型产业园区,将作为保定市数字经济发展的引领者,进行新技术、新场景、新模式的前沿探索。《规划》提出依托园区的数字设施、泛在网络、融合感知能力,建立镜像双生的园区管理体系,助力园区运营者借助数字技术全面实现数字化服务。此外,通过学习借鉴深圳市信息技术服务业的先进发展模式,吸引国内外新一代信息技术和信息服务企业来保定市投资兴业,促成园区产业的转型升级;推动国内领先供应链企业落户园区,建立智慧供应链服务平台。在生态合作方面,引入北京市、深圳市等城市的前沿科研机构、人才、技术,在保定市打造集生产、生活、生态于一体的智慧型、科技型产城融合示范园区。

② 突出数据服务这个关键,着力打造保定市与北京市数据产业联动协同发展新样板

保定市深耕京津冀区域发展战略,统筹布局数据服务产业,将其确定为

"十四五"重点发展产业之一,目前已聚集了数据采集、加工、存储、分析、运用等全产业链的众多头部企业,产业基础逐渐形成。通过对现状的深入分析,《规划》建议以数据服务为主要抓手推进京保协同发展。未来将推动全市各相关方整合资源建立统一的数据采集标注平台,逐步形成具有保定市地方特色的数据采集标注产业集群,服务京津冀乃至全国的大数据和 AI 领域企业。在更深层次上,要紧盯北京产业链条,大力发展新一代信息技术、生命健康、数据服务等未来产业,推进与京津合作项目落地。

③突出数字产业化这个重点,着力打造智造保定市的新硬核

在数字产业化的细分领域中,发展新兴产业,强化智能制造,是实现保定市高质量发展的必然要求。基于产业发展规模,《规划》提出打造第三代半导体产业集群,深度对接北京的科研资源,加强产学研合作,借鉴先进企业的市场化发展经验,加速形成一批半导体行业专精特新企业,推进从实验技术研究到产业技术开发再到最终量产上市的全链条建设。发展面向智能网联汽车、智能制造等领域的物联网应用,在汽车电子、高端制造等方面发力,优先吸引中小型企业的总部和大型企业的区域总部迁移落户,实现长期发展的规模化效应。

4. 应用成效

(1) 为保定市发展数字经济提供了一套完整的理论体系

《规划》从多角度分析了当前数字经济发展趋势,对保定市发展数字经济的现状与问题进行深入剖析,明确了总体思路,制定了"十四五"时期全市数字经济领域的发展目标,提出了符合当地产业和社会发展的重点任务,谋划了分阶段的实施路径。《规划》基于定性定量结合的调研方式,建立了有效支撑保定市数字经济发展的体系架构,研究方法科学严谨,研究内容紧密贴合国家政策方针,具有较强的前瞻性与可落地性,对保定市未来 5 年数字经济发展有重要的指导意义。

(2) 对政府落实数字中国战略起到较强的引领带动作用

《规划》坚持以习近平新时代中国特色社会主义思想为指导,全面落实习近平总书记关于数字中国、数字经济发展的决策部署,以《河北省数字经济发展规划(2020—2025 年)》为蓝本,为保定市数字经济发展指明方向。在顶层规划的统筹指引下,保定市出台了面向数字经济产业发展的金融、政府采购等措施,落实相关税收政策,

并设立市大数据发展专项资金，支持大数据基础技术、重点产品、服务和应用的发展。《规划》也全面提升了全市领导干部对数据资源的认识和价值挖掘能力，2021年和2022年保定市先后举办大数据应用（保定）国际创新合作峰会和中国（保定）数据服务产业创新大会等多项重要会议，并启动保定市中关村数字经济产业园，实现12家意向企业签约入驻，构建了大数据产业链布局和创新创业服务环境，实现数据资源与技术、产业、人才等要素的精准有效对接。在《规划》突出的数据服务这一关键领域成效初显，2021年年底前基本实现汇聚数据服务产业1万人的发展目标，数据服务产业呈现出良好发展势头，预计2023年全市数据服务产业从业人员将达到5万人。

（3）推动全市招商引资实现产业发展的数字化转型

《规划》助力保定市在数字产业化和产业数字化方面持续发力，优化营商环境，鼓励市场主体转型升级，激发创新活力，2021年全市科技创新平台已达到383家、科技型中小企业达到11 042家、高新技术企业达到1306家，位居全省前列。此外，规划指导了政府有序开展领军企业招商引资工作，通过突出工作重点、完善工作机制、创优产业生态，积极抢占数字经济产业发展"新风口"，解决了数字经济领域人才匮乏、龙头企业缺失的发展瓶颈。目前已取得的成果主要包括：与华为软件技术有限公司签署战略合作协议，建立"华为保定数字产业创新中心"，为本地政府和企业提供数字化转型咨询、技术支持、云解决方案推广、赋能智慧产业发展等一站式服务；与京东智联云初步达成合作意向，共建"5个1"工程，即落地1个运营服务主体、打造1个数据服务产业园、共建1个智能供应链创新平台、构建1套数字经济基础设施、共建1套数据服务人才教育体系；与阿里巴巴达成合作意向，新建1个拥有20万台服务器规模的绿色数据中心园区基地，建设智慧物流基地，围绕县域特色产业集群建设"淘宝超级工厂"。此外，国信优易、科大讯飞、华为、百度、京东、小米等互联网头部企业陆续来保定市发展，成功构建了数字经济产业生态。

第 7 章
综合集成

　　智慧城市是一个复杂的巨系统,需要构建泛在互联的物联感知体系、部署高速畅通的云网基础底座、打造共性智能的城市中枢大脑、开展普惠便捷的场景应用创新、提供安全长效的运营保障体系。中国联通依托新型智慧城市能力体系和实践经验,分级分类开展新型智慧城市建设,推进智能基座搭建、建设运营模式创新、场景化应用落地,全面驱动城市生产、生活、治理方式变革,助推经济社会高质量发展。

7.1 智能基座类

随着新型智慧城市建设的不断深入，以城市大脑为代表的智能基座已经成为智慧城市建设的标配。一方面，广泛连接城市物联感知设备，全域全时掌握城市运行态势，另一方面，为场景智慧应用提供数据治理、人工智能、城市信息模型等共性支撑能力。中国联通依托全国"一点集中"的数据治理能力、人工智能自研原子能力、自主可信的区块链能力等，助力打造"城市大脑+区县中脑+社区小脑"的纵向城市大脑体系和横向行业大脑体系，为智慧城市建设聚智赋能。

案例3 广东江门台山市智慧城市
——"固根基、大融合、慧治理"的新型智慧城市建设实践

1. 背景和需求

（1）项目背景

为深入贯彻党中央、国务院建设网络强国、数字中国、智慧社会等国家战略和广东省委、省政府建设高水平"数字政府"，加快推进新型智慧城市的工作部署，根据《江门市新型智慧城市建设行动方案（2021—2023年）》《台山市县城新型城镇化示范方案》和《台山市新型智慧城市建设行动方案（2021—2023年）》的要求，加快台山市智慧城市创建，全面提升城市精细化管理水平，优化服务、提升实效、争创品牌，打造电子政务和行政服务"台山模式"，台山市主要领导亲自挂帅，推进"智慧台山"的建设，希望通过智慧城市建设，加快台山市产业发展，擦亮城市名片和提升管理水平。

（2）项目需求

① 基础设施能力薄弱

台山市各部门已自行建成一批信息化系统，但系统尚未全部迁移上云；各部对基础设施进行独立建设维护，大部分机房条件简陋，硬件设备陈旧，且缺乏备品备件，存在机房断电等风险；各部门现有机房支撑能力不足，严重影响业务应用。

② 数据资源治理不足

数据采集方式原始且效率低。部分委办局通过电话方式从企业、村镇处获取基本数据。农业农村数据仍由村、镇通过传统方式层层上报，或通过第三方系统进行专项收集。卫生健康局普遍通过社区、村镇采用传统方式上报数据。基层重复上报情况仍然存在，县级部门存在数据获取难度大、数据时效性差、数据质量不稳定等问题。

数据沉淀困难。由于本地信息化系统和数据库建设不足，本地各部门进行相关数据采集后，使用上级垂直系统进行数据上报、存储，部分垂直系统不能在本地留存数据，本地也无法对接获取数据，部分系统数据也存在数据离散、关联性差等情况，数据来源地反倒成为"数据荒漠"，数据资源"灯下黑"普遍存在。

数据重复录入现象明显。政府各部门在用系统多由上级垂直管理部门开发，不仅系统数量大，数据对接也存在困难，由此造成的数据重复录入现象普遍存在。

数据共享程度低。政府各部门内部股室大都使用上级垂直系统，条块分裂严重，数据难以共享，很多数据都是通过部门间协调，以手工方式进行上传下载。数据共享困难也造成了数据资源浪费、重复建设、难以支撑数据应用等问题。

数据分析应用缺乏。由于各部门数据沉淀困难，数据量少，造成数据资源无法统一开发利用，数据应用和服务水平低。同时，目前的数据利用仍以人工研判为主，缺乏基于大数据、人工智能等数字技术的智能分析手段。

③ 主题应用存在短板

在政务服务应用方面，审批部门人员入驻服务大厅，收取纸质材料后，流转给后台的审批人员，具体审批流程均使用上级系统，仅仅停留在由"公务员跑腿"替代"群众跑腿"，离"数据跑路"目标仍有较大差距。

在部门应用方面，大部分应用属于单部门建设或仅使用上级部门系统，在用系统偏数据采集、上报，无法提供趋势研判、智能预警等分析应用，针对台山市特色的创新不足，同时系统间缺少协调联动，如城市管理与综合执法局已建设公共信息指挥中心平台，但与公安局、交通运输局、水务局、住房和城乡建设局等部门融合少，且在调度、监管等方面仍有进步空间。

在产业应用方面，园区管理、营商环境改善等尚未建立具有针对性的智慧应用，不利于招商引资。农业信息化建设以市场行为为主，由大型产业园和企业进行建设，政府引导有待持续加强。部分场景的智慧应用建设起步晚，真正服务于产业仍需时间。

2. 主要做法

台山市以城市整体运营的思路统筹智慧城市建设规划，以做强应用、资源整合为主线，以综合应用为驱动，建设全域感知、数据融通的数字大脑，支撑台山市打造"宜居、宜业"的幸福之城。通过统一全域信息感知、数据汇聚融通，促进政务服务、民生服务、城市治理等智慧化供给，提升城市管理、公共安全、交通、水利、环保等领域精细化治理，"智慧台山"总体架构如图7-1所示。

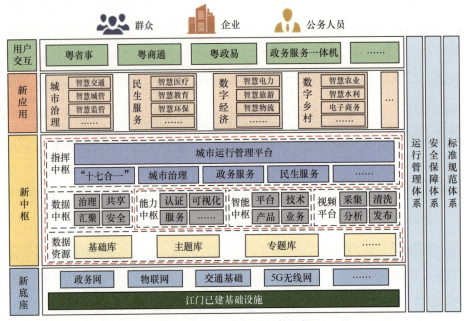

图7-1 "智慧台山"总体架构

（1）建设数字政府新底座，破解基础支撑能力不足难题

按照加强数字政府信息基础设施集约建设、共享使用的原则，梳理台山市政府各部门已建、在建政务信息系统（非涉密系统）信息，分批、分阶段推动台山市非涉密政务信息系统迁移上云，实现政务信息系统的标准化运营及统一运维，推动数据互通、业务协同，为打造台山市整体的"数字政府"奠定坚实基础。

建设可提供协同会商、视频监控、图上指挥、可视监管、协同通信等功能的融合通信平台，实现对事件处置的统一指挥调度和决策信息的快速传达，满足业务管理的及时、高效、无障碍的沟通需求，如图 7-2 所示。建设视频平台，复用并提升当前视频接入能力，满足各委办局及垂直行业的视频资源需求，实现如黑臭水体治理、城市占道经营、危化品监控等违规事件的智能分析，为相关部门提升远程监管能力提供有力的数据支撑。

图 7-2　可视化调度台界面

（2）建设数字平台新中枢，破解数据集约共享不足难题

台山市智慧城市中枢主要由数据资源、数据中枢、能力中枢、指挥中枢等组成，通过整合数据资源、数据服务、业务服务，为智慧应用提供统一的能力支撑。

数据资源：包括基础库、主题库、专题库、社会资源库及"十七合一"已建的数据库等。

数据中枢：台山市数据中枢以大数据全栈技术能力为支撑，提供数据接入、治理、分析、管理、服务能力，实现一站式数据全生命周期管理，如图 7-3 所示。同时，能够充分挖掘数据资源的创新支撑潜力，助力台山市高效、低成本地构建数据资产化体系和资产服务化体系，为政务信息化应用系统建设提供数据支撑，提高政务精细化管理服务水平。

能力中枢：通过对接省统一建设的应用支撑服务，并统筹规划建设市级公共支撑平台，为智慧应用提供统一身份认证、电子签章/签名、地理信息、电子证照、社会信用等支撑服务，支撑智慧应用协同开发和快速部署。专注于为政务应用提供支撑，为智慧城市、一网统管等政务场景提供统一用户、地图引擎、可视化配置、报表配置等服务，帮助客户快速搭建政务应用。

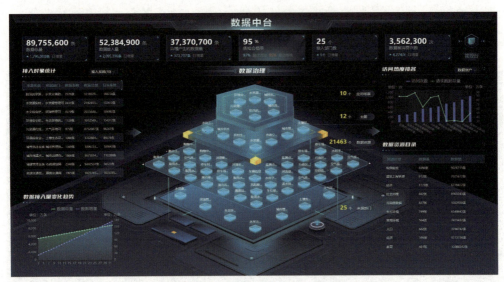

图 7-3 台山市数据中枢界面

智能中枢：实现对海量数据的智能建模，支撑台山市全面感知、科学规划、预知预测、精准行动等智慧应用，提升政府管理与服务能力，破解城市发展难题，帮助政府部门做出更好的决策。

视频平台：接入台山市视频监控资源，通过统一服务管理，实现视频资源服务的按权限开放共享，保障视图及解析资源的统一调度，以便于做视频结构化分析。

指挥中枢：通过大屏展示台山市在经济、产业、民生、环保、政务、交通出行等方面的基本情况，从宏观、微观等多场景展示城市的运行状态，为领导决策、专家建议、应急调度等提供辅助支撑。

（3）塑建治理高效新形象，破解城市治理精细化难题

领导驾驶舱系统内置各类城市运行管理指标，为城市运行监控提供丰富的体检指标，囊括产业经济、生态宜居、城市精治、社会综合治理 4 个方面的城市管理需求。事件中心通过列表方式可查看所有上报的事件，查看事件处置进度和详情，并支持导出事件列表，进行事件分析，从而提升城市治理的精细化、协同化水平。

（4）营造民生幸福新形象，破解政府服务便捷均衡不足难题

以疫情防控等工作先行先试，完善疫情防控机制，提高抗疫工作人员的工作效率，减少现场市民排队感染风险；针对台山市新冠疫苗接种工作要求，搭建台山市

新冠疫苗预约系统，提升疫苗接种覆盖率。

（5）打造城市安全新防护，破解建设运维保障能力不足难题

在运行管理体系方面，针对机制、管理和平台等方面进行运行管理体系的探索创新，建立高效、专业和整体的智慧城市运行管理体系，构建开放合作的运营新生态，保障智慧城市协同推进、多元共营、长效稳定发展。

在安全保障体系方面，构建涵盖安全监管、安全技术、安全运营和安全管理内容的网络安全保障体系，贯穿政务应用、公共支撑平台、政务大数据中心和基础设施规划、建设、运营、管理全过程，为台山市智慧城市平稳、高效、安全地运行保驾护航。

在标准规范体系方面，依托广东省、江门市"数字政府"标准规范体系，并以国家、地方相关标准和行业标准为指导，切实开展台山市智慧城市标准规范建设。

3. 特色亮点

（1）新技术综合运用，创建城市治理新手段

综合运用大数据、人工智能技术和中台的架构理念，强化了台山市在数据管理、智能分析和业务协同的能力。在数据管理方面，通过数据中枢解决基础薄弱、家底不清、难以汇聚和应用难题，构建拥有一条完整的数据汇聚、治理、分析、共享的工作流水线，实现数据资产一目了然。在智能分析方面，充分利用城管、公安、水利等部门已有视频数据，运用视频AI算法，提高发现和处置事件的效率，由过去依靠人力研判变为现在人机结合，由人工"看得到"变为AI"看得懂"，由被动式应急变为主动式预警。在业务协同方面，通过业务中枢的低代码能力降低系统的可配置成本，帮助业务在多种场景下能快速地打通组织、流程和服务之间的数据链路。

（2）新视角全局统筹，探索城市管理新模式

由信息化向数字化转变。台山市过去的信息化是各个业务线条单独建设，数据的采集、共享和应用都是围绕单个业务线条去考虑，注重本部门业务的效率提升。现在从智慧城市的全局视角出发，以数据的价值创造为主线，通过运用数字技术来推动管理模式创新，将分割的各部门业务通过数据驱动来重塑城市各部门的协作方式，促使各部门的管理活动协调一致。

由分散式向集中式演变。台山市过去的业务系统是为纵向组织结构服务，在提高业

务效率的同时会出现严重的信息孤岛现象。此次则是对分散在各部门的纵向数据、横向数据进行融合，将纵向、横向的组织结构有机串联起来，改变传统以专业分工、层级管控为特征的金字塔组织结构，转向以流程为中心的扁平化网状结构，提升城市运行的整体运行效率。

4. 应用成效

台山市智慧城市建设围绕数据成为新生产要素的时代背景，顺应数据要素、信息技术成为经济发展核心引擎的趋势，以智慧城市统筹建设为抓手和契机，实现数字空间与物理城市的孪生发展。围绕"新基建、新中枢、新形象"三大要点，实现"固根基、大融合、慧治理"目标，切实破解现有难题，打造台山市新型智慧城市新蓝图。同时，有力促进传统产业与信息化的深度融合及转型升级，为台山市数字经济发展注入新活力。2022年1月，该项目荣获由工业和信息化部主管、人民邮电出版社主办的国家级期刊《通信世界》评选的2021年度ICT行业优秀解决方案。

（1）城市治理主动预判，优政惠民成效显著

① 促进信息共享关联，实现城市治理精细化

基于"智慧台山"城市运行综合指挥中心，打造智能化、图形化、自动化、交互式的城市管理、运行监控与应急调度应用模块，对市场周边的占道经营、店外经营、游商小贩、乱堆物料、违规撑伞、暴露垃圾、井盖缺失，城市内涝预警，以及燃气站的违规车辆进入、人工操作不规范进行智能识别，并进行事件分类和信息补全，再分拨给城管指挥中心，提高对市政环卫、园林绿化等业务的异常事件的发现和处置效率，形成全部案件信息透明化、城市管理精细化。

② 完善公共服务体系，促进社会治理和谐发展

台山市"数字大脑"建设，通过汇集城市人口数据的方方面面，实现人口大数据分析，对促进城市的公共服务体系建设具有重要作用，尤其是面向全体市民的住房、教育、文化、社会保障、供水供电等智慧公共服务系统建设，以及面向企业的行政审批、投资融资、产品供销等相关公共服务信息平台建设，能够有效提升服务水平，让市民享受获得感，促进社会和谐发展。

③ 精确感知城市动态，快速妥善解决各类事件

恶劣天气、群体性聚集事件、恶性犯罪事件已经成为危害城市安全的重点问题。

台山市智慧城市建设融合视频大数据、通信大数据、互联网大数据，第一时间快速感知这些突发事件，并通过大屏幕、领导桌面、智能手机端等智能会商，实现智能化业务调度，提升不同行业的协同和应对能力。同时，一键调度功能可将事故地点发送给指定联系人，自动监控其是否接收到、是否到达事故地点，如未接收到，则通过 AI 自动拨打电话通知责任人，不断提高处理应急事件和突发事件的水平，使城市应急预案程序化、智能化。

④ 数据融合共享，打造台山市"绿水青山"

纵向融合水务局内部系统数据，横向融合水务局与外部（"十七合一"、农业、应急、环保等）数据，提供气象监测数据、农业耕地数据、应急避难场所数据、城管内涝数据、环保排污口数据、水质数据及自然资源局的地图数据等查询功能，为主管部门指挥调度提供辅助决策。基于 AI 分析已建立摄像头的视频数据，识别河面漂浮物，将事件分拨给水务局，自动将水库放水的预警信息推送至水库的展播屏幕上，全流程自动闭环监管事件办结，打造台山市"绿水青山"。

⑤ 全流程自动闭环，交通监管实时高效

聚焦交通监管领域，可实现对客运交通、货运交通、违法处置等多个业务领域的关键指标进行计算展示。基于 AI 对多种数据源进行综合分析，识别码头船只违规出海行为，码头及重点工地工人是否佩戴安全帽等情况，将其自动分拨给交通管理局。同时，打通交通管理局与公安局的数据链路，将有关交通相关的执法数据在两个部门中间流转，提高布控执法效率，同时减少司机办事流程。

⑥ 多部门数据联动，推动景区智慧管理

围绕景区管理方面，能够实现对旅游人数、旅游收入、服务质量等多个业务领域的关键指标进行计算展示。基于 AI 分析摄像头的视频数据，实时识别并统计景区入口人数，通过实时识别游泳池及海边的摄像头视频来分析救生员脱岗违规事件。同时，融合气象局、文化广电旅游体育局及票务系统数据，当接收到气象局发布的气象预警时，系统自动通知所有预定川岛门票的游客。

（2）技术赋能产业蝶变，数字经济效益彰显

① 新型技术融合应用，推进"智慧产业"聚集

台山市智慧城市建设有效推动了政务数据共享与企业数据汇聚，对于促进基于城市大数据、产业大数据、民生大数据的"智慧产业"发展具有重要作用。光纤宽

带网络和移动通信网络的快速建设，移动互联网、云计算、大数据、物联网等新一代信息技术在产业链条中的应用深化，以及"互联网＋产业集群"建设行动的实施，以点带面地促进了台山市智慧产业集群发展。

②传统产业转型升级，推动产业数字化

传统产业转型升级是产业数字化的主要内容，也是数字经济发展的主要内容。台山市以智慧城市建设为契机，助力大数据、"互联网＋"与工业产业的深度融合，促进传统产业的数字化转型，推动大数据等新型信息服务业加速发展。

③挖掘数据要素价值，打造新业态、新模式

一方面，通过"智慧台山"建设，开放城市、产业、人口等脱敏数据，实现数据共享、关联与大数据挖掘，将数据作为一种新生产要素，直接参与大数据交易与信息服务，对于推进以大数据交易为代表的新型信息服务业具有重要作用。另一方面，将数据作为创新创业要素，聚焦科技创新应用，建立创新创业平台，汇聚创新要素，培育创新创业队伍，培育创新环境，有力推进了城市共享经济的发展。

案例4 福建泉州永春县城市大脑建设与应用
——城市大脑基座赋能，助力福建数字应用第一城建设

1. 背景和需求

（1）项目背景

建设新型智慧城市是党中央、国务院做出的重大战略部署，是推进政府治理体系和治理能力现代化的重要举措。依据《福建省"十三五"数字福建专项规划》与《泉州"智慧城市"规划纲要（2014—2020年）》的规划目标，坚持以人民为中心，坚持新发展理念，福建泉州永春县以永春城、乡、村数据资源的整合共享和深度应用为突破口，以云计算、大数据、物联网、人工智能、5G等新一代信息技术的创新应用为引领，以城市大脑通用平台建设和特色应用示范试点为抓手，促进技术创新、治理创新、服务创新、应用创新和产业发展，打造新型智慧城布，助推数字政府、数字经济、数字社会发展。

(2) 项目需求

① 数据融合共享的需求

各委办局普遍存在省、市垂直系统并行使用的情况，系统之间数据打通的较少，需根据业务切换不同的系统。数据孤岛现象严重，数据无法复用，同一委办局内各部门之间数据协同难，跨部门数据共享更难。各委办局系统建设还存在重复浪费的情况，系统建设和维护方众多，不同系统的承建和维护厂家往往不同。

② 综合呈现城市宏观态势的业务需求

城市运行态势的实时呈现与预测预警是城市高质量发展、高效能治理的基础，是助力政府管理从被动防御转变为主动应对的重要手段。目前，永春县尚未实现对城市运行关键业务指标和运行状态的实时监测，智慧城市建设缺少城市体征数据的支撑，需要基于城市可视化数据资源，通过多种图表组件，呈现城市运行的总体态势和关键绩效指标（KPI），依托预先设定的指标阈值，对城市运行异常情况进行预警，并与事件管理系统和联动指挥系统对接，实现城市事件的闭环处理。同时通过特定专题方式实现对具体领域的深化分析，以专题综合展示的方式将城市治理重要领域的运行特征和分析结果直观地呈现在管理者眼前。

③ 助力产业结构经济分析的业务需求

需要从产业政策维度，基于公共财政、固定投资、企业纳税、对外贸易、工业产值、劳动就业、价格水平等数据进行经济分析和预测，实现对城市产业经济的综合展示。需要支持集成县工业和信息化局、发展和改革委员会、财政局、审计局、工商行政管理局、统计局等部门现有资源，将城市主要经济指标、产业结构及分布数据以多种图形化形式进行可视化分析，实现多指标数据的并行监测分析，全方位体现城市产业经济运行态势，展现城市经济、产业发展状况，为城市经济发展规划、产业结构调整等提供决策依据。

④ 推动生态宜居环境保护的业务需求

需要汇聚城市饮用水源地、流域水环境、大气环境、重点污染源等环境监测数据以及大气、水质等感知自然环境的指标数据，建设环境保护应用专题，选取一定的评价指标和数学方法进行评价，以判明不同评价单元的环境质量状况，客观地对城市的生态环境质量进行评价，为环境治理提供数据依据。

⑤ 掌控社会问题精细化治理的业务需求

需要以事件为城市治理载体，以事件发生时间、发生地点、影响程度等呈现城市运行的问题现状，以事件处置、治理反馈呈现城市管理过程和效果，以"互联网＋大数据"技术为基础，分析城市事件规律，提升城市治理能力。

⑥ 提升乡村农业多维感知的业务需求

需要强化产业扶贫、就业扶贫和低保兜底，重点补齐村集体经济发展短板，补齐脱贫攻坚与乡村振兴衔接的短板。需要着力建设农田生态环境智能感知终端，实时感知温度、湿度、光照度等信息，分析数据变化对农作物生长的影响，总结最佳的农作物播种、施肥、病虫害防治时间规律，指导生产技术人员进行农事管理。

2. 主要做法

围绕"打造福建数字应用第一城"的总体建设目标，按照基础先行、急用先行、创新先行的原则，提出"1个云平台、1个城市大脑基座、N个领域应用、1个运营中心"的"1+1+N+1"总体架构，通过城市大脑的建设，帮助永春县实现"城市综合态势、产业经济、生态环境、社会治理、乡村振兴"五大板块的数字感知统计分析及亮点应用，助力政府提升宏观调控能力，全面提升政府的城市治理水平，为永春县数字产业经济发展奠定基础。

（1）1个云平台

统筹建设永春专有云池，为"永春县城市大脑"建设提供数据感知、采集、计算、存储、传输等支撑能力的信息化基础设施。"永春县城市大脑"城市云规划全县形成统一的云资源池，各业务系统相互融合，从而实现集约化建设、打通信息孤岛。通过永春专有云池建设，汇聚行业数据、社会数据、互联网数据、物联网数据，构建一体化的数据资源池。统一管理、开发、利用、运营，推进数据资源的开发再利用及社会化运营，助力开展"互联网＋服务""互联网＋监管"、双创等创新应用，提高政府为民办事能力和社会管理水平、激发大众创业创新活力、增强市民的幸福感，助推永春县城市大脑建设。

（2）1个城市大脑基座

在永春县城市大脑项目建设中，以"融合、智能、开放、可信"为理念，以"无处不在的连接＋数据中台＋无所不及的智能"建设城市大脑平台，实现城市感知网与行动网之间的贯通，使整个城市成为一个有机整体，协同联动。建立统一主题数据库和全局共享数据库的信息资源的管理和服务中心，按照统一的标准规范和树状结构实现对信息资源的采集、分类、描述、处理、展现、应用和管理，为信息资源的共享和交换提供基础性支撑，实现对信息资源的识别、导航和定位服务，从而更加有效地管理、利用和合理开发信息资源，提高工作效率及服务水平。

（3）N 个领域应用

立足永春县经济社会发展的阶段性特征，突出地域、经济、文化、产业特色，坚持以人为本、优化布局、生态文明、传承文化的基本原则，以转变经济发展方式为主线，以体制创新和科技创新为动力，以信息资源的整合、共享与利用为重点，以云计算、大数据、物联网、城市光网络、人工智能等新技术应用为支撑，围绕城市数字化转型，着力夯实信息基础设施建设，推进数据和服务整合，构建智慧城市核心能力，围绕城市综合态势、产业经济、生态环境、社会治理、乡村振兴五大专题开展智慧应用创新，加快推进永春工业化、信息化、城镇化、农牧业现代化融合发展，进一步提升城乡居民幸福指数，着力建设数字化、智能化县域城市大脑，促进永春县产业数字化转型。

① 城市综合态势

城市态势感知系统基于城市可视化数据资源，通过柱形图、环形图、预警雷达图等多种图表形式，呈现城市运行的总体态势和关键绩效指标，通过特定专题实现对具体领域的深化分析。以一张图综合展示的方式将各类城市管理运行体征指标直观地呈现在管理者眼前。

② 产业经济

集发展和改革委员会、财政局、审计局、工商行政管理局、统计局等部门现有资源，将城市主要经济指标、产业结构及分布数据以多种图形化形式进行可视化分析，实现多指标数据的并行监测分析，全方位体现城市产业经济运行态势，展现城市经济、产业发展状况，为城市经济发展规划、产业结构调整等提供决策依据。

③ 生态环境

建设主要天气情况、空气质量、水质情况等指标数据，实现环境监测可视化，并集合绿化资源、自然保护区资源等数据进行专题分析。结合梅溪无人机巡河监测与河长制，形成河湖动态监测，提供包括河长信息、巡河事件、巡河完成情况、河道污染物监测等治理数据与监测报告。

④ 社会治理

接入城市公安社会面重点图像、综合治理小程序数据、城管重点部件、设施数据等，可以分区域、分网格、分人员进行重点目标的管理，对于发生的事件、人工智能自动识别的渣土车出现、出店经营、违法停车、人群聚集、垃圾堆放等预警能够及时反映到 IOC（智慧城市智能运行中心）。

⑤ 乡村振兴

围绕永春县乡村振兴整体情况进行综合展示，并基于桃城、下洋试点现状，夯实五大乡村振兴基础能力。在产业振兴方面，依托新一代物联网智慧农业技术，探索生态产品价值实现的新路径，打造桃城、下洋美丽乡村新范本。在人才振兴方面，围绕永春县"引得进、留得住、过得好"的人才发展目标，以永春县人才驿站为基点，综合展示开展的各类人才交流及技能培训、社区文化服务活动，探索人才推进城乡融合新模式。在文化振兴方面，基于"畅游永春"小程序综合呈现永春的旅游资源，包括旅游线路、民宿分布等，并结合特色产品及本地文旅地标如党内政治生活馆、余光中文学馆，为旅游资源分布规划提供多维参考依据。在生态振兴方面，以时间维度回顾桃城镇南星村的南星溪清新流域的整治历程及乡村环境整治成果，打造美丽乡村新典型。在组织振兴方面，以桃城镇花石村为试点，结合桃城镇花石村"党建领航＋乡村振兴"整体线路，以时间轴、事件轴等维度综合回顾花石村建设历程与成果，同时落实精准扶贫，对接"一库五机制"小程序，实现扶贫数据智能分析及扶贫动态预警。

（4）1个运营中心

全面整合城市各领域运行数据，综合统筹城市运行中的业务资源、数据资源、流程资源等，包括城市指标数据、重点业务数据、重点主题类数据、重要事件专项数据等，深化大数据、可视化技术的应用，为城市综合态势感知、产业经济专题、生态环境专题、社会治理专题、乡村振兴专题提供可视化的能力支撑。围绕各类专题以及各部门信息化系统中的各类指标进行监测，建立全方位的指标监测管理体系，实现各部门的监测信息与风险分析结果的汇集、相关信息的抽取，并据此进行风险分析，把分析结果直观地展现在决策者面前，作为预测预警或事件处置的依据，以动静结合的方式呈现城市建设各方面的基本情况，全面掌握城市整体运行态势，构建城市运行、发展全景图。基于3个重塑（重塑全面感知、重塑管理模式、重塑服务模式）立足点出发，以全面感知为核心建设城市大脑（如图7-4所示），汇聚各类已有的感知渠道和业务数据，建设全面感知、智能调度、联动处置、态势分析决策能力，整合城市管理、社会管理、社会服务、行政服务、应急处置资源和业务，实现五位一体的流程一体化、业务全域化、网格智能化，通过统一的权责清单、算法实现事件智能感知和调度，打造永春城市运行的智能化的"大闭环"，与视频会议、应急通信系统集成，实现一键调度、联动指挥等功能。系统包括预警接收模块、指挥启动模块、动态监测模块、指挥调度模块、进展汇报模块、解除与总结模块、预案基础信息管理模块等，可以提高城市治理、网格运行的效率。

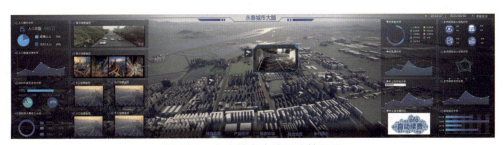

图7-4　永春城市大脑系统效果图

3. 特色亮点

（1）社会治理管控全域

立足城市大脑实现社会治理事件识别、流转、督办全流程闭环，提高社会精细化治理效能。通过城市大脑整合分析3类事件：视频监控AI场景预警事件、群众随手拍事件及永春县域治理小程序事件，实现社会治理事件在各委办局之间的流转和业务协同，促使城市治理由被动处置型向主动发现型转变。目前，本次项目投建的永春县域治理小程序已在桃城、五里街、玉斗三镇试用，已累计处理45 526个事件，具备全县推广部署条件。

应用场景1：通过县域治理小程序实现包括环境整治、电力故障、自来水故障、安全隐患、综合治理慰问等类型事件的登记上报和各部门间的流转处置。

应用场景2：通过视频+AI算法实现人脸与人体行为分析、机动车分析及人群聚集、消防通道堵塞、机动车违停、店外经营、无照经营游商等场景的识别预警并派单调度执法部门进行处置。

（2）生态环境强化闭环

坚持永春的"生态立县"战略，利用5G+边缘计算+AI+无人机深度探索生态治理新模式，为河道和湿地公园的生态治理保驾护航。聚焦桃溪重点流域及周边湿地公园的生态监管，利用城市大脑AI算法结合视频监控，自动识别河道生态污染事件，并通过中台将捕捉到的事件流转至水务局、城市管理行政执法局、湿地公园管理处等单位进行协同处置。

应用场景：利用5G+边缘计算高速回传无人机巡河视频及河道监控视频，并结合AI算法实现漂浮物检测、水质颜色检测等场景的自动识别分析，将预警事件以航拍图片、现场图片、异常描述及GPS（全球定位系统）定位方式流转相关单位进行处置，形成生态环境治理闭环。

（3）乡村振兴赋智一线

立足永春"强产业、善运营、聚人气"的乡村振兴战略部署，建设数字乡村平台，如图7-5所示。该平台是城市大脑在乡村振兴基层服务治理方向的底层触手和信息抓手，聚焦乡村服务与治理，采用分批部署方式，一期选择桃城镇（14个社区、8个行政村）、下洋镇（10个村）为试点，为乡村干部及群众提供党建引领、智慧村务、美丽乡村、乡村治理、惠农服务、便民服务等功能，打破城乡间数字鸿沟，提升乡村服务水平，同时完善基层监督体系，打通监督"最后一公里"。

图7-5　数字乡村平台功能应用界面

应用场景：聚焦乡村服务与治理，利用轻量级前端小程序应用为乡村干部提供三务公开和涉农、惠农政策传达的信息化途径，为村民提供随手拍和民情上报反馈的线上渠道，并且能够提供劳务用工、二手物品交易、农具租赁等便民惠民服务。

4. 应用成效

自建成以来，永春县城市大脑在助力城市治理、保护生态环境、促进乡村振兴方面持续发挥着重要作用，建设成效显著，并获得了包括"第一届中国新型智慧城市创新应用大赛优政赛道智佳奖"在内的多个奖项。

（1）提升政府行政效率，有效节约办事时间

城市大脑为各部门提供信息共享和交换服务，将逐渐解决各部门业务系统因起点、标准不同所造成的信息不一致、信息孤岛问题，节约各部门分头建设信息库的成本。预计在社会治理层面，各委办局之间沟通、事件处置效率可提升40%。

同时，通过永春县城市大脑的建设，各部门可以足不出户地完成各项与信息相关的调研工作，大大节省了以往通过函调、实地核实等方式开展政府事务所耗费的大量时间成本和经济成本，预计时间可节省60%。

（2）提升城市公共服务及管理水平，增强永春县群众对智慧城市的获得感

城市大脑为城市公共服务和管理提供智能保障。政府管理、公共服务、行业应用平台的建设和多部门的协同集成，可以实现一站式城市公共服务，让市民和企事业单位足不出户就能快速办理行政审批，提高政府服务的效率，降低运转成本，大大提高城市管理者的服务水平和城市居民的满意度，是服务型政府建设的重中之重。

总而言之，城市大脑有助于解决城市就业、医疗卫生、交通运输、社会安全监管等城市居民最关心、最直接、最现实的利益问题，使全体居民更好地分享信息化和城市化成果，构建民主法治、公平正义、诚信友爱、充满活力、安定有序的和谐社会。

（3）促进城市智慧经济的生态构建，推动经济社会高质量发展

永春县城市大脑的建设运营，逐步繁荣了永春县的大数据产业、商业、现代金融和服务业，帮助企业整合城域范围内的资源，并通过构建一个动态业务机制，达到全产业链协同运作，降低开发设计成本和推广运营成本。此外，通过复用城市共性平台、创新永春城市品牌、化解运营实施风险，使城市运营更加高效快速响应市场，为市民提供更具竞争力的产品和服务，提升永春县整体竞争优势，为县域智慧经济的长期可持续发展做好准备。

（4）推行集约化建设，降低城市服务成本

建立城市大脑，有助于方便、快捷地为社会及个人提供权威性的信息，减少公民在社会活动过程中的成本支出，降低政府各部门、企事业单位的额外支出。城市

大脑充分考虑资源整合和利用，实现了跨部门的信息交换与共享，减少政府重复投资，提高资源利用率，提高信息共享能力。通过永春县统一协调的工作运营模式，实现了网络、设备等硬资源和技术、人才等软资源的共享和协同办公，减少各部门重复巡查工作、重复处理工作，预计涉及数据、算法、数字底板等相关费用可节省 50%。

（5）大数据充分挖掘政府信息资源的附加经济价值

运用大数据技术可以使不同政府职能部门分散存储的数据应用在统一的平台上，从而推动数据的社会化服务与商业化应用，同时也有利于充分挖掘政府信息资源的附加经济价值。随着大数据处理技术的应用，信息资源整合应用能力不断增强，由此而产生的积极效应自然提升。这既有利于推动政府对其拥有的海量数据进行深层次的整合与利用，也必然会使共享的信息资源得以高效运用。

案例5 山东东营市新型智慧开发区
——打造新型智慧开发区星级样板

1. 背景和需求

（1）项目背景

2019 年，数字山东建设专项小组办公室印发了《山东省新型智慧城市试点示范建设工作方案》的通知，要求各市人民政府深入贯彻落实《数字山东发展规划（2018—2022 年）》，以推进智慧城市建设作为指导各地落实数字山东建设各项任务的重要抓手，统筹推进数字政府、数字经济和数字社会的建设工作，围绕"优政、惠民、兴业、强基"，从 2019 年到 2023 年，组织实施新型智慧城市试点建设及示范推广工作。

近年来，东营经济技术开发区在智慧化城市建设方面做了大量工作，有了一定基础。如在应急管理方面，建设了"安全监管及应急救援指挥平台"；在城市管理方面，建设了"城市防汛会商指挥系统"；在生态环境管理方面，建设了"污染源自动监控系统"；公安分局深入推进"智慧社区"建设，政法委员会开展了"雪亮工程"建设，法院进行了"法智 e 平台"建设等。

（2）项目需求

虽然东营经济技术开发区已取得一系列智慧化成果，但在数字信息基础设施、深化智慧化场景建设、综合指挥调度、营商惠民应用等方面仍存在不足，亟须通过新型智慧开发区建设补齐优化。

① 感知能力不足，亟须以物联传感设备和管理平台支撑城市实时感知

目前，东营经济技术开发区事件发现主要靠人工，缺少高效的感知手段，难以对城市态势进行实时把控。亟须部署传感设备，打造泛在物联网，形成城市治理大脑的"触角"，并对触角每时每刻传递回来的时空轨迹及多媒体大数据进行深度融合与智能分析。

② 智能水平不足，亟须以 AI 平台实现智能识别预警

虽然东营经济技术开发区已取得一定的智慧化成果，但主要是满足日常业务运行，对风险的分析防控能力不足。因此，亟须建设 AI 平台，利用先进的 AI 算法，融合实时监控、感知等多源数据，实现风险识别和预测分析，提高对风险因素的感知、预测、防范能力，辅助管理者事前研判、事中决策和事后响应，助力开发区智能治理。

③ 运营指挥能力不足，亟须打造综合运营管理中心

目前，东营经济技术开发区正处于经济转轨、社会转型的关键时期，开发区综合管理服务、应急管理调度、综合指挥需求大，但缺少统一的物理场所和平台支撑，难以将分散的系统、数据等资源进行有效整合。亟须打造综合运营管理中心，驱动业务再造、流程优化，提升开发区高效处置、统一调度等运营指挥的统筹协同能力。

④ 智慧应用效能不足，亟须建设智慧交通等重点领域应用

目前，东营经济技术开发区的数字化应用效能还未充分发挥，大数据、人工智能等数字技术利用不足，应用开发广度和深度不够，亟须利用智能化、数字化手段深化开发区综合治理、交通、安全等重点领域应用，提升开发区运行效率，促进安全、和谐、稳定发展。

⑤ 市民对智慧化的获得感不足，亟须通过无线覆盖等方式方便市民生活

东营市新型智慧开发区的建设是为了不断提升市民的生活品质，使生活越来越

智能便捷，让市民充分共享信息化科技进步成果。因此，亟须通过一些亮点应用，如关键室外区域的 Wi-Fi 全覆盖，方便市民及外来游客便捷上网获取资讯，打造开发区智慧化对外名片，提升民众对智慧化建设的获得感和满意度。

2. 主要做法

（1）整体思路

① 打造特色智慧开发区

东营市新型智慧开发区聚焦"优政、惠民、兴业、强基"，通过布设城市感知部件，集成相关业务系统，汇聚各类信息资源，对"人、物、事"进行智慧管理，实现基础设施智能化、公共服务便捷化、社会治理精细化，打造专属开发区特色的高标准智慧城市样板。

② 完善数字信息基础设施，从应用侧打通信息孤岛

持续完善开发区数字信息基础设施，打造智慧开发区中枢平台，依托东营市视频大数据平台，利用智能中台实现共享视频资源的智能分析，有效发挥视频数据在城市安全方面的作用。同时，聚焦交通、应急、园区、生态等重点应用场景，从应用侧打通信息孤岛，实现开发区综合治理、公共服务、生态环境、应急管理、经济运行等数据资源整合共享与利用。

③ 建立综合运营管理中心

建立开发区综合运营管理中心，将其打造为整个开发区应急值守、信息接报、监测监控、指挥调度、信息发布的综合运转枢纽，实现统一领导和指挥，提高平时管理、战时应急指挥的统筹协调能力和水平，打造"实战型、研判型、服务型、科技型"的开发区综合运行管理中心。

④ 服务好公众与企业发展需求

通过新型智慧开发区建设，完善企业商事登记、审核审批、市场监管、物流交通等企业投资、生产、经营的基础服务，优化开发区营商环境，助力开发区企业发展再上新台阶。

为提升开发区公众幸福指数，围绕公众生活、工作、就医、养老等基本需求，高标准打造开发区公众生活信息化服务，实现从"基础、基本"到"创新、创造"的提升，塑造开发区智慧新生活样板。

（2）建设内容

新型智慧开发区主要实现了"两基建、四平台、百应用、一张图、一中心"的建设，如图 7-6 所示。

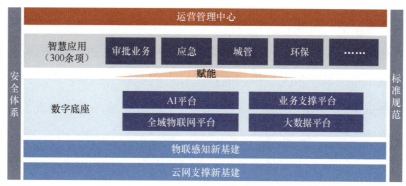

图 7-6　东营新型智慧开发区总体建设框架

① 两基建

云网支撑新基建，构建了以政务云、联通云、私有云为基础的多云融合环境，为新型智慧开发区提供通信、算力支撑和保障。

物联感知新基建，项目覆盖应急处置、社会治理、城市精治、智慧交通等方面，建设城市部件包括用电监测、一氧化碳监测、窨井盖感知、智慧路灯、智能烟感等。基于 5G 网络的全景监控，实现监控重点区域内的无死角实时监控。

② 四平台

新型智慧开发区数字底座由四大平台构成，为整个智慧开发区提供了数据汇聚、数据加工、数据分析的能力。

全域物联网平台，对经济技术区范围内的环境情况、危险源事件、交通情况进行实时的采集上报，实现了对城市的实时感知。同时和生态环保、交通执法、应急保障等其他感知系统集成整合，形成了全域、全方位的感知体系布控，实现开发区内重要卡口、商圈、园区、街道、景区、水系的视频覆盖，为将来智慧城市感知体系的建设打下了坚实基础。

大数据平台，对接了市级系统大数据共享平台、国土资源局地理信息数据共享平台、公安专网平台、政法部门平台、智慧城管平台、综合执法平台及开发区自建的应急管理平台、环保监督平台、OA（办公自动化）平台等平台系统，将分散、异构的数据资源进行聚合，通过统一的访问入口，实现结构化数据资源、非结构化文档和互联网资源的接入和集成，并对数据进行标准化的数据治理、数据稽查，对外提供开放的数据服务，各部门可从大数据中心按照业务需求各取所需，解决了跨部门、跨区域、跨层级的数据孤岛问题。

AI 平台，提供了 AI 支撑能力，通过人工智能算法、模型，实现了每一路摄像头的视频流实时计算、分析，对城市事件进行自动的智能认知，对危险火情、人员落水、超速超载、三轮车载人、人员聚集等潜在危险事件进行自动的研判与识别。

业务支撑平台，基于市大数据局的技术标准规范，采用东营市统一认证权限验证体系，对外提供统一用户、统一权限、统一流程的集成环境，实现了各级应用系统跨数据库、跨系统平台的无缝接入和集成，构建了一个支持信息访问、传递、协作的集成化环境，实现了个性化业务应用的高效开发、集成、部署与管理。

③ 百应用

基于开放的基座平台，对已有系统、新建系统、规划建设系统进行统一的接入和集成，整合软件资产，充分发挥各软件系统的价值。目前已实现建设、接入和集成了审批业务、应急、执法、城管、环保等 16 个业务领域的 300 余项系统应用。

④ 一张图

"一张图"以高精度时空大数据为基础，以 GIS 平台为支撑，将开发区全区地图复原、整合、关联和分层叠加开发区内的规划、建设、应急、城管、环保、水务、旅游等数据专题体系。通过分析、展示、处置等功能，各部门之间实现了资源共享、信息互通、管控明确，更加有效地支撑了政府的精准决策，能够更好地服务民生。

项目提供了 12 个专题的运行管控一张图，充分发挥态势监测、应急指挥、展示汇报、流程管理、辅助决策等多重作用，有效提升跨部门决策和资源协调指挥效率。

⑤ 一中心

智慧城市运营管理中心是城市管理的决策中心、预警中心、治理中心、指挥中心、展示中心，实现了街道、社区的多级联动、协调处置及全流程监督跟踪，形成"全市域、全天候、智能化、多渠道"的事件预警和协同治理体系。

3. 特色亮点

（1）建设国内领先的智慧城市基础设施

在云网支撑新基建方面，整体系统能力达到百 TB 存储、千核计算、万兆带宽，充分满足新型智慧开发区通信、算力需求。在未来 4 年国内同体量的智慧城市项目中，新型智慧开发区的云网基础建设能力将保持先进水平，在东营地区形成示范和标杆。

在物联感知新基建方面，建设前端智能感知设备包括烟感探测器、危险气体探测器、智能井盖、智慧用电监测、大气河流监测等共计 12 000 个，部署综合性物联感知平台，是东营地区内首例采用"物联感知前端+物联网平台+AI 平台"部署智慧城市感知体系的项目，在全省内处于设计和应用的领先水平。

（2）依靠 AI 算法，实现城市事件感知处置自动化

本项目新建综合性视频监控平台接入市级平台 5 个，区级平台 4 个，新建监控 1253 处、传输链路总带宽超过 500Gbit/s。平台最多可支持汇聚的视频资源超过 2 万路，目前已接入 5000 路。覆盖整个开发区的摄像头监控网络，通过 5G 超高速网络传输，将实时的视频数据流传输到物联感知层，大数据平台将上万路视频数据汇聚整合，形成海量视频资源中心，人工智能平台对每一路视频流数据进行加工、计算、分析，智能识别出农村烧荒、河道污染、非机动车违规载人、移动摊贩等与城市安全、社会治理、环境治理相关的事件，业务支撑平台会对事件进行核实验证，并将结果推送各分管部门进行事件处置反馈。同时，在综合运营管理指挥中心的运行管控一张图中可追溯事件从产生到处置的整个闭环流程。在 5G 网络、物联网、人工智能、大数据技术的支撑下，对一个摄像头的高效利用，起到了一机多用、多场景叠加的效果，节约了资源，避免了重复投资、重复建设。

（3）5G 网络打破智慧城市数据传输"最后一公里"瓶颈

本项目采用 5G+MEC（移动边缘计算）技术，解决了与政务外网互联互通的标准问题，是省内首例 5G 技术在智慧城市跨网对接中的实际应用范例，真正解决了项目中传输链路的"最后一公里"瓶颈问题和城市内部硬化路面难以破路施工的问题。

临港产业监控、城市火点监测、危化品卡口监测等重点领域对突发事件的识别、预警响应要求非常高，往往前端预警早一秒，就可避免大量损失。通过 5G+MEC 构建边缘智能，利用低时延、大带宽的特性，可实时处理视频数据，实现了突发事件的实时识别和预警。

4. 应用成效

（1）助力东营经济开发区产业经济运行发展

根据经济发展需求，数字底座对接统计等相关系统，集成 8 大类 104 个重点经济指标，从经济总览、产业经济、财税状况与固定资产投资、居民可支配收入与金融情况、区域对标经济等维度进行经济运行态势分析，实现东营经济技术开发区内各类机构业务决策和管理决策的精准性、科学性以及社会整体层面的业务协调性，使跨领域、跨系统、跨地域的数据共享成为可能，进而促进行业融合发展和转型升级，并通过大数据的互联共享，助力企业创新商业模式。

（2）助力商圈、园区、景区、企业经济辅助分析

在商圈、园区、景区、企业部署 300 处 AI 摄像头，采集区域视频数据，通过 AI 算法对人流量、滞留时间、车流量、货运类型等内容进行识别分析。通过大数据算法对商圈、园区、景区、企业经营情况进行推导研判，一方面帮助决策者发掘数据背后的规律，提高决策效率与能力，推动产业创新，助力城市发展。另一方面结合城市区域的经济发展现状、产业布局、企业分布及城市地理因素，分析经济发展条件、产业变迁历史、企业状况，从而综合分析判断当地产业机构的发展现状及未来趋势，辅助当地政府落地区域经济一体化的各项政策，如图 7-7 所示。

图 7-7 城市管理 AR 展示中心界面

（3）助力城市长治久安、保障社会民生安全

本项目打造了民生的火警监测、用电安全监测、一氧化碳等危险气体监测、大气环境监测、河湖水质监测与涉水安全管理、道路安全管理、社会安全管理、公共网络服务等多个应用场景，解决了居民对智慧城市的主观需要，进一步减少居民在日常生活、生产中的安全隐患。

以火警监测为例，按应急管理部和消防部门的需求，本项目对部分沿街商铺、商贸城、商圈进行重点部署，全部安装室内烟雾探测报警器，在金辰路、运河路、鲁班公寓、锦华社区沿街房、银座商圈等九小场所实现了全覆盖。截至2022年7月，已安装烟雾探测器4837套，平台对接已上线3319套，初步形成主城区和重点单位的烟雾感应事件反馈体系。烟感设备探测到烟雾信号发出报警，报警信号3秒内即可传送到综合运营指挥中心系统，烟感报警事件可分发相关部门和具体闭环流程进行告警处置，通知相关负责人。同时，烟雾探测报警信息可通过电话、短信等形式推送到商户。烟雾探测预警全面解决了住所消防的监督难点问题，实现区域全覆盖，火灾早发现、早报警、早扑灭，消除火灾隐患。

案例6 甘肃武威城市大脑
—— 一图全景、多端联动，构建数据驱动的城市高质量发展新范式

1. 背景和需求

（1）项目背景

为深入贯彻落实党中央关于建设"网络强国""数字中国""智慧社会"战略部署，党的十九届四中全会提出坚持和完善中国特色社会主义制度、推进国家治理体系和治理能力现代化的总体目标，要求加快推进市域社会治理现代化，为新型智慧城市建设带来了前所未有的发展机遇。

为落实中央、甘肃省政府相关文件精神，加快武威市智慧城市建设步伐，推进"数字政府"建设，提升武威市产业数字化和数字产业化水平，武威市在"十三五"时期制定了《武威市"十三五"信息化发展规划》，规划紧扣当前民生服务、政务管理、产业发展等重要领域，着力促进信息资源整合共享，明确要求充分利用信息化手段解决城市经济社会发展中亟待解决的难题，优化城市发展环境，提升城市建设和管理水平。"城市大脑"项目是武威市政府重点建设项目之一，也是"智慧武威"

建设的重要内容，旨在进一步提高城市现代化水平和科学治理能力。

（2）项目需求

① 武威市高质量发展对城市管理理念、模式、手段提出更高要求

近年来，武威市高度重视经济社会高质量发展，将"智慧武威"项目列入全市高质量发展重大项目之一，充分发挥"智慧武威"在高质量发展中的引擎作用。"城市大脑"作为"智慧武威"建设的中枢和综合应用平台，对创新城市治理模式，提升城市治理水平，推动经济社会高质量发展具有重大战略意义。同时，对城市大脑如何有效运用大数据、云计算、区块链、人工智能、物联网等技术推动城市管理手段、管理模式、管理理念创新提出了迫切需求。

② 整合全市各领域、各行业、各系统的数据资源，消除信息孤岛的需求

武威市各部门普遍存在业务系统相对独立，信息不互通、不共享的"信息孤岛"问题，亟须通过整合全市各领域、各地域、各系统的数据资源，实现各类感知数据、业务数据的融合，消除信息孤岛，有效推动政府数据开放共享，促进社会事业数据融合和资源整合，真正实现用数据治理城市，让城市学会"思考"。

③ 挖掘数据价值，融合创新应用，有效解决"城市病"的需求

面对城市运行与管理中的各类问题，以及不同应用场景搭建的各类App，武威市亟须通过综合全市各业务单位已有平台，整合各类App，建成全市统一公共服务App，实现"一部手机、一个App、一个入口"享受智慧政务和便民服务的目标。充分挖掘和释放城市数据价值，提升政府整体数据分析能力，为基层提供数据支撑，为领导提供决策辅助，有效处理复杂"城市病"。

2. 主要做法

（1）整体思路

武威城市大脑于2020年8月启动建设，以"创新、协调、绿色、开放、共享"为指引，以网络强国、数字中国、智慧社会为目标，以"绿色智城"为发展愿景，以大数据共建共享和创新体制机制为保障，重点提升城市治理体系和治理能力，改善民生服务和创建宜居环境。

武威城市大脑坚持"以大数据计算资源平台为依托、以数据汇聚整合为手段、以智能算法业务引擎为支撑、以纵向垂直专项场景建设为目标"的建设思路，不断

拓宽政务数据汇聚、社会数据、自有数据采集等多种获取数据方式，建立稳定可信的数据源，利用各类数据萃取加工手段实现基础数据、部门数据和主题数据层建设，构建武威市城市大脑大数据综合服务体系，夯实武威市智慧城市各领域的数据汇聚、融合、应用与创新的基础能力，为各委办局、乡镇、企业和公众提供丰富的数据和应用服务。武威城市大脑总体框架如图7-8所示。

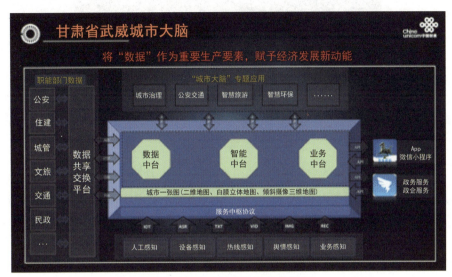

图7-8 武威城市大脑总体框架

（2）主要内容

根据整体思路，按照基础先行、急用先行、创新先行的原则，形成"1+2+N"整体布局，即"1个服务管理平台、2个服务应用平台（天马行App、钉钉等）、N个领域应用"，实现武威城市大脑高标准、本地化建设和高效运转，全面推动武威市社会综合治理现代化、百姓办事便利化、政府行政效能迅捷化。

① 建设武威"城市大脑"服务管理平台

武威"城市大脑"服务管理平台的建设，可实现城市治理能力智能化、集约化、人性化，更高效、精准地服务于企业和个人，有效节约社会的公共资源。如图7-9所示，平台中的数据中枢将散落在政府、公用事业单位、运营商、互联网等行业和领域的数据即时汇聚，形成海量数据资源，构建干净、智能的数据资源层，推动政企数据双向对接与开放，不断接入、叠加、升级行业应用，支撑跨领域、跨行业的协同应用。其还作为城市级别人工智能的开放创新平台，提供标准化的数据接入和数据输出接口，放大"雪亮工程"建设效果，为视频提供智能识别能力，为各业务系统提供数据支撑。

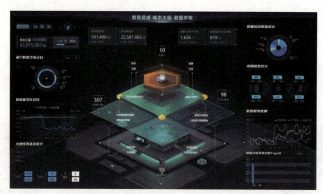

图 7-9　武威城市大脑的数据中枢界面

② 建设"智慧武威·天马行"手机 App

借鉴浙江"浙里办"、广东"粤省事"建设模式，搭建武威"天马行"手机 App，为甘肃省武威市构建统一智慧城市移动应用运营服务平台，实现集政务、党建、农业、旅游、便民服务、衣食住行、生活缴费、广告招聘等于一体的综合类移动应用服务。同时结合本地特色提供众多本地生活服务，提升公共服务效率和社会公众服务体验。

③ 建设武威"钉钉·政务通"政务服务平台

借鉴浙江省"浙政钉"建设模式，利用甘肃省"钉钉"平台的推广，结合现有技术基础和资源优势，快速、高效、安全地开发武威"钉钉·政务通"政务服务平台，加快推进武威市各级部门组织在线、沟通在线、协同在线、决策在线，实现工作沟通和办公协同融合。同时推动层级扁平化，打破部门限制、地域限制及层级限制，切实提升工作效能。

④ 建设武威城市"一张图"数字地图服务平台

依托国家地理空间框架及北斗网格码技术，以高精度三维 GIS+BIM 精细化建模技术，建设武威市"三县一区"的实景三维"一张图"，针对全部图层数据统一化、标准化、规范化，基于统一地图服务，提供统一搜索分析入口。基于规划建设的城市"一张图"应用，全面接入视频感知、物联感知、热线感知、人工感知、互联网感知等多渠道来源事件，全量数据全部接入"一张图"，将现实社会 1∶1 原样复原，以图层方式叠加规划、建设、应急、教育、环保、水务、旅游、城市管网等数据资源，对不同专题领域的业务和部件数据进行分析和展示，如图 7-10 所示。面对海量的不同类别和不同图层的数据，进行全量、全库、分类的模糊查询、精确查询及基于地图的自由框选查询。武威城市"一张图"每半年更新一次，保持与城市建设现状的同步。

图 7-10　武威城市大脑——城市一张图界面

⑤ 建设"城市大脑"重点应用

基于全市"一张图"融合现有智慧化应用及"雪亮工程"视频资源，积极与现有各委办局的业务系统衔接，强化数据共享，通过"城市大脑"赋能智慧旅游、智慧公安交通、智慧城管、智慧数据及安全、智慧生态、智慧教育、智慧健康、乡村振兴、市场监管、指挥调度等应用场景。通过智能化手段赋能各领域场景创新，助力武威市着力提升民生服务和城市治理能力。

（3）主要原则

① 建新利旧、集约共享。全市统筹规划建设包括党政机关网络、政务云平台、共性应用支撑平台、大数据中心和基础信息资源库等在内的统一信息化支撑体系，为各区、各部门提供网络、计算、存储、灾备，以及统一、实时、准确的基础数据等服务。

② 强化应用、统筹推进。按照全市统一部署，统筹推进智慧武威应用系统建设，并根据不同特点采用不同建设模式。对于覆盖市县（区）两级和多个部门的全市性应用，由市级部门统筹规划建设，各县区、部门不再重复建设。市级部门统一建设的垂直应用平台，应向各县区开放平台接口及数据。

③ 强化保障、常态运行。以平时常态化业务应用为主，强化应急保障、统筹协调指挥能力建设。以城市管理、综合治理、环境保护业务作为常态化运行的核心

内容，加强部门业务联动和资源整合，以应急、防汛、消防、急救作为紧急状态时运行的核心内容，强化部门协同调度指挥。在原有部门、行业管理体系的基础上，重点建设用于部门间业务整合的机制和应用，梳理明确跨部门工作流程和信息流、数据流，进行流程再造，实现扁平化管理。通过统一信息采集、统一调度、分别处理、统一反馈，以满足城市平时运行管理和应急指挥需要。

④ 开放生态、自主可控。围绕大数据、人工智能等技术的创新链和产业链，营造开放的生态环境。坚持安全和发展并重，完善网络和信息安全管理，强化要害信息系统和信息基础设施安全保障，加强个人信息保护，确保城市信息化基础设施和数据资源的自主、安全、可控。健全网络和信息化安全标准体系，形成部门协同、上下联动的安全发展良好格局。

3. 特色亮点

（1）赋能城域经济发展和产业升级

以新理念、新思路、新技术，提高信息化对经济发展的贡献率，培育并助力武威市数字经济，推动武威市从劳动力密集向知识、技术密集型的产业结构发展。以建设城市大脑为抓手，发展战略性新兴产业和现代服务业，促进产业在更高水平上的协同发展，全面提升产业技术水平和竞争力，使城市经济健康发展。

（2）推动城市大数据应用服务

武威"城市大脑"积极探索开展大数据服务，构建城市全域数据资源体系及一体化全链路一站式数据服务，全面推进数据资源整合和开放共享，为数据驱动城市治理模式创新提供强大基础。在新冠肺炎疫情防控期间，通过接入发热门诊、隔离病房视频监控数据、旅游大数据及疫情监控平台数据，与疫情防控实名登记系统比对，及时分析医院门诊就诊情况，为疫情防控提供有效的大数据支撑。

（3）提升城市公共服务水平

武威"城市大脑"通过建设集行政审批、电子证照、电子监察、政务公开、问政咨询等于一体的网上政务服务平台，构建方便快捷、优质高效的政务服务体系，实现一站式城市公共服务，让市民和企事业单位足不出户快速办理行政审批，极大地提高了政府服务的效率及城市管理者的服务水平，降低了城市管理成本。

（4）深化治理能力智能化建设

武威"城市大脑"目前已经接入13 000多路摄像头信息，可以通过人工上报、网格员上报及雪亮工程监控摄像头智能上报城市事件。同时还运用人工智能技术给摄像头赋能，智能识别重点卡口外来车辆统计，也可直接筛选重点区域车辆驶入数量，实现全市事件态势及时感知、及时通知、及时处理。

（5）提升市民满意度

武威"城市大脑"通过构建智慧交通、智慧教育、医疗健康等服务应用场景，解决城市就业、医疗卫生、交通运输、社会安全监管等城市居民最关心、最直接、最现实的利益问题，为市民提供"衣、食、住、行、办"的综合性服务，构建民主法治、公平正义、诚信友爱、充满活力、安定有序的和谐社会。

4. 应用成效

（1）整体项目运行效果突显

武威"城市大脑"于2020年12月22日正式上线运行，持续汇聚数据资源，已沉淀307类4089余万条数据资源，清洗处理10余万条数据，质监数据量达2258余条，建成10个数据主题库和98个应用场景，对接市工业和信息化局、市自然资源局、市住房和城乡建设局、市文化和旅游局、市市场监督和管理局等55个委办局，完成数据治理任务3567次；建立指挥调度、网络安全、生态、旅游、综合治理、公安交通、市场监管、乡村振兴、健康、教育10个专题库，并实现数据的动态化入库，为"城市大脑"提供数据支撑，为各委办局赋能提供依据。

"天马行"App（如图7-11所示）及微信小程序分为生活通、便民通、政务通、智慧通4个服务板块，已实现企业纳税、注册、变更登记等3754项法人办事查询和公积金、社保、户籍办理等3719项个人办事线上查询服务，打造了"政府在身边，服务在指尖"的武威品牌，真正实现便民惠企服务。

"一张图"服务平台的GIS地图图层根据武威市"三县一区"城市规划建设进度，更新了三维倾斜面积为$85.63km^2$，收集并整理了全市130类近30万个城市部件数据，实现在三维地图上超过50万条城市治理相关数据的图层展示，并开发完成二三维联动、卷帘对比、倾斜压平等32项功能，实现了全市建筑、街道、设施、设备和各类资源的建模部署。

图 7-11 "天马行" App 截图

"钉钉"政务通及政企通平台已接入政府移动 OA 平台,导入 25 000 余名人员的组织架构和人员基本信息,截至目前已发布公告信息 1297 条,实现了各委办局在统一平台办公和交流,通过钉钉政务通平台累计向数字城管平台推送城市治理事件 29 329 件,同时建设了武威市任务督办系统,增加了责任到人、超时督办等功能,打破委办局信息壁垒,促进各部门业务协同。

(2)项目的示范带动效应显现

从武威市的视角看,武威市政府已经制定了智慧城市发展规划。从全国的视角看,和武威市规模相当的城市有 180 个,这些城市将是项目复制推广的目标市场。当前这 180 个城市都在积极寻求有成功经验、可借鉴复制的智慧城市建设样板,武威联通提供给政府的"集团、省、市"三级一体化的"系统化集成、标准化建设、本地化运营"建设样板,是中小城市可复制借鉴的"联通解决方案"。

武威"城市大脑"作为中国联通打造的一张闪亮名片,上线后得到了社会各界的广泛关注,2020 年以来累计接待省内外各界代表参观学习 280 余次,广泛向外界展示了联通企业形象。

(3)获得多项荣誉奖项

2020 年 7 月、12 月,在武威"城市大脑"项目阶段成果汇报会及项目启动会上,武威"城市大脑"项目多次得到了武威市委领导的高度评价。同时,武威"城市大脑"

项目被列入 2020 年武威市十大新闻。同年 8 月，在由工业和信息化部主办，中国联合网络通信集团有限公司、中国信息通信研究院、5G 应用产业方阵承办的第三届"绽放杯"5G 行业专网与应用专题赛总决赛中，武威"城市大脑"项目荣获"优秀案例奖"。

武威"城市大脑"项目的实施，助力武威数字政府建设，促进城市数字化转型和生活方式变革，实现便民、优政、惠企，让数据多跑路，让百姓少跑腿，用数据治理城市，让城市学会"思考"。

7.2 创新模式类

传统智慧城市建设普遍存在资金投入大、重建设轻运营等问题，这不仅大大增加了地方财政压力，提高了政府部门的决策难度、降低了决策效率，还不利于智慧城市长效运营，极大地限制了建设成果发挥其功效。中国联通依托一体化建设运营能力、自研产品能力，探索出了以县域智慧城市公共服务平台为核心的建设运营模式，助力县域智慧城市高效建设和持续发展。

案例7　河南郏县智慧城市公共服务平台
——创新平台化服务，以运营新模式助力县域智慧化建设

1. 背景和需求

（1）项目背景

县域是我国经济发展的战略基石，也是新时期承载构建国际国内"双循环"格局，促进城乡融合发展，实现乡村振兴，全面推进共同富裕等多重战略的核心载体。《"十四五"规划纲要》强调，以数字化助推城乡融合发展和治理模式创新。县城作为城乡融合发展的枢纽，其智慧化建设对弥合城乡数字鸿沟、实现城乡高质量融合发展具有重要意义。我国新型城镇化发展规划，也把推进以县城为重要载体的新型城镇化作为重点内容之一，并强调以智慧化建设促进县城建设发展质量，提升县城

对人口和产业经济的承载能力。

中国联通发挥自身资源禀赋优势，高质量服务县域智慧化建设，帮助县域提升自身治理能力和发展质量，助力全国新型城镇化发展。结合县域智慧化发展诉求，并充分考虑县域智慧化建设与大中城市智慧化建设的区别，中国联通与郏县政府通力合作，以公共服务平台持续推进智慧化建设，积极探索县域智慧城市建设和运营的新模式，树立了全国县域智慧化建设的标杆示范。

（2）项目需求

尽量降低政府财政负担。智慧城市建设需要庞大和持续的资金投入，可是县域级以下政府普遍存在财政资金不足、社会融资困难等情况，也很难像市级以上政府一样以招商引资、资源置换方式吸引厂商建设，导致县域智慧城市建设决策难、推进慢。基于此考虑，郏县政府希望联合中国联通，探索联通建设运营智慧城市平台和应用、政府购买服务的模式，加快智慧化建设，并确保建成和使用成效。

推进信息共享和业务协同。郏县城乡以往信息化建设"孤岛"情况突出。经过摸排发现，郏县各个局委建成并使用的信息化系统20多个，各类信息化系统独立建设，且类型丰富，本地应用如智慧河湖长、客货邮一体化管理、公立医院综合改革等各具特色。但各委办局独立管理使用，自成体系，基本无数据共享，无法发挥系统及数据最大价值，亟须整合优化政务系统实现业务协同，并推进数字化、智慧化持续发展，提升整体建设效益。

显著提升民生服务水平。提高郏县公共服务能力、改善社会民生是郏县政府长期以来的内在需求，急需围绕政务服务、城市治理、综合应急指挥、市民体验等多个惠民服务领域，将信息技术与民生服务充分融合，使市民能够享受真正的信息化成果，稳步提升基本公共服务均等化水平，实现城市公共资源科学配置和高效使用，社会治理实现全社会参与，公共安全得到切实保障，社会保持和谐稳定，群众幸福感、获得感明显增强。

显著提高社会治理能力。数字经济发展为郏县以数据为驱动，创新城市治理手段和模式创造了机遇，郏县政府希望通过智慧城市建设，建立用数据说话、用智慧决策、用数据管理、用智慧创新的机制，推动政府管理理念和城市治理模式的进步，加快建设法治政府、创新政府、廉洁政府和服务型政府，逐步实现政府治理能力现代化。

持续完善新型基础设施。 郏县的新型基础设施建设情况相对比较薄弱，种类少、分布松散。根据郏县未来3～5年的发展计划，需要进行城市新型基础设施统一建设规划，并持续加大智慧城市新型基础设施建设，涵盖网络基础设施、感知基础设施、基础支撑平台等，提高城市资源利用率，避免重复建设，实现城市信息资源共享和业务协同，提升政府流程效率和城市管理水平。

2. 主要做法

（1）打破传统思维，创新运营模式

针对当前县域智慧城市的发展机遇及困境，充分发挥联通的云网优势、技术优势、经验优势和应用生态优势，中国联通河南省分公司、云粒智慧科技有限公司、中国联通智能城市研究院与郏县政府全面合作，以"平台化＋标准化建设"＋"持续化运营"新模式推动郏县智慧城市建设。基于联通以省级为单位打造的县域智慧城市公共服务平台，帮助郏县高效建设数据资源体系，并实现数据全面共享流通；郏县政府按需选用平台汇聚的优秀应用解决方案，实现敏捷、轻定制部署，并根据使用效果支付基础平台和自选应用的服务费用，在显著降低一次性投资的同时，也保证了建设成效。公共服务平台采取CIM＋物联网平台打造适度超前的联通特色智慧城市解决方案，不断丰富支撑能力和应用服务内容，服务城市全方位、精细化治理，推进城乡融合发展，并基于联通全覆盖的业务网络，建立本地化服务队伍，帮助县域实现智慧城市的持续建设运营、迭代成长。

（2）加强组织领导，统筹项目建设

在创新平台模式的引领下，郏县成功打造了基于县域公共服务平台的县域智慧城市建设新样板。2021年1月，联通省、市、县公司联合成立专项小组，郏县政府听取了县域智慧城市试点建设方案汇报。"联通投资建设、政府购买服务""先尝后买，试点先行""投资少，见效快"等特色获得主管领导高度认可。同年3月，郏县人民政府与中国联通平顶山市分公司签订了《5G与新型智慧城市战略合作协议》，郏县由县长亲自挂帅，成立推进专班，启动了郏县智慧城市建设工作。同年5月，联通交付团队依托成熟的云化研发模式，仅用70天时间就高效完成了部署实施和项目初步上线汇报。目前项目已经稳定运行，不仅增加了新的应用，而且还对原有应用敏捷升级迭代多次，整体服务获得了郏县政府相关用户的高度认可。

（3）打破数据壁垒，打造智慧应用

郏县智慧城市公共服务平台主要包括智慧城市基础设施、智慧城市底座基础功能包、业务应用功能包3项内容。

智慧城市基础设施：主要依托中原数据基地提供的联通云资源、网络资源与安全资源，打造"云网安"一体化智慧城市ICT基础设施，实现低成本、高安全和持续服务。

智慧城市底座基础功能包：主要包括数据中台（含县域数据字典数据治理服务）、应用中台、3D时空信息地图、智能中台和物联网平台等共性基础功能。

通过数据中台构建郏县"城市数据资产地图"的核心能力，打通各委办局系统数据、共享交换数据、前端物联感知数据、摄像头卡口数据及第三方社会数据，提供数据采集、存储、融合、治理、服务等全链路一站式服务，支撑面向业务应用的数据智能服务。

通过应用中台集约化建设统一的应用支撑和承载平台，支撑各类应用敏捷建设和统一管理。如全县"GIS一张图"的调用，基于人口数据的统一身份认证管理、统一事项管理等基础功能，实现平台低代码化，支撑上层应用敏捷使用城市人口、建筑、视频监控等数据资源和各乡镇网格、管网、环境、交通等数据信息，快速构建多领域应用场景。

基于3D时空信息地图平台，利用倾斜摄影技术建设32km^{2}三维地图（包含三维实景和白膜地图数据），为郏县政府管理和智慧城市指挥调度、城市管理等业务，提供统一的、高精度的地图服务，并结合GIS、BIM、IoT数据，初步搭建郏县数字孪生城市模型，为郏县智慧城市的日常监管、应急处置、分析决策奠定基础。

利用智能中台构建智慧城市规模化智能服务的基础设施，分步构建县域智慧城市需要的算法能力，并实现全周期管理。围绕每个领域的业务应用沉淀算法模型，并推进算法模型复用和组合创新，达到规模化构建AI能力的目的。智能中台主要包含人脸检测和识别、人体追踪、人群密度检测等算法原子能力，以及店外经营检测、无照经营游商检测、机动车违停检测等行业算法能力等。

建设物联网感知平台体系，兼容多种物联网感知部件通信协议，实现物联网感知数据的统一接入。平台集成事件规则，统一数据标准，实时进行自动分析，发现设备存在的问题，及时产生告警定位并做出响应。基于平台提供的可视化用户操作

控制界面，上层应用可以针对不同的物联网场景，快速打造个性化应用。

业务应用功能包：服务郏县"治理好社会、建设好城市、服务好市民、发展好经济"的总体目标，以提升民生服务和城市治理能力为重点，郏县先后选取若干个应用场景，包括领导驾驶舱、城感通、智慧井盖、智能视频分析、智慧应急、数字乡村、作业车监管、文旅大数据平台等。基于平台物联网、大数据、人工智能等技术，实现标准化、轻定制化建设和持续运营，为郏县政府治理、经济和社会发展数字化转型提供了有力支撑。

3. 特色亮点

（1）创新合作模式

以郏县为代表的县域智慧城市公共服务平台创新合作模式主要体现在以下 5 个创新点。

产品形态标准化：通过基础功能包＋增强功能包，推出县域智慧城市产品包，辅以一次性的应用整合及数据治理服务，形成县域智慧城市标准化产品，形成先打基础、后做应用、再持续运营的模式。

服务模式个性化：县域智慧城市公共服务平台，采用联通投资建设、政府购买服务，小步快跑、贴合实际的新型服务模式。结合地方政府实际需求，每年选取由联通或生态伙伴提供的新应用进行拓展建设，并持续扩展平台功能，在 3～5 年内逐步实现县域数据全量汇聚及城乡数字化、智能化统筹建设，持续发展。

成本压力分散化：与传统智慧城市项目投资大、周期长、见效慢相比，基于联通县域智慧城市公共服务平台建设县域智慧城市，整体投资降低 60% 以上。对县（区）政府来讲，该项目一次性投入少、周期短、见效快，政府每年仅需支付 300 万～ 800 万的服务费，财政压力得到有效缓解。

能力沉淀平台化：通过平台的不断拓展及应用，不断完善平台化解决方案，实现县域智慧城市应用的有根生长，联通发挥自身自研和应用生态优势，持续汇聚优秀行业解决方案，并通过各地实践沉淀平台核心优质产品，使智慧城市建设由原来的单兵作战转变为基于平台的协同共进模式。依托平台优势，还能最大限度地快速实现经验复制。

交付运营协同化：通过成立深耕政府业务的专业队伍，与属地服务团队充分协同，发挥联通集成、云网优势，交付周期缩短50%，70天即可实现项目快速交付，并让客户体验到建设成效。项目运行后，运营团队也将定期主动汇报项目实施成果，积极应对客户新的需求，持续迭代升级服务内容，确保年年获得新成效。

（2）特色应用场景

联动指挥：郏县智慧城市对郏县主城区32km²进行倾斜摄影，建设17个专题图层，实现78类城市管理部件上图，建成CIM+领导驾驶舱，汇集智慧应急平台，接入消防局、水务局、危化品监管局等多个部门30余万条数据资源，对接15个乡镇街道办、24个相关单位，实现基于"数据跑路"的业务协同。围绕郏县政府重要工作，建设领导驾驶舱，为郏县打造了城市精治、民生服务、社会精治、经济兴业、生态宜居5个主题大屏，全面赋能领导决策，提升政府治理能力和现代化治理水平。

智慧物联：通过对接入的1044路视频，引入店外经营、人员聚集、非法闯入、水源污染等三大领域20+AI识别场景，形成统一的视觉感知预警中心，实现城市巡查管理工作的降本增效。加装智慧井盖、智慧路灯等物联智能感知终端，有力实践了"大城市、细管理"和"小井盖、大民生"理念，实现故障主动报警，有效提升管理效率、降低能耗。

城市精治：打造作业车监管平台，接入渣土车、环卫车、执法车、客货邮专车共计400余辆的车辆信息，实时监控车辆运行轨迹、实时位置和时速，通过设置电子围栏，对渣土车进行行驶时间和区域控制，一旦超出围栏范围即可报警，执法人员只需要关注报警信息即可，既提升了效率，也提高了执法的针对性。

社会治理：建成数字乡村，接入郏县3个乡镇，共计5万多名乡村居民信息，协助乡镇政府、居民办理200多个事项。同时建成"雪亮工程"郏县综治指挥中心，实现综合治理信息通畅、社会治理精准、社会防控到位，公众安全感达到93%，使得郏县在全省排名上升6个位次，连续4年获得全省和全市平安建设工作先进县荣誉称号。

生态宜居：智慧河湖长系统（如图7-12所示）对全县15条河流、22座水库、广阔渠进行全量管理，实现河湖"可看、可算、可调、可查"精细化管理。河流全年出境断面水质达到或优于地表水三类标准，达标率100%。接入油烟在线监测系统，对全县135个餐馆、饭店进行油烟排放实时监管。

图 7-12　智慧郏县——生态宜居界面

4. 应用成效

（1）本地试点建设成效显著

郏县县域智慧城市公共服务平台自 2021 年 5 月初步交付以来，着眼于服务社会、服务企业、服务民生，按照"贯通、融通、联通、畅通"的原则，打造"城市精治、智慧治理"综合服务平台，设置城市精治、民生服务、社会治理、经济兴业、生态宜居五大模块。目前平台已对接公安、水利、交通等 1044 路视频，接入 12 个委办局、26 个应用、151 项数据、33 万多条数据入库，新建智能视觉分析、智慧井盖、城市感知系统、智慧应急等 10 多个应用，以平台为基础，为百姓、企业、管理人员等不同目标人群提供针对性应用场景和各类型服务，初步实现"数据汇聚，智慧互联""智能分析，决策保障""治理要素一张图、互联互通一张网、数据汇聚一个脑、城市运行一平台"的目标，如图 7-13 所示。

郏县县域智慧城市服务平台通过长期跟踪持续运营，自 2022 年后开始了从 1.0 版本到 2.0 版本的升级，增加事件中枢功能，实现各类问题的统一收集、分发、处置、反馈形成全县事件的闭环管理。利用大数据、智能技术，壮大城管、公安、交通等多个职能部门的力量部署，建立上下贯通、横向联动、全民参与、快速响应的运行机制，实现平台功能提升、内容拓宽、服务优化。联通为郏县提供智慧城市的长期持续运营服务，随时根据郏县整体建设要求，同步进行平台的持续升级改造。

图 7-13　智慧郏县——经济兴业界面

（2）全省县域合作遍地开花

在服务郏县智慧化建设基础上，中国联通河南省、平顶山市、郏县三级分公司联动，省市级专家深入县区进行本地调研，县级单位主动宣讲，基于平台快速部署的优势，向政府部门提供新型智慧城市服务。截至 2021 年年底，联通公司已与 19 个区县建立了合作，打造了平顶山郏县、焦作解放区、南阳西峡县 3 个县域智慧城市样板，平台汇聚数据超 100 万条，接入视频超 10 000 路，覆盖应用场景 30 多类，完成实景倾斜摄影三维地图超 200 平方公里。单项目较传统模式，硬件资源节约 73%，政府投资减少超 50%，交付周期缩短超 50%。

（3）全国复制规模不断扩大

2021 年郏县共接待省部级、市级、区县级领导参观指导 60 余场。2021 年 10 月，联通云粒智慧县（区）域智慧城市统筹运营中心在郑州挂牌成立，为全国县（区）域智慧城市业务一点接入、全网推广提供了有力保障。借助联通县域智慧城市的建设经验和服务网络，平台已推广至山东、贵州、陕西等多省，并与当地县区建立合作。经过两年的不断创新与探索，中国联通在县域智慧城市公共服务平台产品和运营方面树立了品牌，助力以县城为重要载体的新型城镇化建设，为县域智慧城市全面发展开创新格局。

7.3 应用融合类

场景智慧应用是智慧城市建设的着力点和落脚点，是智慧城市提升社会治理效能、促进产业经济发展、营造舒适生活环境的重要抓手。中国联通以城市智能中枢为支撑，构建了涵盖城市治理、经济发展、民生服务、生态环保四大领域的智慧应用体系，并根据城市发展现状和发展规划积极探索多领域、跨领域智慧应用，基于数据资源的共享互通和数字技术的融合应用，助力城市创新、协同、绿色、韧性发展。

案例8　广东智慧顺德项目建设实践
——云上跑的智慧城市，以创新科技驱动城市管理高效运行

1. 背景和需求

（1）项目背景

改革开放40多年来，顺德一直走在改革开放的前列，成为展示中国改革开放的窗口，拥有家用电器、机械装备两大千亿级产业集群。连续10年蝉联全国综合实力百强区第一名，12次入围"中国全面小康十大示范县市"，连续两年名列全国绿色发展百强区第一位，建设人民满意政府指数位居佛山市五区首位。

2013年，住房和城乡建设部开展首批智慧城市试点建设，确定了90个城市（区、镇）成为首批国家试点，顺德就是其中之一。2016年《国家"十三五"规划纲要》明确提出"建设一批示范性智慧城市"。顺德作为改革开放的先行者和排头兵，坚持倡导"惠民宜居、强政兴业"的智慧城市建设理念，于2017年出台《顺德区智慧城市发展规划（2017—2020）》，其核心是围绕"数字政府"高规格建设智慧顺德，并提出到2020年顺德将建成"规范统一、协同高效、共享畅通、决策科学、服务便捷"的一体化智慧城市应用环境。

本项目实施前顺德智慧城市已取得一定成果。一方面，顺德智慧城市全面涵盖了政府在行政管理、医疗卫生、教育服务、城市管理与安全应急方面的应用；另一方面，政府以产业转型和城市升级为导向，重点建设了物联网及电子政务相关智慧

应用。同时，历年的智慧城市建设已使顺德在信息化建设方面积累了一定的可复用资源，原有的平台和资源在后续的信息化迭代升级中均可纳入统筹实施，实现数据共享、业务协同的目的。

（2）项目需求

国家新型城镇化战略、各级政策文件要求、新时期城市发展面临的新问题、人民对美好生活的需要等多重因素叠加，对顺德区智慧城市建设升级提出了新要求，亟须在原有建设成果的基础上，持续推进智慧城市建设，补齐城市发展过程中的短板与不足。

① 基础设施陈旧，难以支撑新型应用需求

顺德信息化基础设施经过 10 多年的建设与升级，已经取得了一定的成效，但面向新型智慧城市建设，存在资源容量不足、安全体系落后、云计算平台无法匹配新型信息化应用需求的痛点。同时，顺德信息化基础设施也欠缺顶层设计规划统筹，导致在运行过程中出现资源紧张和冗余、无法灵活调用等问题，制约了顺德信息化应用的快速发展。

② "信息孤岛"突出，管理与服务协同共享难

在前期信息化应用系统建设过程中，由于缺乏统一的规划与设计，加之信息化软硬件资源管理与运营思路较为陈旧，各部门信息化系统"烟囱式""专垂化"问题突出；而且各部门在信息化运营过程中仍采取自建自维、不共享或有限共享数据资源，导致部门间数据交换和共享率低下、资源难以整合，加剧了政府内部"信息孤岛"现象，导致各部门难以在政府服务与管理上实现服务型、共享型的协同协作。

③ 以政府为中心，公众需求导向偏弱

随着服务型政府、政府治理现代化等理念的贯彻与落实，智慧城市应突出"市民体验"的宗旨，以"便民惠民、注重实效、数量适度"为原则，覆盖重点领域、跨界协同、引导方向。因此，顺德智慧城市建设需要逐步转变以政府为中心的"重管理、轻服务"模式，更加聚焦公众需求，丰富"亲民、惠民、便民"的以群众体验为导向的智慧应用。

④ 统筹能力不足，统一规划推进受阻

顺德在信息化建设过程中，欠缺统一规划、统筹组织协调的视角与运行机制，且在组织机构设置、专业人才引入上也存在一定短板，致使规划类、统筹类工

作职责与组织实施无法落实到相关责任单位，严重制约内部资源的集约利用与协同开发。

⑤ 新型应用落后，城市治理提质受限

新型的城市治理理念与方法正在不断地迭代与革新，数字政府推进、产业转型升级、人民日益增长的美好生活需要都对城市智能化、信息化建设提出了新的要求，立足顺德智慧城市发展目标，智慧应用领域革新仍有较大的提升空间。

2. 主要做法

（1）组织专业化，加强机构保障

为确保智慧城市项目"大一统"组织实施和快速推进，顺德逐步建立并完善智慧城市专门组织机构。区政府成立智慧城市建设领导小组，以区领导为主要召集人，各部门派核心骨干共同参与，专项负责智慧城市项目推进的统筹与组织工作；同时，成立顺科智汇科技有限公司，广泛吸纳信息化专业人才，承担智慧城市项目实际建设组织工作。通过打造智慧城市标准化组织保障体系，充分赋能区内智慧城市项目的开展与落地。

（2）立足本地化，凸显顺德理念

顺德立足自身城市特点，围绕实现"网络大联通、信息大共享、数据大融合、民生大幸福、产业大发展"5项中心目标，采用"制度＋科技""网格＋平台"等新思路，推动信息化系统在区内充分的"统、通、用"，充分整合感知网络、云计算平台、数据平台及城市大脑等多项基础能力，逐步建成"规范统一、协同高效、共享畅通、决策科学、服务便捷"的一体化智慧城市应用环境，以实现敏捷城市治理的"强政"理念、优质公众服务的"惠民"理念及绿色创新经济发展的"兴业"理念。

（3）体系标准化，统建智慧顺德

智慧顺德顶层设计着重在全区信息化建设需求的基础上，面向城市智慧化运行、城市综合管理协同发展目标，全面整合区内各部门信息化和智能化需求，确定了既符合当前顺德发展需求、又充分贴合智慧城市建设目标的"一平台、两中心、三应用"总蓝图，即建设一个智慧顺德综合信息平台，一个智慧顺德综合指挥中心，一个智慧顺德云计算中心，三个特色应用（基层社会治理网格化信息平台、全区公

共视频监控云平台、智慧交通）。顶层设计涵盖了当前顺德城市治理的重点领域、基础设施建设的重点需求、数据资源协同共享的紧迫任务及市民群众充分感知的便捷服务。

① "一平台"——打造数据中枢

建设智慧顺德综合信息平台（如图 7-14 所示），充分整合区内政务数据、地理信息数据和视频图像等数据资源，建立数据资源管理中枢，打通区内各部门各专业数据共融共享之路，并充分发挥智慧城市动态信息采集能力和信息资源整合分析能力，建设数字顺德、政务服务、智慧交通、投资顺德等数据专题集市，用数据绘制顺德区政府在社会治理、公共服务、公共安全等领域服务的能力画像，展现顺德运行状态，提升顺德信息服务水平、提高政府分析决策效率。

图 7-14　智慧顺德综合信息平台

② 云计算中心——建设顺德心脏

智慧顺德云计算中心及云计算平台通过云计算资源的全面升级更新、统筹管理，实现一朵云对区域内所有政务信息化系统及项目建设的充分信息化资源支持与安全服务，全面提升全区统一的数据存储、云上计算分析及安全运营服务能力，有效整合计算资源和数据，实现云资源智能高效的统一管理、IT 资源的弹性分配扩展和快速灵活交付、网络安全的事前预警、事中处置和事后追踪溯源的全周期管理。

③ 综合指挥中心——部署作战阵地

智慧顺德综合指挥中心实时汇聚社会治安、交通运输、环境监测等 8 个具有指挥调度职能部门的信息资源，通过"联合办公、统一作战"实体综合指挥场地，实现应急指挥及跨部门协同调度；同时，打造区 - 镇 - 村三级一体的综合指挥体系，实现精准的指令下发和快速的应急响应，形成全区统一指挥、集中管控的应急一体化管理模式。此外，搭建综合应急指挥平台系统，依托接入的专业部门平台监控数据、应急资源和风险源相关数据，敏捷地进行应急资源优化配置方案的制定，并以应急管理流程为主线，实现应急事件态势的快速分析，专题应急预案的自助匹配，形成可视化的实战沙盘。

④ 特色场景——实现精细治理

聚焦顺德在网格化管理、公共视频应用及交通管理服务三个领域工作开展的难点和痛点，开展特色智能应用场景建设。

网格化治理：采用创新"大政法、大社会"的工作理念，建设基层社会治理网格化信息平台，实现平台上区一级任务快速布置、基层事项横向协同处置，同时融入"人、地、事、物、组织、民情"的精细化网格数据管理，采取"一格一员"的方式深入网格基层一线，实现与老百姓互动服务零距离，以达到全区千余个网格的小颗粒度的精准化管理。

公共视频应用：以打破全区视频数据调用难、共享难、维护难和重复建设等局面为目标，建设全区公共视频监控云平台，推动区一级建成标准统一、运行规范的公共安全视频监控云平台，实现全区视频"全域覆盖、全网共享、全时可用、全程可控"。

交通管理服务：以优化交管服务水平为核心，构建高效、安全、环保和智能的顺德交通网络体系。围绕外场交通智能控制与采集设施、通信专网、数据处理中心和系统应用4个方面，推动顺德交通指挥信息智能化、民众出行便捷化、交通运行安全化。

3. 特色亮点

（1）智慧城市数据新基座："聚、通、用、看、管"

智慧顺德综合信息平台囊括智慧城市运行管理中心、数据可视化决策中心和数字驾驶舱三大平台建设，将顺德全区政务数据、政务资源目录、地图图层数据、视频图像数据等全城数据融合，打造可视化、全形象、全量化的智慧城市评价指标体系；同时，通过政务数据实景交互、视频交叉应用，实现区内数据融通共享，赋能区内在强政、惠民、兴业等方面的数字应用发展。

（2）强政思路革新：数据融通智用

综合信息平台、公共视频监控云平台的建设，初步打破区内各个部门之间的信息孤岛现象。一方面通过平台建设、接口打通实现各类动态数据、静态数据的高度整合汇总；另一方面通过平台角色与权限控制，实现数据资源向区内各信息化应用的灵活调动分配，实现数据安全在事前、事中、事后全流程的管理与监控。

（3）一窗通办新模式：政务全域全时

推动全区行政服务中心"一窗受理、集成服务"改革。建设一窗综合受理平台，支持窗口实现"无差别全科受理""容缺受理"等行政审批新模式；串联政务服务综合受理平台、"指尖办"平台、顺德政务百事通微信平台及"i顺德"App，全面归集政务服务各类办理事项目录和可办理事项，以及各类非接触式线上办理事项，空间上实现全区10个镇街政务服务一窗通办，市民群众"1公里生活圈"政务服务办理；时间上实现24小时政务办事窗口，随手机、平板电脑进入市民口袋或背包，24小时城市咨询随"i顺德"App全域全时马上掌握。

（4）特色场景打造：社会治理、市民出行新实践

基层治理：基层社会治理网格化信息平台对上将各委办局近300项与基层治理相关的如安全隐患、综合治理、城市管理、矛盾纠纷、公共服务等事项一并整合，实现数字化的网格事项任务派发、跟踪、闭环及考核管理；对下通过移动端App及单兵设备连接全区千余个网格及网格员队伍，实现从区到网格、从中心到一线跨专业应急事件协同作战、远程指挥与一键调度，极大地提升顺德在城市公共安全管理、社会治安管理、便民管理等方面的应急处理能力。

市民出行：通过交通大数据中心实现一张图尽览顺德实时交通态势，一方面为驾驶员和交通部门提供详细而准确的交通信息，结合电子执法系统，提高交通的安全水平，降低事故发生的可能性；另一方面通过信息服务平台和顺德交警微信公众号，为市民出行提供准确及时的交通信息，方便市民日常出行。同时，引入一体化科技治超管理系统，构建超限治理工作长效管理机制，提高治超执法的工作效率、精确度和公正性，实现交通通行效率、公路路网保障，以及人民生命财产安全最优化。

4. 应用成效

智慧顺德建设"以人民为中心"，既具有超强的实战应用成效，也切实提升了市民获得感。得益于区政府的高度重视、行政管理的创新先行、各局办的互动融通、关键业务的全面打通、顺德市民的充分参与，智慧顺德成为国内新型智慧城市典范

和标杆。

(1) 创新政府治理模式，从垂直行动走向联合作战

在智慧顺德建设过程中，行政管理创新先行、各局办全面合署办公，再匹配智慧顺德综合指挥中心"1+N+10"联动指挥体系的建设、智慧顺德基层社会治理网格化信息平台的建设，全面实行平台创新与技术创新驱动，既能充分调动网格案件在跨部门、跨专业时的横向协同处理机制，又能在紧急状态下，进行公安网、视频网、三防网和政务网跨网、跨人员、跨业务的音视频互动，实现应急情况下的三级协同调度，发挥多部门联合作战效果和高水准应急指挥与处理能力。

(2) 转变数据资源观念，从孤岛效应走向共建共享

综合信息平台作为智慧顺德的数据中枢、智慧大脑及数据集市，全面贯彻了顺德"统通用"的信息化系统建设理念，全面统一区属各部门各专业的数据观念，打通区属50多个部门的信息壁垒，累计整理200多个业务系统的2亿多条数据，同时联动和依托全区公共视频监控云平台，进一步打通公安基础数据与各类社会视频监控数据，覆盖10个镇街、2500多个网格，实现数图联动，赋能实际应用价值和实战效果提升。在数据共建共享的基础上，综合信息平台描绘了政务基础、地理、视频三大类数据的城市精准画像，通过顺德 $380km^2$ 的仿真三维地图数据，实现120多个图层共享，为顺德数据管理与科学决策支撑布下"全覆盖、无死角"的天地防护网。

(3) 提升政务服务能级，从单一烦琐走向多元高效

顺德智慧城市建设显著提升了区域政务服务效能，通过移动端App和微信平台的建设，市民可用手机实现政务"一窗通办、线上办理"，也能轻松掌握公共交通、道路拥堵、停车场分布等城市公共资讯；同时，还可以通过移动端平台上报网格现场事件，交由网格员和相关部门响应处置，让市民真正融入共建共治美好社区工作当中，为政府提升管理质效奠定坚实的基础。

(4) 解决城市安全盲点，从现场值守走向科技管理

公共视频监控云平台和智慧交通工程建设，优化了公安及交警部门对公共安全及出行的保障与管理模式。公共视频监控云平台具备10万路视频监控接入的能力，全面整合并统一管理区内除公安、交通外包括学校、企业、公共场所等重点区域的视频资源，配合动态人脸识别系统，实现顺德全区视频监控全城高清覆盖、全网资

源共享、全时信息可用、全程安全可控。同时，视频配合智慧交通智能信息采集及调度，提升了交警指挥中心交通形势研判和指挥能力，能及时指挥调度警力精准疏导现场交通，有效提升城市道路的通信效率。此外，路面的高科技基础设施布设，还能实现在现场无人值守、无须停车的状态下，对交通通行信息、超限违法信息进行 24 小时全天候自动采集与处置，保障路面交通运输出行的安全。

（5）助力疫情防控，以数智驱动决策指挥

2020 年年初，快速上线疫情防控指挥平台，实现一图掌握顺德疫情全貌，为疫情防控工作提供了精准的指挥调度决策和值守数据支持；2021 年 5 月，平台升级优化顺德疫情防控一张图，全面接入实时的核酸检测数据、疫苗接种数据、重点区域与人员防控数据和医疗卫生单位防控数据，以强大的延展能力、升级能力为顺德疫情防控保驾护航。

（6）输出顺德智慧，树立全国县区级新型智慧城市标杆

智慧顺德建设自启动以来，连年斩获国内多项智慧城市类应用优秀案例的奖项。2018 年，在第二届粤港澳大湾区新型智慧城市高峰论坛中获评"广东新型智慧城市创新应用案例"；2019 年，在人民网网民留言办理方面获评"民心汇聚单位荣誉称号"；2020 年，在中国智慧城市先锋榜获评"优秀应用案例"，同年顺德防疫大数据治理创新平台入选由工业和信息化部组织的《支撑疫情防控和复工复产复课大数据产品和解决方案》。

案例9 吉林长春数字九台
——聚力数据融通智用，助推城市竞争力塑造迈向提质增效新阶段

1. 背景和需求

（1）项目背景

长春市九台区是"一带一路"倡议重要节点、长吉图开发开放先导区支撑腹地、长吉一体化都市区联带枢纽、国家级新区长春新区最主要的核心区域，正面临新常态下产业转型升级、经济提质增效的重大挑战。紧紧抓住新一代信息技术创新发展

的机遇，深化落实国家战略部署，以九台区经济社会发展的实际需求为导向，以改革创新为动力，以释放数据红利为核心，加快推进数字九台建设，已成为将九台区打造成为"一带一路"对外开放的功能区、哈长城市群长吉发展带核心区、长春新区服务业保障区、东北亚精优农产品的供给区、创新转型发展的示范区的战略抉择和必由之路。

（2）项目需求

① 政府管理能力和城市竞争力有待提升

城市管理信息网络基础设施需要进一步完善加强，且缺少政务云平台统筹各方数据资源，各部门业务系统尚未完全实现互联互通。各部门服务流程复杂，服务模式需要进一步创新，行政效能需要持续提升。

数字产业的发展往往伴随着重大技术的突破，对经济社会全局和长远发展具有重大的引领带动作用，世界对战略性新兴产业的发展普遍予以高度重视。区域内引导未来经济社会发展的重要力量稍显不足，包括物联网、云计算、三网融合、下一代互联网以及新一代信息技术在内的战略性新兴产业有待发展；医疗、交通、物流、金融、通信、教育、能源、环保等领域也有待发展，其综合竞争力需全面提高。

② 九台区城市治理水平有待提高

城乡一体化治理效能有待增强，突发事件的跨部门联通和协调指挥能力亟须提高，公共卫生安全、生产安全、消防安全等领域的快速响应及城市公共安全尚待提高。亟须将创新技术与服务体系引入城市治理和应急管理等领域，使城市管理的传统管理手段产生质的转变，进而迅速提升城市治理现代化水平。

③ 城市惠民水平有待提高

民生服务的标准化与普惠性程度还需进一步提升，社会资源配置有待优化、公共服务供给模式需要创新、均等化普惠化水平需要提高，针对公民的数字化能力及服务质量还需提升和加强；基于大数据、物联网、云计算、移动互联网、人工智能等技术的基础教育、医疗健康、社会保障等领域的集成化还需进一步完善，无法实现全程全时、全方位服务，无法满足人民群众对政务和公共事业服务需求。数字化服务需要不断适配居民日益增长的个性化、多样化需求，从而提高人民群众的幸福感和满意度，实现民生服务普惠便捷。

2. 主要做法

"数字九台"是以政务一体化全服务、数据开放共融共享、城市治理高效有序、人民服务全程全时、生态环境和谐宜居为主要目标,通过体系设计、信息主导、改革创新,推进九台新一代信息技术与城市现代化深度融合、迭代演进,实现九台城市的协调持续发展。

综合考虑未来发展趋势和九台发展实际,根据对九台城市管理信息化的调研情况、主要目标及《九台区国民经济和社会发展第十三个五年规划》分析,长春市"数字九台"建设将以"数据驱动、大脑支撑、智慧引领"为核心理念,统筹全区各方力量,汇聚整合各类资源,围绕优政效能、生态宜居和精治共治等领域,构建城市大数据生态体系,提升政务服务和政府办公效能,提供多元普惠公共服务体系,建设绿色低碳宜居环境,形成多元共建的精细化社会治理格局,打造九台特色智慧样板,铸就实力九台、幸福九台、美丽九台、文化九台和开放九台。

数字九台建设内容包括1个运行中心(数字城市运行指挥中心)+1个智能化政务大厅+1个数据智脑平台(包含人工智能平台、时空地理信息平台、城市大数据平台、应用支撑平台、物联网感知平台)+1个专题应用(13个智慧应用服务)+全区视频会议系统。"数字九台"建设是九台政府提升治理能力、改善城市运行管理、培育壮大数字经济、重构公共服务体系的新动力。

(1)建立一个数字城市运行指挥中心

数字城市运行指挥中心构建集城市态势感知、城市体征实时监测和预测预警、应急管理、决策支持等功能于一体的智慧城市运行指挥平台,实现数字城市整体展现和全面运营的基础设施,为"数字九台"提供多种方式渠道的可视化信息,是"数字九台"的窗口。

(2)建立一个智能化政务大厅

为满足《国务院办公厅关于印发进一步深化"互联网+政务服务"推进政务服务"一网、一门、一次"改革实施方案的通知》(国办发〔2018〕45号)文件要求,最大限度地方便群众办事,项目推进政务大厅智能化配套工程建设,建设了网上预约、智能导办、智能查询、排队叫号等系统,并打造24小时自助服务区、税务自助服务区和公安自助服务区,实现了群众办事"能预约,可导办,可自助"。

（3）建立一个数据智脑平台

数据智脑平台包含人工智能平台、时空地理信息平台、城市大数据平台、应用支撑平台、物联网感知平台等五大平台，是泛在的城市信息化"大基础"。数字九台依托云计算平台、建设电子政务外网等基础设施和平台，为"数字九台"提供支撑基石。一方面提供支撑城市多种业务应用所需要具备的基础能力，另一方面实现了数据的汇聚与集中管理，共享输出统一的城市数据治理体系。

① 人工智能平台

通过引擎提供的 AI 模型的分析能力，平台可以快速、精准地识别出可能存在的风险等相关事件，并实时地进行告警及对接处置；基于高效稳定的事件感知引擎，结合各业务的实际应用场景，实现业务与技术一体化，降低城市事件解析成本和复杂度，提升事件智能识别能力，并能够提供机器学习能力，实现自动进化。

② 时空地理信息平台

融合九台区各类信息资源及实时感知信息、应用服务，面向政府、企业及社会公众提供无缝集成、自动组合、灵活定制的时空信息服务，为全区信息资源整合、共享与大数据挖掘分析提供统一基准，摸清自然、经济、社会等空间底数，实时汇聚各种时空信息，为不同部门资源共享、综合应用与协同服务提供统一支撑，是新型数字城市建设的落脚点与突破口。

③ 城市大数据平台

通过构建九台区城市大数据平台，提供数据采集、存储、融合、治理、服务等全链路一站式服务。平台使用大数据技术，对海量数据进行全生命周期管理，统一数据标准和口径，形成标准化数据再进行存储，构建大数据资产层，进而提供高效的数据服务。

④ 应用支撑平台

应用支撑平台对通用技术"能力"进行抽象化、标准化、整合化，并以能力产品化的方式对业务交付提供服务，以满足降低开发成本，提升研发交付效率，沉淀核心能力的需求。通过建设通用部件，用于快速搭建上层应用，避免"重复造轮子"的问题。

⑤ 物联网感知平台

物联网感知平台针对教育局、城管局、交警大队、旅游局、生态环境局、公安局、气象局等委办局已布设的感知设备进行对接,并新建摄像头、智能信号灯等多场景物联网感知设备和各类传感器,实现远程监测、实时监测、自动告警等功能。

(4)一个专题应用

数字九台专题应用围绕政务服务、城市治理、惠民服务、产业创新等主题,重点建设一系列跨部门、跨区域、协同联动的智慧城市应用系统(13个智慧应用服务),促进保障、改善民生。运用大数据全面提升城市治理能力现代化和为民服务水平,是"数字九台"的核心。

① 政务服务

"互联网+政务"系统从民生相关的出生、婚姻、殡葬、不动产交易入手,进行政务服务的综合改造,形成人生一件事系统及对不动产的优化。增加政务服务效能考核系统,通过其综合评价对政务服务的整体效能水平有了可量化的报告体系。同时为了方便百姓和办公人员对事件的响应速度,研发了移动端,可以满足随时随地办公的需求。

政务OA(办公自动化)系统集成公文管理、流程管理、会议管理、督查督办、内务管理、数据分析、掌上办公平台、内部邮件、通讯录、档案管理等功能,实现统一政务门户、移动办公门户、公文审批、监察督办等政务应用,可规范内部公文流转与业务流转流程,全面支撑政务办公的协同化、分析决策的科学化,降低行政运行成本,提升政务效率。

视频会议系统可实现交互式视频会议、即时交流、远程指挥等,提升政府各部门与乡镇各部门间的沟通效率。

② 精准治理

城市治理是基于云计算、大数据、人工智能、物联网等新一代信息技术构建的人工智能业务应用平台,深度整合汇集政府各部门业务数据、社会数据、物联网数据、视频资源数据、互联网数据,利用大数据AI算法及大数据挖掘分析,实现城市运行感知、公共资源配置、事件预测预警与宏观决策指挥,支撑城市管理、社会治理、农村环境治理、市政公共设施管理等各领域的数字化转型升级及立体化城市治理体系建设。

应急管理通过应急业务应用系统的建设,打通监督管理、监测预警、指挥救援全流程业务功能,实现全区自然灾害类、安全生产事故类、综合防范类等突发事件的监测监控、快速响应和指挥救援，突出安全生产、风险隐患双重预防、地质灾害、森林火灾等突发事件的应急指挥，兼顾应急管理部门各类队伍、各种装备物资的统一调度以及与其他部门机构的统一协调联动，将灾害损失降到最低。

公安视频侦查支队开展基于视频的智慧警务实战应用，结合民警侦察办案过程中的业务场景，提供智能便捷的人机交互界面，提升侦察办案的实战工作效率。

智慧交通提升日常交通综合管控中的道路交通信息采集和分析能力，加强对交通动态数据进行融合和计算的能力，实现管理、服务、决策的智能化，使综合交通运输系统各要素之间和谐统一，改善交通安全，增强交通运行效率，提高公众出行的舒适性和便捷性，减少能源消耗和环境污染。

智慧环保建设"一中心""一平台""一张图""一网格""一门户"的"5个一"体系，采用可视化的手段，利用数据、图表等直观的展示方式，及时把控污染防治攻坚态势。构建生态大数据分析和支撑服务，用信息化手段支撑污染防治综合管理，增强生态环境风险防范能力，提高生态环境智能管理能力，实现对现有环境数据的深入挖掘分析，推进数据资源全面共享、加强生态环境科学决策。

城市智慧水利系统实现全区汛情监测和感知体系的全覆盖，建立防汛预警模型，完善防汛物资、队伍、预案等组织体系，实现防汛工作的综合协调和应急处置。

③ 惠民服务

智慧教育面向九台区教育需求，对教师授课、学生学习提供必要的信息化手段，推动教育资源下沉和教育公平。通过提供高效备课、资源定制、名师教案、名师课件、网络教学和多终端可用的智慧教育"一站式"服务，提升个性化学习服务，提高学生知识的深度与广度，提升学生的学习能力。

智慧旅游通过全面汇聚旅游企业、相关机构、从业人员、游客等旅游行业信息，吃、住、行、游、购、娱等旅游服务资源信息，实现旅游有关领域、体系和企业数据的集中统一采集、存储、处理，以及相互之间信息的互联互通和信息共享、查询，为上层应用系统的分析和决策提供支撑。通过构建全区旅游日常监管、调度及安全应急管理联动指挥体系，推进旅游日常监管、调度及应急指挥向数字化、网络化、自动化、标准化迈进。

智慧医疗结合九台目前医疗的整体现状，开展建立人口数据库、健康档案数据库、电子病历数据库建设，统筹建立全民健康信息平台、区域协同应用系统、卫生综合管理系统等医疗信息系统，同时建立微信便民就医平台及电子居民健康卡平台，实现群众就医数字化、便利化，提高医疗服务效率。

④ 产业发展

智慧卡伦工业园区构建数字化虚拟园区，运用物联网、云计算、多媒体等技术，帮助园区在信息化建设方面构建统一的组织管理协调架构、业务管理平台和对外服务平台，为园区管理者及企业提供创新管理与运营服务。

3. 特色亮点

（1）构建领导组织架构，统筹协调项目建设

本项目成立了由长春市九台区政务服务和数字化建设管理局主要领导及承担单位主要负责人组成的领导小组，具体负责确定主要工作思路与建设机制，制订工作计划等；统筹整个工程，协调各项目之间的配合，推动项目重大决策部署。领导小组协调解决项目建设过程中遇到的关键问题，是本项目见成效的关键因素之一。

（2）统一政务信息资源目录，汇聚数据资源共享共用

九台区根据国家、省相关标准规范，按照部门权责清单、信息化系统清单及其他先发地市的政务信息资源目录，编制形成初版政务信息资源目录，并在经过与各委办局反复沟通确认后，形成第一版九台区政务信息资源目录。九台区政务信息资源目录对分散在各领域、各地区的政务信息资源进行整合和组织，形成可统一管理和服务的政务信息资源目录体系，为指导面向政府类用户、企业、第三方机构、群众等提供合法合规的数据共享、开放服务提供了有力支撑。

（3）空间信息与物联设备的无缝衔接

整合视频监控位置信息，以地图形式展示视频位置分布情况，通过视频编码与视频流信息进行关联管理，将视频实时对接到地图上。建立视频展示模块，按街道、派出所划分管理视频空间定位点，提供视频点位信息查询服务并提供对应视频流的实时播放和服务调用。

（4）运营指挥中心"一屏掌控全城"

在数字城市运行指挥中心（如图7-15所示），依托数据智脑平台，各应用系统互联互通，数据共融共享，形成统一的"数字九台"数字城市运行指挥中心可视化平台。平台可以充分整合、挖掘现有数据资源，并将各项关键数据进行综合展现，

支撑应急指挥调度、态势监测、告警预警、仿真推演、分析研判等功能,帮助政府洞悉数据背后的规律,最大化增强监管能力、提高研判效率。

图 7-15 数字城市运行指挥中心

（5）"互联网+政务"优化整合办事流程

"一件事,一次办"以数据共享为依托,完善"一窗通办"业务协同办理机制,强化业务协同联动,推进各部门事项并联协同办理,打破原有部门间的审批界限,优化整合分散在不同部门的关联事项,实现"出生一件事""婚姻一件事""身后一件事"和"不动产登记一件事"的全程电子化审批,推行一表申请,关联事项"一次办成",帮助各部门提升效率,为群众办事提供最优化服务。

4. 应用成效

（1）城市综合治理领域

基于吉林省委关于化解矛盾纠纷建立一站式矛盾纠纷调解中心及省委政法委员会关于综合治理中心建设的工作要求,结合综合治理工作实际,对该平台建立了综合治理态势分析、重点人员管理、矛盾纠纷及事件上报、法律服务等功能模块。根据预设的系统框架和功能,日后可以对全区综合治理各项工作内容进行量化考核,平台管理全区2643个网格,管理网格员2643个,自上而下维护街道13个、社区15个、村283个、乡镇4个,产生上报数据近千条,对整体情况进行全面统筹,对矛盾纠纷、发现的隐患问题持续上报反馈，对事件处理全方位、全流程留踪留痕，并可以将法律服务直接延伸到基层，创建将平安创建、矛盾纠纷排查化解、基层法律服务三功能合一的平台，最大限度地整合资源，也为日后功能的进一步延伸奠定了基础。此平台各项数据联通联动，在矛盾纠纷、命案防控、综合治理态势分析方面均实现了全流程闭环，从问题发现到处置、反馈等均可由系统对其进行跟踪，从而实现了问题有反馈、事件有结果、办理有跟踪。

（2）智慧交通领域

智慧交通在10个严重拥堵的路口安装电子警察等设备，并完成九台区交警卡口、视频监控400个设备的综合接入，实现车辆数据智能采集与分析。同时，基于大数据技术，实现了大规模数据的快速处理与分析，及时提醒交警部门对非法车辆、突发警情等采取有效措施，提升快速反应能力。基于流量分析技术，完成路网智能分析，根据相关路况合理引导与控制车流，大幅减少流量热点的拥堵时间，最大限度地发挥城市路网的通行能力，提升行车效率。结合GIS、GPS技术，实时掌握当前人力、物资等分布情况与调动方式，实现指挥中心与现场警力的互动，缩短案件响应时间，实现高效的扁平化管理。智慧交通系统具备开放式的接口，可灵活接入缉查布控、集成指挥平台、六台合一等公安内外网系统，简化人工操作，保证信息互通的及时性与准确性。

（3）智慧教育领域

教育资源云平台已覆盖九台区46所院校、1367个班级、4133名教师；分别在长春市九台区莽卡满族中心学校和长春市九台区实验小学建设一间智慧教室；建成覆盖全区的区域阅卷系统；在长春市九台区第一中学建设一间人工智能创新教育实验室；在长春市九台区工农小学、长春市九台区龙嘉德阳中心学校、长春市九台区沐石河中心学校建设"三个课堂"。

通过课堂教学的信息化升级，解决当前课堂教学方法单一、课堂气氛沉闷、学情无法及时反馈等问题，同时，结合教育资源云平台，打通课前、课中、课后学习的三环节全流程，将教师和学生、课上和课下良好贯穿起来，让教师备课更简单、讲课更有效、测评更快捷，让学生学习更有趣味、更有计划、更有效果。

（4）智慧环保领域

智慧环保平台建设"一中心""一张图""一网格""一门户"和"一平台"，通

过"五个一"汇聚融合数据,对环境管理中看似相互之间毫无关联的信息、碎片化的信息、反映问题某个方面表面现象的信息进行关联分析,深挖数据价值,从中发现趋势、找准问题、把握规律,实现对环境问题的研判,精细化追溯污染点位区域,将数据直指本地可实施的管控策略。

自平台上线以来,已开通账号 27 个,累积接入数据 4 394 734 条,产生自动化智能告警 73 次,有效协助污染防控工作。利用全域、全数字、全过程的管理模式,内外联动、点面结合、上下协同,推动各类生态环境问题得到有效解决,提高了政府管理科学决策的水平,提升了生态环境质量。

(5)智慧旅游领域

文旅大数据中心为市民游客、旅游业态、政府机关及相关行业等用户,提供信息资源、数据分析、决策依据等众多功能性数据应用。为满足游客的精神文化需求、提升文旅产业运行监管能力、合理配置现有文旅资源、促进文化传播推广、引导文旅消费、制定宣传营销策略提供精准的数据支撑,有效协助了政府科学制定发展策略,全面提升了九台旅游内涵。

公共服务平台面向游客服务,主要从九台游、娱、吃、住、行等介绍九台文旅资源,通过美景视频、语音解说、美景图片等方式向游客全方位展示九台文化、旅游和体育活动,并为游客提供游前、游中、游后全流程服务,同时也为管理部门提供了强而有效的市场监管能力,整体改善了九台区文旅市场环境。

(6)政务服务领域

政务服务工程通过建设网上预约、智能导办、排队叫号系统和自助服务区等模块,缩短办事群众的等待时间,减少窗口人员的工作量,提高整体办事效率。九台区政务服务中心日均办件量近 900 件,智能化大厅建设充分避免办事群众同一时段大量聚集,让大厅的管理井然有序,减少导服人员、窗口人员和办事群众的矛盾冲突,为百姓提供了更好的办事服务体验,为政务大厅管理工作提供了有力支撑。

(7)智慧医疗领域

九台区全民健康信息平台下连区域内 2 家二级医院(九台区人民医院、九台区中医院)、20 家乡镇卫生院 / 社区卫生服务中心及 254 个村卫生室,上连长春市全民健康信息平台,横连九台区人社、公安、民政等部门系统。平台以健康档案基本信息及医疗健康服务信息的采集、存储为基础,能够自动产生、分发、推送工作任务清单，支持区域范围内不同医疗卫生机构及相关部门业务应用系统间实现互联互通、数据共享和业务整合。通过建立九台区医疗健康信息标准规范体系，平台整合建设九台区电子健康档案、电子病历和全员人口核心信息库，汇聚公共卫生、医疗服务、综合管理和居民健康卡等重点业务信息系统资源，为实现九台区内各类医疗卫生机构信息互联互通，面向居民的连续、便捷、高质量的健康医疗服务提供系统支持。

案例10 江西信丰县智慧城市
——"橙心在线"，打造县域智慧城市建设新标杆

1. 背景和需求

（1）项目背景

江西省把数字经济发展作为加快全省新动能培育的"一号工程"，全面贯彻新发展理念，以数字产业化、产业数字化为主线，以数字化应用为重点，以信息技术创新为动力，瞄准一流标杆，找准主攻方向，全力以赴建设数字经济发展新高地，充分激发高质量跨越式发展新动能，加快建设富裕、美丽、幸福、现代化江西，并于2020年4月13日印发《江西省数字经济发展三年行动计划（2020—2022年）》，正式将数字经济发展作为加快江西省新动能培育的"一号工程"。

信丰县致力于打造数字经济高地，助力建设高质量发展示范先行区。建设高质量发展示范先行区是赣州市委、市政府给予信丰的新定位、新要求、新使命，是推动新时代信丰高质量发展的重大机遇。信丰县正处在转变发展方式、优化经济结构、培育增长新动力的关键期，也处于国家进一步加强支持赣南等原中央苏区振兴发展，大力发展数字经济的机遇期。信丰紧抓5G、人工智能、大数据等新一代信息技术为主导的数字经济发展机遇，加快产业数字赋能、打造智能制造产业集群，全面推进数字化城乡治理，加快建设区域性大数据中心，推进建设数字化城市管理平台，深化医疗、教育、交通、环保、城管等领域5G融合应用，打造智慧城市示范区。

（2）项目需求

①跨部门协同处置困难，亟须打造"一网统管"中心

信丰县在城市运营领域，一直以来以问题为导向，各委办局在精细化治理"小闭环"建设上比较成熟，在相应的信息化建设上也具备一些优势。但在城市多部门协同治理方面，相关部门、乡镇等对信息系统的规划建设比较离散，仅专注于本部门的"小闭环"，导致横向和纵向的堵点、痛点多，事件感知效率不高，没有形成"大闭环"，长期面临难以有效协同的问题，不能有效发挥人、地、物、组织、事件之间的关联关系，亟须打造"一网统管"中心，提高跨部门处置能力。

②数据综合利用率低，缺乏数据汇聚共享及应用手段

信丰县各部门、乡镇对信息系统没有统一规划，且绝大多数的系统在建设初期均未考虑与其他委办局系统之间的数据交换共享或业务协同需求。当前各系统之间处于孤立状态，难以实现数据打通及数据综合利用。仅有的共享交换中心，只有少部分市级数据，相关大数据治理的基础设施并未建成，缺乏数据汇聚共享能力，导致一数多源问题突出，部分公共数据资源成为部门资源，信息资源综合利用率较低。

③信息基础设施薄弱，缺少统一的顶层规划设计

信丰县部分委办局物联感知设备、视频监控等基础设施建设缺乏统一规划和综合的管理系统，缺少统一编码和接口规范标准，存在数据收集共享困难、质量差的问题。没有建设集中统一的运行服务资源，各单位的自建应用系统部署分散、维护困难。部分单位有自建机房，但机房建设标准参差不齐，信息化系统缺乏良好、稳定、高效、安全的运行支撑环境，数据的安全性存在隐患，且运营及维护成本较高。

④智能化水平较低，治理服务能力亟须提升

信息获取和感知手段有所欠缺，监管范围不够全面，信息获取手段不够丰富，多依赖于人工获取，无法及时全面地获取所需信息，且信息获取实时性不强，面对突发事件反应速度不足。另外，政府整体的智能化服务水平仍有待提高，业务处理习惯依靠传统纸质办理手段，缺少智能化的业务处理手段。此外，政府对政务智能化建设宣传不足，民众对智能化管理手段缺乏信任感，民众的认知度和参与度有待改进。

2. 主要做法

（1）打造"一网统管"事件中心

通过对城管、综治、公安、行政审批、住建、水利等多部门的业务进行梳理，运用数字化及信息化手段，将城市事件处置作为主线，处置流程管理作为重点，打造"一网统管"事件中心，如图7-16所示。实现"城市管理网、综合治理网、社会服务网"智能化的多网融合，让原先各业务部门的内部"小闭环"升级为新一代城市治理"大闭环"，提升城市治理的精细化程度、响应及时性、执法效率和民众满意度。

图 7-16　城市运营指挥中心大厅——"一网统管"事件中心

（2）打造数智城市基座平台

以"数据"和"智慧"为核心，以重塑政府管理和服务模式为目标，以"一平台三中枢"（即数据中枢、应用中枢、智能中枢、物联感知平台）为架构，构建"橙心在线"数智城市基座平台，如图7-17所示，整合智慧城市业务治理的数据资源、技术资源、算法资源、社会资源等，实现智慧城市业务管理的数据集中治理、资源集中调度、算法集中管理、业务集中运营和事件集中展示。同时也为探索更多"强政、惠民、兴业"等领域的场景化应用奠定基础。

（3）探索多元化融合型应用

依托数智城市基座平台能力，聚焦民众和政府关心的领域，打造了数智治城、数智应急、数智畅行、数智环保、数智教育、数智农业、数智医疗等融合型应用，提升城市治理、惠民服务、产业发展水平。

① 数智治城

通过汇聚热线感知（12345政府服务热线、12315热线、12319城管热线）、城市视频感知、城市物联网感知、互联网感知、业务系统感知（城管系统、综合治理系统）等各类已有的感知渠道和业务数据，依托县、乡镇、村3级业务流程优化、权责梳理，运用数字化、信息化手段，以"基础单元"和"管理单元"为网格范围，以"城乡部件、事件"为主线，以"流程"动态管理为重点，以处置单位为责任人，基于一张图的网格化管理平台，实现县、乡镇、村三级联动，打造集业务、督管、考评于一体的城市管理新模式，构建信息采集、逐级处置、分析研判、流转审批、交办督办、统计汇总、监督控制、考核评价等功能，形成全面覆盖、实时反应、动态跟踪、协同联动、全程留痕的城市管理体系，推动案件信息透明化、平台建设集约化、城市管理精细化，如图7-18所示。

图7-17　数智城市基座平台架构

图7-18　数智治城可视化大屏界面

② 数智应急

按照防灾与救灾并重、常态与非常态结合的要求，构建平时监测一张图、应急调度一张图与辅助管理系统，如图7-19所示。平时监测一张图实现山塘水库、地质灾害、消防烟感及用电安全等自然灾害及安全生产隐患的平时监测、预警发布、风险消除的业务闭环，落实防灾要求。应急调度一张图则利用接入的各类音视频实时通信信号，实现统一指挥、统一管理、统一调度，将预警发布、预案管理、应急指挥、灾害评估等功能集成一体，支撑应急决策，提升应急处置能力。辅助管理系统可在平时管理信丰县应急力量、预案、应急资源，为应急决策提供有效的数据支撑。

图 7-19 数智应急可视化大屏界面

③ 数智畅行

数智畅行依托大数据、云计算技术，为信丰交通大数据应用提供基础的数据存储、计算分析、数据传输能力及运维和安全保障，建设一个完善且可靠的交通大数据基础系统，如图 7-20 所示。对信丰县的交通基础设施进行设备标准化及检测识别身份化，通过对数据采集情况分析，自动评价路段、路口的基础数据采集能力，为交通设备的布点建设提供依据。同时依托数据资源，实现对信丰县道路交通系统的精准剖析和特征重构，以人、车、路为对象，重构其基础信息特征、交通行为特征、交通状态特征，准确掌握车辆出行需求，准确判断路段、路口状态，全面掌握道路网络交通供给、需求、状态的时空分布情况，提高交通态势感知能力、交通信息便民服务水平和智能交通指挥能力，缓解主城区交通拥堵情况，确保路况畅通。同时，提升信丰县智能交通管理系统的规范化、信息化、智能化水平，提高车辆和行人的通行效率。

图 7-20 数智畅行可视化大屏界面

④ 数智环保

建立环境质量、重点污染源、生态环境状况监测体系和生态环境网格化监管系统，共享各类监测数据系统资源，基于县内水、大气、污染源等环境要素构建全面、统一的数据汇聚平台，并对感知的数据进行一体化智慧应用，将环境数据、空间数据进行整合，形成"信丰县环境管理一张图"，提供俯瞰信丰县环境管理全景视图，直观地展示信丰县环境管理工作，如图 7-21 所示。

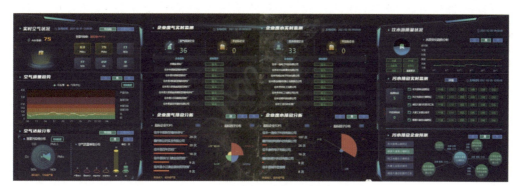

图 7-21 数智环保可视化大屏界面

⑤ 数智教育

数智教育结合 VR/AR、4K 超高清视频、移动通信等技术，打造教室全息双师课堂平台、异地互动的多人协同平台、课程资源上传下载云平台三大平台。通过高清远程互动教学、AR/VR 沉浸式教学、全息课堂、远程督导、直播录播、全息双师、多人协同等新型教学方式，均衡信丰县义务教育区域之间、城乡之间、学校之间的办学水平和教育质量，缓解师资资源紧缺，建设信丰县中小学特色的数智教育体系，如图 7-22 所示。

图 7-22 5G+AR/VR 沉浸式教学

⑥ 数智农业

以脐橙等级标准分选为枢纽，以渠道销售升级为动力，以脐橙种植、生产、物流、仓储、政府管控等各环节的服务为保障，通过融合脐橙分选、销售、种植、物流、仓储、肥料等数据，打造面向政府、种植企业、销售企业、分选企业、仓储企业、物流企业等多层次用户的产业大数据平台，实现脐橙产业分选、销售、生产全流程一体化业务贯通。脐橙大数据平台具体包括脐橙智慧分选分级模块、脐橙产业管理服务模块、脐橙选后销售渠道管理模块、脐橙智慧运输管理模块、脐橙数字果园综合管理模块、脐橙产业综合服务指挥决策模块等。

⑦ 数智医疗

建设"互联网＋便民惠民"应用，为人民群众提供居民健康档案、预约挂号、家庭医生签约等惠民服务，方便患者就医，减少无效等待时间，有利于医院改善门诊就诊秩序，实现患者分流和错峰就诊。同时引导人们树立健康意识，促使人们养成良好的生活习惯，减少或消除影响健康的危险因素。通过区域协同实现医疗机构资源整合，采取"基层采样、中心检查"的方式，利用区域检验中心更专业的技术平台与业务能力迅速提升基层单位的医疗服务水平，让患者就近就诊的质量得以保障，并且可以减少整个区域对检验方面的重复投入，节省医保金支出。基层卫生院则可以减少一些检验方面的投入，将有限资源用于强化自身其他能力的培养。"互联网＋便民惠民"应用有效提升信丰县医疗机构服务水平及自身实力，提高了人民群众的幸福感和获得感。

3. 特色亮点

（1）感知设备开放共享，构建城市感知新网络

依托物联感知平台能力，推动信丰县空地全面感知体系建设，在信丰县建立一张空、天、地一体化的泛在感知网，以"事件"为中心，完成视频、物联网等多维度、全渠道织网工程，并提供设备开放共享能力，将原先为各业务场景单独建设的物联感知设备彼此连接，发挥"1+1>2"的效果，全面提升信丰县感知能力。

（2）智能算法识别场景，实时辅助城市管理

结合智能中枢内置算法能力，充分利用已在城市各个角落里的视频资源，智能识别城市管理中违章停车（如图7-23所示）等共13种治理场景，实现视频资源轮

询调度，摄像头监控价值复用，将需要人工发现的工作变为系统智能发现，仅需在后台按需对视频流配置识别算法，即可识别对应场景，无须再重新部署前端监控设备，让每一枚摄像头都成为不眠不休的"忠诚卫士"。

图7-23 智能识别场景示例——违章停车

（3）挖掘城市数据关系，提高事件处置效率

基于数智基座能力，利用获取到的数据进行事件的实时预测及主动发现，实现事前预警，提高对事件的反应速度。系统将根据历史事件数据及权责划分规则，进行事件的智能分派及归档，将过去的"人找数据"模式变为"数据找人"模式，让部门得以分配更多的人力投入事件处置。

（4）线上线下数据融合，客观评价城市状态

打造城市治理和公共决策风险防范感知系统，通过抓取线上的微博、微信公众号、政务官网、新媒体等资讯及线下的前端感知设备、各委办局业务系统、热线电话、橙心在线数据等信息，汇聚线上线下的事件，将事件标签化，区分正负面信息，结合信丰县实际情况，形成信丰县城市运行的综合评价体系和算法模型，用科学、客观的城市评价指标，为城市管理者提供城市治理决策依据。

（5）遥感数据填补漏洞，优化各领域应用效果

在交通领域，针对县域资金不足，电警、卡口前端设备建设较慢的问题，通过

道路地理信息采集，然后经过可计算路网平台，转化成计算机可识别的道路路网基础信息，为仿真交通创造基础条件。电警、卡口的精确动态车辆数据与可计算路网的基础数据相结合，经过交通态势模型的分析，可以准确计算出通行速度、车流等交通指数关键指标。每季度采集一次的 0.5 米精度城区全域遥感卫星影像数据，可以有效解决电警、卡口覆盖不足的问题，为算法调优提供数据依据。

在应急领域，通过高精度遥感卫星影像对全域地质灾害开展风险评估，筛选重点监测对象。对重点监测对象建立物联感知线监测手段，实时掌握关键监测指标变化情况，并通过风险预警模型，实现快速、准确预警，及时消除隐患，保障人民群众生命财产安全。

在农业领域，通过卫星遥感技术对农作物种类和种植面积进行智能识别，建立种植台账。通过遥感卫星进行产量估算，指导销售策略和补贴政策的制定。通过物联感知手段，实现种植环节精细化管理，采集农产品"从田间到餐桌"全生命周期数据，通过销售侧数据的关联，溯源种植过程，优化种植手段，实现供给侧改革。

（6）信息技术带动产业链优化，实现产业模式创新

通过现场布设的传感器、摄像头、二维码、RFID（射频识别）等设备，对脐橙生产链路关键环节的数据进行自动采集，将农产品"从田间到餐桌"的全链路信息一对一关联，利用消费侧数据指导供给侧改革，推动产业运作模式创新。

4. 应用成效

（1）数据多元化融合应用效果显著

信丰县智慧城市建设借助数智基座平台，汇聚省、市、县多维度的政务数据并把数据融合于城市的各个领域，激发数据融合新动能。

在城市治理领域，通过将公安已有的"天网、雪亮"摄像头资源与城市治理深度融合，运用在城市高发事件的智能识别场景中，实现视频数据的跨部门高效利用与共享；将各业务系统的事件进行融合、去重、分派，重塑城市治理模式，由各部门的"小闭环"到城市治理的"大闭环"，打造"一网统管"模式，助力城市治理模式向精细化、主动化、智能化转变。

在应急领域，通过汇聚融合应急预案、力量分布、物资分布等静态数据，以及互联网舆情、烟感、用电、山塘水库、地质灾害等动态监测数据，建立自然灾害及安全生产的常态化监测体系，及时预警处置、消除隐患，达到防灾减灾目的。

在便民服务领域，通过汇聚高精地图、路网、交通基础设施等数据摸清道路资源底数，结合电警、卡口、视频监控等动态数据，形成区域交通态势感知，对拥堵路段提前分析预警，及时运用多手段治堵，方便民众出行；通过汇聚医疗机构数据、公共卫生数据、社区数据、人口数据，形成居民电子健康档案，利用多维度的数据共享，助力医疗资源结构调整，提供预约挂号、检验结果查询等便民服务，方便群众就医，提升群众就医体验。

（2）有效提升跨部门事件处置效率

项目建设提升了城市管理水平，促进信息技术与城市管理深度融合，实现了信丰县全域事件"一网统管"，形成线上线下协同的闭环管理新模式。目前已经实现了12种大类、554种小类事件的智能发现及调度，城市事件立案受理准确率提升12%，事件处置用时缩短30%，平均处理时长由原来的7天缩短至3.5天，平均每月节省城市事件处置中人力消耗150.8人。日常监控、事前预警与事中处置并重，使信丰县消防火灾、自然灾害等事件发生概率减少30%，应急事件处置效率提升45%。

（3）城市惠民水平明显改善

项目以为民便民为出发点和落脚点，提升城市数字化服务水平，显著增强民众在出行、医疗、教育方面的幸福感。通过对主城区在途车辆态势感知及疏导、拥堵路段智能化引流，使信丰县民众机动车红灯平均停留时长由原来的21秒缩短至3秒；为信丰县民众建立个人健康档案，支撑信丰县医疗机构之间病历互认，提升信丰县民众就医体验；利用数智教育建设成果，推动小学教学模式转变，解决师资力量不均衡问题，覆盖信丰县城区、乡镇区域的27所小学，授课老师可以在增强课堂互动性的前提下同时给多个学校内的1215名学生授课。

案例11　辽宁葫芦岛数字龙港
——运用"城市智脑"科技力量，让大数据+AI帮助城市思考与决策

1. 背景和需求

近年来，葫芦岛龙港区委、区政府高度重视城市信息化工作，积极探索信息化

在提高行政效能、优化发展环境、创新社会服务管理、改善与保障民生等方面的应用，着力构筑数字化、网络化、智能化的城市管理形态，努力提升市民的生活质量，增强市民的幸福指数。信息化环境的持续优化，为龙港创建新型智慧城市奠定了良好基础。

在城市化进程不断加快、经济飞速发展的时代背景下，葫芦岛龙港区以科学发展观和中央城市工作会议精神为指导原则，以龙港区城市现状、资源禀赋为基础，以城市可持续发展为导向，依托云计算、物联网、大数据和移动互联网等新一代信息技术，打破部门/领域间的信息壁垒，推动跨行业、多领域的信息资源的融合和共享，形成符合龙港区的数据开放服务体系；重点围绕应急、综治、文旅、环保、水利等领域，深化大数据、人工智能等技术创新应用，力争在应急抢险、综合治理、产业发展、环境监管等方面取得突破，促使城市管理有序化、部门业务协同化、领导决策科学化；构建全区统一的城市运行指挥中心，实时监测城市基础设施、交通、环境、人口、安全等全方位运行状况，以地理信息系统为载体，直观展示城市发展规律和潜在风险，优化城市空间结构和资源配置，降低资源消耗水平，为市民、企业提供优质的生活、生产环境，形成可复制推广的"龙港模式"。

2. 主要做法

（1）建设思路

基于龙港区智慧城市建设现状和需求，采用"七横两纵"的总体框架（如图7-24所示），以城市数据中台、城市业务中台为服务核心，以政务云为存储核心，以政务外网为链接核心，构建龙港区新型智慧城市体系。围绕网络覆盖、基础设施、数据共享、服务调用、系统优化和渠道整合6个方面进行设计建设，"两纵"分别围绕体制机制保障、标准规范体系、建设运营模式、安全保障体系4个方面进行设计建设。

（2）建设内容

龙港新型智慧城市建设重点内容包含五大部分，分别为城市泛感知系统、城市智脑平台、全区数据资源中心、城市指挥中心、专项智慧应用。

① 城市泛感知系统。通过部署视频监控、物联网传感器，针对环保排污、水文监测、渔业监管等行业领域提供全时、全程的数据采集，为上层智慧应用提供必

要的实时数据采集服务。

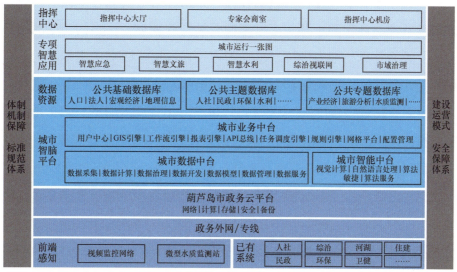

图 7-24 数字龙港的总体架构

② 城市智脑平台。建设数据中台（如图 7-25 所示），实现政务数据、社会数据、物联数据、视频数据等各类数据的采集、计算、分析、建库、应用和开放；建设业务中台，基于"微服务"框架，为各类智慧应用提供工作流、GIS、身份认证等通用组件能力，为政府信息化建设节约建设资金；建设智能中台，针对环保、水利等业务场景提供 AI 服务，形成龙港区共享的 AI 算法库。

图 7-25 数字龙港数据中台界面

③ 全区数据资源中心。以跨部门、跨层级、跨地区的综合服务应用为根本目标，通过数据采集、数据存储、数据计算、数据分析等功能，依托葫芦岛市和龙港区的自然资源、环保和水利等多种来源及类型的数据，逐步构建本地的公共基础数据库、整合库和行业专题库，从而形成面向政府、企业、组织等的"智慧城市专题库"。

④ 城市指挥中心。面向政法委员会提供统一指挥调度服务，基于统一标准提供视频监控、视频会议、移动视频等所有视频资源统一管理和集中控制，实现高效的会议召集和使用体验。

⑤ 专项智慧应用。针对政务服务、管理、产业发展、基层党建和运营等环节面临的突出问题，结合大数据、人工智能技术，建成一系列的新型应用，推动管理与服务水平的整体提升，让运行更高效，积极探索开放政府数据，鼓励行业创新，促进产业良性发展，重点围绕智慧应急、智慧文旅、智慧水利监管、智慧环保、智慧综合治理和智慧党建等开展专项应用建设。

智慧应急专项：建成全区联网的危险化学品监测预警系统，将重大危险源企业的重要实时监控视频图像和预警数据全部接入危险化学品监测预警系统。逐步完善系统功能，拓展到对全部危险化学品重大危险源的在线监测，不断提升系统数据处理、智能分析研判能力，实现智能实时预警。

智慧综合治理专项：分区域建立多级网格治理体系，实现网格划分、标注、管理、查询等各类基础功能，同时借助地图引擎技术，实现直观的、图形化的界面展现。对专职、兼职、专业的网格员基本信息及网格员的日常工作进行管理，包括网格员信息管理、网格员调度、网格员考勤、轨迹跟踪、日常走访、重点巡查、待办事项、工作日志等。在网格划分的基础上，对平台辖区内的建筑物、房屋、人口、城市部件、单位、九小场所、特殊对象等基础数据进行管理维护。

智慧环保专项：利用物联网、数据挖掘、大数据分析、GIS等先进技术，根据环保局监管和服务的业务特点，对空气质量、水环境、污染源企业、汽车尾气、水源地、固废危废等建立多方位、全时段的动态监控，实现市、区数据共享，结合一张图系统实现污染源定位查询、现场视频监控、监测数据实时显示。

智慧水利监管专项：面向与河流湖库相关事务和任务的管理，对各类河湖相关事务进行统一的管理及数据展现，包括河湖事件管理、河湖专项任务、督办任务、考

核评估等功能，实现涉河任务的闭环处理；面向各级河长/河长办公室人员，以空间、报表联动结合进行展示和分析，从多个业务角度综合展现区域、流域内各项工作履职情况，可按区域、流域、人员的维度进行综合查询。同时通过移动端与平台侧联动功能为各级河长、河长办公室人员及基层巡河人员提供移动办公能力，实现业务办理便捷化。

智慧文旅专项：为游客提供本地化的专属服务，尤其是导览服务，包括景区景点语音导览、厕所定位、停车场定位等功能版块，能够全面了解全域（或景区）旅游吃、住、行、游、购、娱等内容；提供智能化的旅游行程定制服务，在用户定制行程时提供优先推荐，帮助用户快速确定整个行程；解决游客在行前、行中和行后的消费、体验和投诉建议等核心诉求；同时提升本地全域旅游产业化数据能力和资源汇聚能力，从而有效地推进文旅资源的精准化数字营销。

智慧党建专项：深度推进党建工作与中心工作深度融合，平台重点实现资讯宣传、支部组织生活管理、党员教育、智能分析辅助决策、考评督办、综合服务、党建工作资料库管理、党员教育资源库管理、党员信息库管理、党组织信息库管理、教务管理、数据展示等功能。

3. 特色亮点

（1）社会管理模式创新

市域治理平台（综合治理平台）是社会创新管理的数字化新模式，以网格化管理为基础，对管理范围内的人、地、事、物、组织五大要素进行全面的信息采集管理，集成地理信息系统、网格和部件等多种数据资源，融合网格化管理机制，以现代信息技术为支撑，通过多部门信息共享，协同工作，实现对社会管理部件和事件的动态监管、处置、统计和分析，达到统一平台、数据共享、业务互补、数据运用的实战效果，构建集约化、高效化、透明化的政府治理与运行模式。

（2）新技术融合场景创新

项目引入了视频AI识别技术，通过融合多样化的城市治理场景，实现图像识别技术对城市管理的落地支撑，对非法采砂、违规游泳、非法垂钓等场景进行24小时自动研判、自动预警，节省人工成本，同时也解决了发现不及时、巡查人员不够等问题。

非法采砂应用场景：在禁采区或禁采期进行监控，对监控画面进行实时 AI 识别分析。由于非法采砂常在夜间进行，在本项目中部署高倍星光网络高速智能球及云台相机，对白天正常采砂活动进行监控、记录、识别；通过部署高清双目云台热成像相机，对夜间非法采砂进行监控，通过图像识别发现疑似非法采砂活动即可自动预警，提醒执法人员进行研判处置。

违规游泳应用场景：在游泳高发区沿岸布置智能分析摄像机，当有人员穿越虚拟警戒线即可主动报警，同时系统可以通过前端喇叭实现语音投放，进行提前规劝离开，防止发生意外事故。

非法垂钓应用场景：在禁止垂钓区域进行图像识别，根据人员垂钓特征，对特定区域内逗留、徘徊的人进行分析，当目标超过设定的时间，系统会对疑似垂钓行为进行报警。

（3）搭建统一支撑平台

建设数据中台、智能中台、应用中台为一体的统一支撑平台，实现数字龙港统一的数据、业务和智能应用服务。数据中台对已建信息化系统提供统一数据分析服务，实现数据统计、分析、运算的统一处理，对新建系统提供数据访问、更新服务，解决了数据采集难、数据统计结果不统一等问题，同时最大限度地降低建设成本；智能中台将业务、数据和技术融为一体，提供面向多领域的智能组件，全面支撑龙港区所有信息化系统，助力感知、预知预测、精准行动等智慧应用建设，从而提升政府管理与服务能力，破解城市发展难题；应用中台从技术层面实现部门之间的业务融合和数据融合，支撑提供跨部门、跨领域的智能业务应用体系建设，如工作流引擎、任务调度引擎、规则引擎等。

4. 应用成效

（1）互联互通，维稳社会治安

平时，龙港区政法委员会及下辖各级政法综治中心可以利用视联网平台承担日常工作会议召开、远程培训学习、发布直播、会议录制等基础业务。目前，综治视联网已经覆盖全区近万个点位，随时可实现全区范围视联网内任意一点之间的互联互通。

在面对社会治安维稳、事件分析研判、矛盾纠纷排查、社会突发公卫事件等突发状况时，政府部门之间可实现即时通信，及时准确地将指挥命令无缝下传至各级部门及基层。此外，平台兼容国标和非国标的通信协议，可以无缝接入外围或第三方平台，实现多网、异网、异构完美融合，为龙港区应急指挥中心的建设提供强大的扩容能力和应急指挥调度能力。

（2）避免重复建设，节省财政投资

建设统一的支撑平台和接口系统，避免了各个部门重复建设机房、重复购买硬件设备和系统软件、重复开发接口程序，并且避免了由此造成的接口复杂、管理困难、维护成本高等问题。对共享数据进行集中管理和维护，可以减少各部门单独管理和维护的成本，同时避免由此造成的数据不一致等问题。

（3）全面提升运行效率

进一步推进技术应用与运营理念的融合，以更快、更好地实现龙港"从管理到服务""从治理到运营""从零碎分割的局部应用到协同一体的平台服务"的三大跨越。建设龙港经济运行监测系统，把数字技术、信息技术、网络技术渗透到龙港运行的各个方面，用数字化手段来处理、分析和管理经济活动，有利于促进龙港的人流、信息流、交通流的协调高效运行。

（4）实现全区信息化建设统筹发展

数字龙港建设充分利用移动互联网、云计算、大数据、地理信息系统等新一代信息技术，打造出互联互通、迅速灵活、高效优质、协同共享的一体化服务模式，进一步促进了政府管理、公共服务、社会治理等各领域信息化建设的协同发展，实现了全区信息一体化与全面统筹。

（5）实现城市管理精细化

针对城镇化进程中不断呈现的复杂问题，龙港依托城市泛感知系统+城市指挥中心，实现对各要素和部件的数字化、网络化、可视化、智能化管理，以提高城市治理效能与精细化程度。城市智脑为城市多元主体之间的信息资源共享提供有效渠道，专项智慧应用则搭建起政府与区民、企业及其他社会组织的对话沟通机制，并为多主体协同运作下各个环节的有效衔接提供有力支撑，为市民、企业提供优质的生活、生产环境。

案例12　河南郑州智慧中原
——夯实数智基座、建设特色场景，为城市插上智慧之翼

1. 背景和需求

（1）项目背景

为贯彻落实国家、省有关数字经济发展的要求，抢抓新一轮科技革命机遇，全面推进数字经济发展，增强发展新动力，推动郑州市经济社会高质量发展，郑州市政府相继印发实施了《郑州市加快数字经济发展实施方案（2020—2022年）》《郑州市以一件"事"和一"事件"为牵引深入推进"一网通办、一网统管"改革工作实施方案》。郑州中原区政府坚持以人民为中心的发展理念，积极推进重点示范项目建设与应用，最大限度地方便群众办事，切实提高城市管理服务水平和公众满意度。按照郑州市委、市政府的要求，中原区拟按照分级、分类、分步骤的原则，推进中原区智慧化建设，打通信息孤岛，实现城市各类数据互联互通、共享共用，并同步完善机构，理顺体制机制，强化部门工作职能，推进城市数字化、智能化发展，提升和改善城市环境品质，增加发展中数字赋能的作用，以城市数字化转型带动经济数字化转型，实现更高层面的高质量发展。

（2）项目需求

智慧中原项目立足中原区发展实际，坚持问题导向，项目需求主要涉及政府部门和社会公众两个层面。

① 政府部门需求

- 建立管理决策和指挥调度平台，满足"一舱控全局、一图观全城"的需求

中原区位于郑州市西部，是郑州市政府的驻地，当前处于快速发展阶段。城区规模不断扩大，常住人口、流动人口数量不断增加，给城市管理带来巨大压力。中原区希望通过项目建设，为城市管理、指挥调度、事件处置、应急决策方面提供强有力的工具。需要建立辖区各部门有效的联动机制，及时了解社会维稳信息，做到问题早发现、早反馈、早处置、早结案，为创造和谐社区、和谐社会建立稳定的基础条件。

- 打破"信息孤岛"，满足数据"一网通联"的需求

中原区已建设的多个城市管理相关的信息系统，包括矛盾调解、油烟监测、垃圾

分类、道路清扫、执法车载监控等系统，但各个系统在资源共享、协同作业等方面仍存在问题，形成信息孤岛，无法提供全面的城市运行综合信息，支撑部门间协同联动。

- 一网统管，满足城市治理类事件高效流转的需求

中原区在城市治理方面，主要依托郑州市数字城管系统进行辖区的各类城市治理类事件进行人工处置和调度，在城区自治和事件调度、处置方面缺乏数字化、智能化的工具，导致事件处置需要大量人员，行政成本高，行政效率低。

- 满足全域数据融合、共享分析的需求

根据郑州市"数字郑州"建设工作领导小组办公室《关于推进"城市大脑"区县（市）建设工作的通知》的要求，要以实现"数据融合、业务融合、技术融合，以及跨层级、跨地域、跨系统、跨部门、跨业务的协同管理和服务"为目标，整合各部门信息资源，与企业法人、城市部件、宏观经济、空间地理等基础信息实现融合治理，构建统一的基础数据库群，逐步实现全区信息资源互联互通。

② 社会公众需求

- 改善人居环境的需求

中原区作为快速发展中的核心城区，面临城市交通拥堵，机动车、非机动车违停、乱停现象严重，市政设施、道路破损、园林绿化管养维护效率较低等众多问题，影响了市民日常出行、工作和休闲等，亟须加强城市管理，对城市问题、城市病进行精细化治理、科学监管，夯实基层社会管理基础，提高处置效率，改善人居环境，让中原区老百姓切实体验到智慧城市建设成效，有效提升全社会数字化素养，促进城市生活更加和谐美好。

- 健全群众协调机制的需求

社会层面的城市问题、生活问题群众诉求反馈渠道较少，反馈方式不便捷，对社会和谐发展带来不利影响。中原区政府希望建立、健全群众利益协调机制、群众诉求表达机制、社会矛盾调处机制、社会稳定风险评估机制、社会和谐创建机制，实现城市共建共治，促进社会关系和谐发展。

2. 主要做法

（1）强化政府统筹支撑

为全面深入贯彻落实郑州市第十一届委员会第十三次全体会议提出的构建以政

务服务一件"事"和城区治理一"事件"为牵引的"一网通办、一网统管"改革新体系的要求，打造中原区政务服务"一网通办、一次办成"、城市治理"一网统管、依法处置"新模式、新机制，建立"用数据说话、用数据决策、用数据管理、用数据创新"的城市管理新方式，推动城市管理精细化、智慧化，中原区迅速组织召开"一网通办、一网统管"工作推进会，就抓好相关工作推进落实进行再动员、再部署。

一是提高认识，强化领导责任。"一网通办、一网统管"改革是市委、市政府强力推进的一项重要举措，也是创新政务服务和城区治理手段的有效抓手。各单位"一把手"当好第一责任人，提高政治站位，亲自部署、亲自推动，统筹本部门、本系统、本领域的一件"事"和一"事件"梳理、业务系统打通、部门协同联动、业务处置反馈、全面推广应用等工作，扎实推进各项工作。

二是组建专班，强化组织保障。除了由区政务服务管理办公室（大数据局）牵头从区级各相关单位抽调人员组建一件"事"和一"事件"工作专班，各街道也成立了相应专班。区纪律检查委员会成立一件"事"和一"事件"工作督导组，随机对各级各部门一件"事"和一"事件"工作进展情况进行督导督察，发现问题责令限时整改。

三是建立机制，保障推进落实。建立周例会、半月讲评和月通报机制，定期召开工作推进例会，每月进行考核通报。对推诿扯皮、不作为、慢作为或是不能按期完成任务且无正当理由的单位，直接约谈其单位负责人。

四是组织地毯式调研，摸清城市治理难题。联合设计单位组织多轮次、地毯式自上而下的需求调研、问题摸排，了解基层人员对城市管理的意见、建议，梳理职能部门间的工作流转障碍、城市高发的顽疾事件。集思广益，探讨通过智能化能力处理数据，发掘数据价值，快速推进城市的智能化、精细化治理模式创新。

（2）系统推进规划建设

一是坚持规划先行，构建顶层设计架构。通过学习借鉴国内外先进智慧城市建设经验，结合中原区城市发展规划，智慧中原项目采用基础先行、应用结合的模式进行总体规划设计。项目整体采用"1+3+N"的架构，其中1指的是领导驾驶舱指挥中心，包括大屏、中屏、手机端和"一事件"综合指挥系统；3指的是数据资源中心、AI视觉计算平台和时空地理平台3个基础平台；N指的是特色应用系统，本期规划接入辖区的智慧政法、智慧城管系统，建设完善政务服务，打造舆情监测系统，从城市治理、矛盾调解、政务服务、舆情监测等方面实现城市的共建共治。

二是夯实智慧城市数据基座，提高城市治理信息化基础能力。以云计算、大数据、人工智能等前沿技术作为牵引，打造区级数据资源中心、时空地理基础平台、AI 视觉感知 3 个智慧城市基座。通过基座建设汇聚辖区内人口、法人、经济、地理信息、政务、城治、生态、教育、卫生等方面数据并进行清洗、治理、建模，通过多维数据智能化分析，实现市、区两级各类数据的共建、共享、共治。

三是建设应用系统，盘活数据资源，提升系统黏度。按照项目规划，应用系统分三期建设，基于 3 个基础平台汇聚的辖区数据，进行应用系统规划建设，本期建设的主要为政务服务、舆情监测、疫情防控、城市精治等应用。通过信息化应用的落地使用，盘活数据资源，提升系统黏度，拉近与群众的距离，促进社会和谐。在政务服务应用方面，通过数据资源中心对公安、卫健、民政方面的户籍、年龄、死亡证明、丧葬证明等数据治理、分析，识别老年人补贴发放资格，进行精准管理，解决了老年人补贴发放耗时耗力的问题，实现免申即享。在城市精治方面，基于 AI 视觉计算平台，汇聚公安、城管、综合治理方面的视频数据，结合 AI 算法分析，打造一事件综合指挥系统，智能识别占道经营、人群聚集、非机动车乱停放、游商检测等违法违规事件。通过智能算法与摄像头的绑定，让原来普通的摄像头变成城市的感知元，提升城市的智慧程度，让城市治理变得更精准、更高效，有效提升中原区全区的"一图全面感知"能力，让群众切实体会到城市治理成效和生活环境的改善。

四是构建立体化疫情防控体系。通过融合时空地理平台采集的高精度的辖区时空地理信息数据、网格数据，以及数据资源中心汇聚的辖区人口数据、健康数据，实现城市从粗放化管理到精细化管理的快速跨越。首先是落实三级网格责任。依托网格化管理，利用 GIS 平台工具对辖区地理边界进行三级网格划分（街道、社区、网格），实现地理边界无缝隙、责任范围全覆盖。其次是基础信息入网格。通过数据采集，全量接入网格内的居民基本信息、健康码状态、核酸检测记录、疫苗接种记录等，形成"一人一档"和"一户一档"，实现"以人找房、以房找人"的快速定位、精准管理和居民健康监测的跟踪闭环管理。再次是三维建模精准封控。通过对网格进行实景三维模型构建，对重点场所、人防、技防出入口进行标签化管理，支撑疫情防控的高效指挥调度。当出现疫情时，通过对周边路网、商业进行分析，精准划分防范区、管控区、封控区，最大限度地降低疫情对人们生活、出行和社会经济发展的影响。最后是对重点人群进行分类管理、精准服务。通过建立独居老人、残疾人员、低保人员等重点人群数据库，对其进行分类、标签化管理，通过可视化呈现的方式进行精准服务。

3. 特色亮点

"智慧中原"重点围绕郑州市委、市政府对新型智慧城市建设的要求，以郑州市"智慧中原"业务系统为依托，从政府统筹和运营建设的角度出发，聚焦郑州发展需求，以突出中原高品质管理服务、产业经济整合发展、文化创意为出发点进行顶层规划设计，着重打造以智慧基础设施网络为核心，集城市治理、政府管理、民生服务、产业发展为一体的新型智慧城市。

（1）领导驾驶舱统筹指挥全局

领导驾驶舱系统以"大屏""中屏""小屏"等不同的模式满足不同场景和功能的需求，实现协同联动处置与治理，全面掌控和高效应对全区重大、复杂、耦合性突发事件，满足跨层级、跨领域、跨地域、跨专业的协同指挥调度需要，实现扁平化、智能化、协同化指挥。

依托智慧中原综合指挥中心（如图 7-26 所示），构建全面、直观的城市运行总体态势感知体系，针对中原区城市运行、经济指标、城市治理、公共安全、政务服务、民生服务、疫情防控等全城重点领域进行实时监测和风险分析，为城市管理的精准施政提供决策支持，为城市治理的科学高效和协同治理实现联动指挥打下基础，打造中原区"智慧中原指挥中枢"。将各部门海量信息资源进行整合共享，充分发挥态势监测、联动调度、展示汇报、流程管理、辅助决策等多重作用。

（2）高标准基座助力数通与数智

智慧中原基础平台（基座）包括数据资源中心、AI 视觉计算平台、时空地理平台。新建平台结合中原区原有资源系统，实现区域 360° 全面洞察，为中原智慧城市建设提供物联网感知、数据全生命周期管理与智能服务、AI 应用、时空信息服务、业务协同管理支撑等领先能力，从源头解决区域管理普遍面临的数据孤岛、跨组织协调困难、感知不够、智能化不足等问题。

图 7-26 智慧中原综合指挥中心

基座的核心特征就是实现数据智能。充分挖掘与发挥区域数据应用价值，构建数据集成、数据共享、数据管理、数据决策的综合管理服务体系，全面支撑城市政务数据、城区管理、惠民数据和兴业数据四大协同服务。利用一体化数智能力助力综合研判、政策措施制定、风险预测预警、重点工作会商评估，实现综合决策科学化，为城市领导决策和减轻基层人员工作量提供坚实的数据支持。

（3）区域特色应用

依托智慧中原基础平台，共享人口、经济、人文、环境、建设等公共设施数据和公共基础服务数据，充分利用原有应用系统，打造新的应用场景。项目优先接入智慧政法、智慧城管、智慧政务、智慧社区、智慧养老、智慧出行、社会舆情、政务热线等应用系统。基于郑州市政务中台架构体系，以线上政务应用创新为亮点，线下智慧大厅建设为基础，围绕基层群众办事需求，打造线上线下相融合，基层社会治理良性发展的智慧政务服务体系。高效率、低成本地实现城市"建-管-服"一体化、数字化、精细化、智能化能力，为城市公众提供数智化的城市交通、环境、市政等公共服务。

4. 应用成效

项目自建成投入运行以来，先后接待政府层面参观调研 80 余次，获得政府客户和专家学者的一致好评。主要建设成效如下。

（1）打破"信息孤岛"，实现城市管理数据的"一网通联"

通过数据资源中心、AI视觉计算平台和时空地理平台等信息化基础设施建设，横向打通了各委办局数据资源，纵向贯通市、区两级管理数据交互、共享，通过开发多项政务管理、服务应用，为全区资源配置和管理服务效率提高、城市治理质量和水平提升提供数字化、智慧化助力，进而推动辖区营商环境、居民生活质量不断跨越升级。截至目前，智慧中原项目已汇聚了辖区内在法人、经济、园区、环境等方面的数据1100余万条，形成了庞大的数据池。依托市、区两级大数据资源，智慧中原数据中心加强了数据的高效治理、深度挖掘和融合分析，为区级层面"一网统管、一网通办"提供数据支撑，实现了城市综合管理服务数据跨系统、跨行业、跨部门共享运用。

（2）一网管全城，支撑城市管理高效、精准、闭环处置

在城市治理"一网统管、依法处置"工作方面，本项目以"一事件"为牵引，依托郑州市政务云资源与智慧城市数据基座，以云计算、大数据、人工智能等前沿技术作为牵引，整合辖区分散的5752路视频资源，归集辖区内各类城市事件，通过梳理相关责任部门的权责，制定事件处置流程，形成了从事件识别、发现到指挥、调度、处置、反馈、评价的全流程管理，建立了事件归集、流转、处置机制，形成"一事件"的闭环管理体系。通过将"事件中枢"落地街道，实现城市治理过程智能化处理，为降低行政成本、提高行政效率，以及支撑管理科学决策与政策措施制定提供了坚实的数字技术支撑，为形成社会治理的良好社会氛围迈出了坚实的一步，如图7-27所示。

（3）一网为全民，高效办成一件事

在政务服务"一网通办、一次办成"工作方面，以"一事件"为牵引，抓好"一网统管、依法处置"改革，厘清权力、责任两张清单，推进城市治理高效联动；以全面提升营商环境治理水平，实现群众和企业办事更方便、更快捷、更有效率为目标，充分利用"互联网+"、云计算、大数据等信息技术，以"互联网+政务服务"创新应用为重要突破口，在业务、技术、数据、机制等方面推动政务服务的全面融合，结合中原区实际情况开展最关注、最"棘手"的事项，打包推出"一件事"主题集成服务（如图7-28所示），完成"政务服务50个主题一件事"的上线，100个

本地高频事项的梳理,实现事项同时申报、一表填写、一套材料、数据共享,实现群众和企业办事"一件事一次办",简化了办事流程,提高了办事效率,进一步优化了辖区营商环境。

图 7-27 联众共治服务平台

图 7-28 一件事(一网通办)

(4)一屏观天下,城市治理要素全景呈现

基于时空地理平台,智慧中原指挥中心实现中原区 99km² 的 3cm 精度的高清正射影像图三维实景展现,同时利用 VR 全景图技术,以广阔的视野、超真实的还原度展示中原区城市风采,并针对中原区市政府和区政府周围 10km² 建设了倾斜摄影城市模型,可为城市规划、城市管理提供地理服务信息。此外,领导驾驶舱在汇聚了中原区全量数据的基础之上，能够实时展现城市运行体征、政务高频事件受理、媒体网络舆情、城市治理高发事件的监测识别等信息，实现城市治理要素全数字化，为政府治理决策及时高效执行提供了有力支撑。

案例13 内蒙古伊金霍洛旗智慧城市
——"创新应用引领"与"数字平台支撑"双向联动

1. 背景和需求

（1）项目背景

党的十九大报告指出，要把我国建设成一个网络强国，要推动数字中国进程，构建智慧社会。《"十四五"规划纲要》进一步提出，要加快发展数字经济，推动数字经济和实体经济深度融合，打造具有国际竞争力的数字产业集群。智慧城市建设是实现智慧社会的重要基础，是推动数字经济发展的主要载体。加快建设智慧城市，有助于智慧社会的实现。党的十九大以来，内蒙古伊金霍洛旗旗委、旗政府全面贯彻新发展理念，以信息化培育新动能，大力实施"网络强旗"和大数据发展战略、落实"互联网+"行动计划，积极推进伊金霍洛旗智慧城市建设。

（2）项目需求

根据伊金霍洛旗经济社会发展水平，以信息化、智能化技术为支撑，发挥伊金霍洛旗产业、区位优势，统筹规划、分步实施，有步骤地推进智慧伊金霍洛旗的建设，在提高城市管理水平、服务民生保障、应急科学决策、行政信息公开、广大公众参与等方面实现创新发展。尤其要促进和实现推进新型城市化，使全旗经济实力明显增强、发展方式明显转变、自主创新水平明显提高、特色产业快速集聚、城市功能明显增强、生态环境明显改善、居民幸福指数明显提升。

本次在伊金霍洛旗推广建设智慧城市，能为城市管理及数字政府方面解决以下问题。

① 城乡信息基础设施亟须加强

相对于新型智慧城市建设、新型城镇化发展和人民群众生产生活等方面的高要求，伊金霍洛旗的基础设施信息化、智能化水平依然有较大的提升空间。配套设施不够完善，缺乏全旗统一的运营中心，跨部门综合指挥调度能力较差。前端采集设备较少，特别是城市市政、安全、环境等关键领域传感器的布设节点较少，难以满足城市精细化管理需要。

② 部门数据资源亟须整合共享

在数据存储方面，伊金霍洛旗多数委办局对数据家底不清，不了解数据来源、数据存储方式，未意识到数据资产的重要性。伊金霍洛旗各委办局的应用系统多为上级垂直建设，重要业务数据直接上传国家、内蒙古自治区对口部门，数据本地化情况不佳。

在数据共享交换方面，伊金霍洛旗数据共享需求强烈，但目前存在的数据共享方式较为落后，数据共享多通过纸质文件或电子表格文档方式进行传输，缺乏支持旗级数据共享的平台。人力资源和社会保障局、医疗保障局、税务局、公安局等单位数据管理受上级单位约束较大，有共享意识但受到掣肘，数据共享需要向国家、内蒙古自治区、鄂尔多斯市相关单位申请调用。

③ 城市精准治理水平亟须提升

伊金霍洛旗城市管理工作存在管理粗放、效率不高、重复劳动、数据质量偏差等问题，城市治理精细度有待于借助信息化手段进一步增强。

在管网方面，伊金霍洛旗地下管线数据分散在多个部门，且大多数针对管网的资料和管理还停留在图纸、单个CAD（计算机辅助设计）文件的阶段，缺乏完整和准确的地下综合管线信息，出现问题后难以判断权属，这样就可能导致施工破坏地下综合管线事故频繁发生，严重影响市民的正常生活和企业的正常运转，更甚者会威胁到人民的生命财产安全。

在园林方面，伊金霍洛旗森林覆盖率达36.4%，植被覆盖率达88%，是"中国十佳绿色城市""中国绿色名旗"和"国家园林县城"。目前，园林管理仍停留在粗放、效率不高、重复劳动的人工方式，没有有效的信息化手段。

在应急方面，伊金霍洛旗尚未建设应急管理系统，缺少多部门协同、全方位覆盖的应急体系，需要建立安全生产应急预案演练指标评估体系，健全应急物资信息平台和调控制度。

④ 信息惠民服务体系亟待完善

当前无统一的移动端便民服务入口，一些部门自建公众号、App等方式向百姓提供政务服务和便民服务，非常分散，导致百姓需要关注和下载很多公众号和 App，百姓使用起来非常不方便。目前部分便民服务应用办理，老百姓需要多次去政务服务大厅，且到政务服务大厅办理存在停车难、排队长、预约困难、等待时间长等问题。

2. 主要做法

（1）整体思路

2020 年，伊金霍洛旗智慧城市建设全面提速。围绕"社会治理高效、精准，百姓生活便捷、安全，营商环境友好、利业"，打造领先的县域新型智慧城市这一目标，伊金霍洛旗大数据发展局统筹推进，以《伊金霍洛旗智慧城市建设三年行动计划（2019—2021 年）》为导引，确立了"统一建设、统一标准、规划先行、分步实施"的建设原则和"融合、协同、迭代"的建设思路。在此基础上，经过充分调研和论证，确定了"一核四支多应用"的智慧伊金霍洛旗体系架构。一核是指城市运营管理中心，可看作智慧城市的大脑；四支就像人的四肢，共同支撑智慧城市系统有效运转，包括基础云网平台（感知）、应用中台、数据中台和 AI 中台；多应用就是针对不同需求提供的各类应用系统，可灵活扩展、迭代。

（2）重点建设内容

本项目主要依托鄂尔多斯大数据中心基础服务和环境，利用 ICT 打造城市运营管理中心，并构建伊金霍洛数字平台，推动资源整合共享和开放，在不断完善上层应用建设之上，实现城乡精细化管理，提升城乡公共服务能力，加快推动形成以应用创新为主要引领、平台为主要支撑的伊金霍洛数字经济生态体系。

① 城市运营管理中心

城市运营管理中心将真实的城市进行数据化构造，实现城市信息化基础设施、城市治理、人流热力等方面海量信息接入与综合体征感知，尽可能地还原出城市管理需要的城市细节信息，建立统一的城市综合运营管理体系。实现管理者在"一张图"全程掌握城市人流热力实时状态、城市管理运行实时状态，助力政府精准化治理，为城市管理提供数据决策支撑。

② 智慧伊金霍洛数字数据平台

数字数据平台包含云基础平台、融合通信平台、地理信息平台、能力共享平台。基于智慧城市大数据并行分析及处理的先进架构，提供智慧应用所需的并行计算能力与分布式存储能力，以及先进的 ICT 能力，助力伊金霍洛旗构建智慧城市，实现"善政、兴业、惠民"的整体目标。

其中，能力共享平台可将智慧伊金霍洛建设中的地理信息平台、融合通信平台、数据库等共性基础能力，通过开放的接口供智慧城管、智慧应急应用快速调取。

③ 城市综合管理服务体系

• 一手办（指尖民生）

利用"互联网＋"思维，突出移动端的便利性，将伊金霍洛旗百姓常用的民生服务、便民服务由线下搬到线上，由分散在各个部门汇聚在一个入口，提供伊金霍洛旗资讯、婚育婴幼、医疗教育、交通出行、生活服务等公共服务。

• 智慧应急

通过智慧应急建设，横向联通联动各责任部门，构建统一高效、权威的指挥调度体系，提高突发事件应急处置效率；有效整合各种应急资源、队伍、视频监控等资源，实现统一指挥，协同行动，优化资源配置，能够极大地提高应对安全生产、自然灾害等突发事件的快速响应和处置能力，最大限度地减少人民的生命、财产损失，以及在减少灾害影响的同时，有效地降低行政成本。

• 智慧城管

智慧城管依托人工智能技术，建立"发现－处置－评价"一体化闭环。通过信息多元化采集，提升案件上报数量；通过案件类别识别、案件权属清单，实现一般案件的自动派遣，达到案件处置流程的极简化效果，减少案件派遣时间；通过全方位设置考核指标，达到在线的实时评分及评价报告的自动输出效果，并进行委办局、街道等实时排名，督促相关部门积极参与城市管理，避免城管发现问题却无人处理情况的发生。

• 智慧园林

一改以往的经验管理传统，部署智能化园林设备，例如土壤墒情监控设备、虫情测报设备、自动喷灌设备。依靠传感器监测等科学数据，进行园林数字化、智能化管理，提高管理效率，节省园林成本。

• 智慧社区

智慧社区除能为社区居民提供一站式物业、社区商业、民生等基本生活服务外，还能针对社区人员、房屋、事务、车辆等安防管理需求建立警民联动安防系统，有效提升社区安全预警的高效性和智能化，切实加速社区的智慧连接。智慧社区小程序与指尖民生小程序统一以微信小程序为入口，便于百姓一站式使用政务服务、便民服务及社区服务。

- 地下管网

通过一张图全景展示地下管网，实现地下管线数据的集中统一管理，提供管线动态更新、管线数据分析、辅助规划审批和进行施工影响分析等功能，为伊金霍洛旗的城市建设提供全时空辅助决策支持，如图7-29所示。

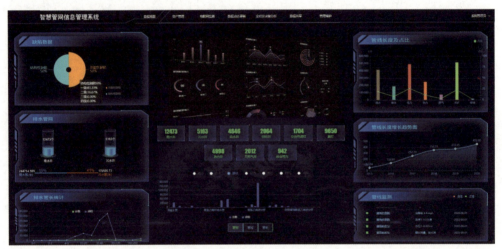

图7-29 智慧管网信息管理系统

3. 特色亮点

智慧伊金霍洛建设以物联网、大数据技术为支撑，以解决问题为核心，依托鄂尔多斯市空港大数据中心基础服务和环境，结合虚拟化等先进技术，建成满足伊旗智慧应用所需的统一数字平台，打通数据孤岛，统一对外赋能。通过资源整合共享和开放，支撑智慧城管、智慧管网、智慧应急、智慧园林、智慧社区及指尖民生服务等众多业务场景，使城乡精细化管理水平得到大幅提升，城乡公共服务更加便捷普惠，加快推动形成了以应用创新为主要引领和支撑的数字经济生态体系。

（1）"一手办"系统便民惠企，实现县域民生服务领先

利用"互联网+"思维，立足伊金霍洛旗百姓的实际需求，将民生便民服务统一集合而成的"一手办"系统，对接就业局、残疾人联合会、妇女联合会、工业和信息化局、卫生健康委员会等32个委办局，上线了婚育婴幼、医疗教育、交通出

行、生活服务等十大系统模块，可提供查询、申请、预约等80多项功能，提供"政务服务一次办"，兼顾生活服务、医卫康养等服务，真正实现了"数据多跑腿、百姓少跑路"的目标，并努力将该系统打造成全国领先的县域级一体化综合民生服务平台。

（2）城市治理突破创新，全方位提升治理能力

在智慧园林方面，智慧伊金霍洛整合城市园林管理资源，可实时采集园林信息，全面、及时、准确地掌握园林绿化基础数据，实现园林业务管理的智能感知、智能分析、预警、智能管理，为植被提供科学的生长环境，实现植被生态化、智能化培育。

在智慧管网方面，智慧伊金霍洛实现了城市地下空间、地下管网管理信息化和运行智能化，加强了各类市政设施管理数字化平台建设和功能整合，初步建成了综合性城市运行管理数据库，实现多源信息整合和共享。同时，借助二维、三维可视化和模拟技术，实现对城市区域地上地下管网的全景模拟浏览和管理及对其运行状态的实时监控。

在智慧应急方面，智慧伊金霍洛打造"应急指挥救援一张图"，汇聚1099个图层，实现了360°监测预警、可视化应急指挥，解决了当前各音视频相互独立、指挥协同效率低、无法精准指挥、无法实时快速了解现场态势的问题。不但能满足日常的视频会商，而且还提升了伊金霍洛旗应对自然灾害及安全生产事故处置效率，加快救灾保障，降低损失。

（3）城市运管全景高效，体征助力科学决策

依托城市运营管理中心，智慧伊金霍洛建立了全域覆盖、全网共享、全时可用、全程可控的统一城市综合运营管理体系，并打造出一套符合伊金霍洛旗自身发展特点的城市综合体征指标体系。通过城市全时段部件事件、人流物流、平安城市监控等全域信息的汇聚、融合与分析，利用"一张图"为城市管理者三维全景呈现城市运行的实时状态，及时高效地进行预警预测，并智能传递到相关部门以实现快速响应，助力提升协同联动治理能力，为城市管理决策提供有效的数据支撑。

4. 应用成效

智慧伊金霍洛项目是伊金霍洛旗贯彻坚持以人民为中心的发展理念、整合信息资源、提升公共服务的重点项目，推动了数字信息化技术在城市管理、生态监测、

平安创建、民生保障等领域深度应用,让各族群众充分享受"智慧赋能"的美好生活。

(1) 以人为本,为民服务

伊金霍洛旗城市运营管理中心充分发挥出"千里眼"的作用,在一块大屏幕上集成了智慧城管、智慧管网、智慧应急等应用系统的实时数据,全旗动态尽在眼底。同时,智慧伊金霍洛旗还推出重头戏"一手办",只要打开微信小程序搜索"一手办",百姓就可享受衣、食、住、行、游等80项服务。该"民生服务平台(一手办)",涵盖政府各部门和企事业单位提供的便民服务及其他社会化服务内容,运行半年以来,累计访问次数达135 397次,总访问人数达58 627人,彻底打通了政民连接通道,为政、企、民搭建了一座"连心桥",打造了伊金霍洛旗一张对外的靓丽名片。

(2) 打造快速"通行码",助力疫情防控管理

在疫情防控期间,作为煤炭主产地,伊金霍洛旗承担着重要的煤炭保供运输任务。外来人员通过微信小程序搜索"一手办",打开"通行码"栏目,即可提前填报个人基本资料、行程码、核酸报告等,通过卡口时只需出示"通行"页码便可快速通过,无须人工登记,大大缓解了卡口拥堵问题,顺利完成了煤炭保供任务。

(3) 搭建智慧城市大脑中枢,让城市治理更轻松

智慧伊金霍洛旗数字平台作为城市运转的"大脑中枢",在应对特殊情况的大数据分析方面具有独特的能力。比如元宵节前后,伊金霍洛旗"网红街"刷爆朋友圈,连续3天人气爆棚。基于城市大脑的人群热力分析及时上线,通过大数据实时监测人流量,在农历正月十五当天"网红街"的总人流量为24.6万人,其中19:00—22:00总人流量为123 618人,20:35人流量达到最高峰为40 810人。相关部门根据这些实时数据,有效地做出了人流疏解及警力安排的应对举措,让城市治理更加轻松高效。

(4) 城市管理"智商"高,提升市民参与度、幸福感

过去在伊金霍洛旗街道上乱倒垃圾、井盖丢失等情况时有发生,这对城市环境造成了破坏、对车辆和行人的出行安全构成了严重威胁。现在有了"智慧城管",类似的问题一旦被发现,平台第一时间"派单"给相关单位责任人,解决问题的全过程都呈现在智慧城管综合信息平台上,实现了发现问题、上报信息、归类分析、下达指令、督促解决、核实结果、结案归档7个操作的闭环流程。集中分派,联动处置,大大提高了城管部门的办事效率,同时通过跨部门、跨业务系统的数据融合、

数据共享、数据分析,对全旗 5 大类 11 万余件城市部件进行科学管理,强化了数据辅助决策,有效助力伊金霍洛旗形成共建、共治、共管、共享的社会治理格局。

与此同时,像智慧社区、智慧城管等平台功能也有机融入"一手办"。目前,天隆佳苑及乌兰佳苑小区在三维建模的基础上已实现智慧社区全方位管控,小区安防、高空抛物监察、社区管理中的故障报修等"痛点",都拥有了相应的"智慧处方"。

第8章 精细化治理

城市精细化治理是推动社会资源合理配置、促进人与自然和谐共存、构建安全幸福美好城市生活的重要基础和根本保障。中国联通坚持"以人民为中心"的发展理念,面向政府、公众、企业对城市治理的需求,以城市事件处置、基层管理服务、社会经济发展为重点,促进技术融合、业务融合、数据融合,助力构建跨层级、跨地域、跨系统、跨部门、跨业务的联合治理和协同服务体系。

8.1 城市治理类

治理现代化水平较低、跨部门跨层级协作体系不健全、政府决策智能化手段不足是制约城市治理效能的关键，也是智慧城市建设需要解决的重点问题。中国联通聚焦数字城管、网格化治理、一网统管等城市治理关键领域，推动市政基础设施可感可控，实现城市事件受理、分派、处置、评估全流程闭环管理，促进政务服务全时空、多渠道、协同化供给，助力提升城市治理体系和治理能力现代化水平。

案例14 上海青浦区城市运行管理平台
——"一图观天下，一网管全城"，助力城市治理智能化转型升级

1. 背景和需求

（1）项目背景

上海在智慧城市建设过程中持续推进城市精细化管理，将"城市大脑"作为智慧城市建设的关键环节。时任市委书记李强同志在市委督查室提交的《关于我市"城市大脑"建设推进情况的调研督查报告》上做出重要批示："社会治理'一张网'是城市精细化管理的基础性工作，建设好"城市大脑"意义重大，市工作组要进一步发挥牵头作用，各有关部门、各区要树立一盘棋思想，紧扣目标任务加快推进。"这为青浦区城市精细化管理建设指明了新方向。

青浦区委区政府高度重视"城市大脑"建设，要求就智慧青浦、智慧公安、智慧社区、三网融合、网格化中心平台，实现高度整合，发挥出最佳水平。为此，青浦区加快信息基础设施建设，努力深化智慧应用，全力打造青浦区"城市大脑"，实现城市状态的实时监测、城市异常的智能预警、关键问题的智慧决策、重大事件的协同处置，建立以信息为核心、以事件为驱动的新型城市智慧城市管理中心，提升城市治理体系现代化水平和治理能力。

（2）项目需求

① 城市运行管理的可视化需求

城市运行管理工作需要全方位地掌握城市运行、城市治理等方面的各项数据，并进行挖掘分析，从而实时了解城市运行综合态势。城市运行管理中心要对城市运行和治理的各项数据指标进行实时的、全面的形象直观呈现，需要基于三维 GIS 建设城市运行的可视化平台，满足城市全景三维可视的诉求，支撑高效精准治理，提升城市运行管理效能。

② 跨部门、跨层级的共享协同需求

基于实际调研情况，青浦区 18 个委办局的业务信息化现状发展水平不一，很多部门业务系统独立建设和运行，"数据孤岛"现象非常多。上下游业务流转或协同需求普遍存在，要求对各部门现有数据加以融合，建设数据共享交换协同机制，打破业务和数据协同难的被动局面。

③ 城市治理精细化、智能化需求

推进城市高效精细治理，是提升城市形象的重要举措。可对城市管理者来说，面临着"事多人少"，人为事件发现和处置效率低的普遍困境，需要充分利用新一代信息技术，尤其是 AI 和数据分析技术，实现事件发现和处置的智能化。通过智能视频监控设备，自动识别、发现、上报城市运行中的突发事件和城市重要部件的运行状况，代替人员现场巡逻，既能减少人工成本，又能有效消除城市治理的乱象，从而提升城市治理的精细化管控水平和效率。以城市治理中的街面秩序治理为例，车辆违停、环卫市容、道路通行、市场管理，都需要强化智能化综合整治，利用机器视觉自动识别，实现高效闭环处置，才能有效支撑市场监管、城管执法、市容绿化、环保水务、市场监督、住建应用等多部门协同治理，解决城市治理中的难点和顽症。

2. 主要做法

（1）总体思路

以"服务国家和区域战略"为引领，以构建泛在互联的信息基础设施为基础，以打造"智慧型、服务型、综合型的城市管理"为主线，以优化智慧城市发展环境为保障，充分利用物联网、大数据、人工智能等新一代信息技术，让数据和科技共同赋能城市运行管理，建设区城市运行综合管理中心平台，打造新型智慧城市运行

中枢"城市大脑",加强大数据创新应用、视频应用建设,构建城市运行"一图观天下,一网管全城"体系,全面和直观地感知城市运行管理状态,统一调度城市管理资源,实现城市日常运行管理及突发事件的全景式指挥,补齐短板,破解瓶颈,推动信息化与经济社会发展各领域的深度创新融合,增强城市管理能力,提升社会治理能力,提高政府管理水平,满足民生服务需求。

(2)总体架构

根据市级城市运行"一网统管"指导意见,坚持"应用为要、管用为王"的原则,遵循"六个一"的技术支撑体系,依照云、网、数等新型基础设施建设要求,汇聚全量数据、接入全量系统,充分利用现有资源,满足本区城市运行管理需求,构建青浦区城市运行管理平台,其总体技术框架如图8-1所示。

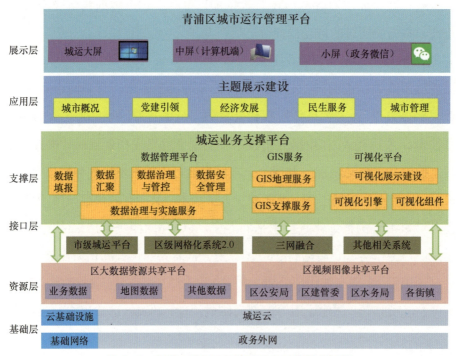

图8-1 青浦区城市运行管理平台总体技术框架

(3)实施机制

① 建成统一的城市运行综合监测体系,及时全面掌握城市整体运行态势。城市运行管理平台全面整合共享城市运行信息,实现信息资源跨区域、跨层级和跨部门的互通和智能化分析。区领导可以通过来自区多个部门、多个单位的各类信息,以最有效的方式实时掌握城区整体运行态势。同时,平台能够实现对城市运行中异

常情况的智能判断和预测，提前预防、主动应对，将事件对城市运行产生的影响降至最低。

② 建成统一的城市运行协同体系，实现城市事件的快速响应与协同联动。以城区日常运行管理、应急事件联动指挥为核心，实现跨部门、跨区域事件的统一受理、统一分拨、协同调度、联合指挥、过程监督和考核评价，从而构建"全面覆盖、反应灵敏、协调有序、联动高效"的城市运行协同指挥体系，全面提升城市协同治理过程中快速响应、分析研判、动态管控、联动处置和事后评估能力。

③ 建成统一的联动指挥体系，打造城市网络空间超级指挥系统。建设区级指挥中心，依托高清的音视频交互系统，实现跨部门、跨层级的统一指挥和高效联动，为城市管理者提供统一的融合指挥平台。依托各相关部门业务系统，建立全区的城市应急资源数据中心，实现横向、纵向相关应急平台的互联互通、信息共享。充分汇聚高价值的城市运行信息，建立分析研判模型，健全信息化应急决策网络，为城市管理者在突发事件发生时提供决策支持。

④ 建成统一的城市发展统筹规划体系，以基于数据的分析挖掘实现城市运行仿真和智能高效决策。城市运行管理平台将充分发挥城市运行中的海量数据价值，通过数据的智能分析得出与城市运行相关的各类指挥信息，为区领导和城市运行管理部门提供决策依据，成为服务城市发展规划的综合智库，以此全面提升城市运行管理的水平。

⑤ 建成统一的数据开放服务体系，支撑个性化、智慧化的市民服务，建设"开源城市"。建设城市数据开发服务平台，收集、汇聚城市大数据并面向社会开放，通过社会各界开发和共享应用，强化社会监督，推进透明政府建设，促成群体智能和多方协同的公共价值塑造，激发市场与社会活力，实现从生产范式到服务范式的转变，最终发挥数据在智慧城市中的战略性作用。

⑥ 建成统一的城市运行考核评价体系。针对城市运行中经济、安全、政务、交通、民生、环保等重点领域进行专题分析，建立多维考核评价模型，对各委办局进行全方位、科学化的监督考评，促进城市治理水平的提升，提高城市运行管理效率。

3. 特色亮点

青浦区城市运行管理平台围绕"1+2+X"的总体理念进行架构设计，其中，1

为一个平台，即青浦区城运业务支撑平台；2 为两大资源池，即青浦区大数据资源共享平台数据资源、区视频图像共享平台视频资源；X 为青浦区的 X 个区级系统。目前，该平台集城市信息展示、城市运行管理、决策分析、事件管理、联动指挥于一体，初步实现"一图观天下，一网管全城"，实现城市整体运行态势的实时掌握、城市运行的智能高效决策、城市事件的快速响应、城市事件的协同联动。青浦区城市运行管理平台如图 8-2 所示。

图 8-2　青浦区城市运行管理平台

（1）场景智能应用功能亮点

青浦区城市运行管理平台基于可视化的综合指挥体系和场景化的智能应用体系，推进市场监督、环卫市容、道路通行、车辆违停等事件场景的机器视觉自动识别等智能应用，实现以下三大转变。

一是由人力密集型转换为人机交互型。青浦区城市运行管理平台助力完善原有案件发现机制，利用大数据、AI 算法等高科技提升城市治理执法效率，将原有的人工巡查发现转变为机器视觉识别发现，提升执法效率，实现全天候城市智能化管理，如图 8-3 和图 8-4 所示。

图 8-3　识别机动车违停

图 8-4　识别非机动车乱停放

二是由经验判断型转换为数据分析型。传统的城市治理往往依靠人工管理经验，对城市案件高发时段和地点进行管控，存在误差而无法为管理人员提供辅助决策。视频智能应用通过大数据分析，将案件进行智能化管理，有效掌握城市实时体征，通过综合的数据分析对城市进行高效管理，如图 8-5 和图 8-6 所示。

图 8-5　识别违规撑伞

图 8-6　识别垃圾满溢

三是由被动发现型转换为主动发现型。大多数城市治理案件是通过居民投诉等方式被动处置，案件普遍对居民或社会环境造成了较大影响。而基于视频智能应用，可以在案件触发早期快速响应处置，以最小代价对案件处置管理，提升城市执法水平，如图8-7和图8-8所示。

图8-7　识别渣土车

图8-8　识别乱穿马路

（2）运行模式创新特色

青浦区城市运行管理平台采用新型智慧城市运行管理模式。在平时状态，城市运行监测管理平台能全方位展示"党建引领、产业经济、城市治理、民生服务"等多维宏观态势，根据感知的数据对各领域现状进行分析，为政府宏观调控提供依据；

在应急状态，应急指挥调度平台覆盖应急预案管理、应急物资与危险隐患管理、实时告警监测、应急联动指挥、应急值守、移动响应、应急评估等流程，可为科学决策、精准施策提供有力保障，有效应对各类应急风险挑战。运行模式创新特色主要体现在以下 4 个方面。

① 充分利用已有视频资源，提升资产使用价值。青浦区城市运行管理平台充分利用已有的视频监控设备及网络资源，进行统一的国家标准化转化，利用转化后的视频资源进行智能场景分析，可合理减少投资成本及提升原有视频资源的利用率。

② 依托机器视觉技术，提升城市治理问题的处置效能。青浦区城市运行管理平台依托机器视觉技术，将 24 小时在线的摄像头和实时视频 AI 分析算法进行组合，实现城市治理问题快速精准发现、告警及取证。如发现店外经营、无照经营游商、机动车乱停放等事件，平台均立即发出报警提醒，提升城市治理问题的处置效能。平台改善了原来城市治理中遇到的"城管下班，小贩上岗"之类的现象，提升了治理效果。

③ 基于深度学习技术，持续提升智能分析准确率。青浦区城市运行管理平台对正确报警和误报事件进行机器学习，掌握误报的规律，同时与日常案件处置流程打通，获取每日事件的处置结果，实现动态自学习，在业务运行中逐渐完善模型参数和阈值，实现系统的持续优化和升级，使报警越来越准确。

④ 基于开放的生态，推动多种模式赋能应用场景。通过构建算法市场，青浦区城市运行管理平台持续引入行业优秀算法及生态厂商。一方面，平台拓展了更多的应用场景，包括构建端到端闭环的场景应用，基于微服务和能力开放架构打造视频融合能力、AI 算法能力等，支撑更全面的城市治理智慧化应用。另一方面，通过市场化运作，形成良性的竞争环境，在应用实践中通过对算法识别率和准确率横向对比，实现算法质量的不断提升。

4. 应用成效

青浦区城市运行管理平台依托机器视觉技术，构建了城市治理智能系统，充分发挥视频资源优势，丰富了基于视频的城市治理应用场景。平台利用机器视觉技术自动发现城市事件，节约人工巡视成本，提升了城市治理事件发现效能；依托智能化技术进行案件核验、结单闭环,提升了城市管理效能。经过运行实践验证,青浦区城市运行管理平台产生了显著的经济效益和社会效益。

(1) 经济效益

从经济角度来讲,青浦区城市运行管理平台为街面治理、防汛防台风、城市交通管理等治理场景提供了便捷、高效的发现和管理方式,实现了快速高效的视频智能化发现。同时,平台将原有的人工巡查发现、人工核查逐步转为视频自动识别发现、视频核查,极大地提升了工作效率,缩减了人工成本。

首先,该平台集成对接视频监控数据、多委办多系统数据,使资源可视可控,支撑占道经营、堆料堆物、出店经营、垃圾外溢、违规撑伞、渣土车运输、乱穿马路、道路积水、非机动车乱停放等多领域的城市治理,全面提升了城市智能化水平,大幅缩减了相关部门的人力成本。

其次,通过引入分布式机器视频智能算法,深入开展智能城市综合治理应用,项目从街面环境应用场景入手,由事件的自动发现到周边力量资源统计,最终实现自动派单,全面把控事件周期,有效提高了事件发现和处置效率。同时,平台通过人工智能分析研判和舆情分析,化被动响应为主动服务,全面提升了居民满意度,为管理部门提供了有力支撑,将实际业务数据可视化,保障了业务的有效开展,降低了相应的管理和维护成本。

最后,平台全面实现了城市治理处置"更快、更全、更高效"的目标。"更快"体现在问题发现从"天"到"分钟",问题整改从"月"到"小时";"更全"体现在问题发现覆盖率达"90%",从"盯着改"到"自己整改";"更高效"体现在巡查人数减少近60%,巡查次数减少近90%。

(2) 社会效益

在城市运行管理平台的支撑下,青浦区城市治理任务和工作更加高效、便捷,推动了城市治理更加规范化。项目建设促进了信息技术在公共服务、社会管理领域的应用,发挥了信息技术对经济社会发展的引领支撑作用,创新社会管理方式,进一步促进平安社会的创建,服务经济发展。

青浦区城市运行管理平台快速高效地解决城市违规案件,显著提高了街面治理和城管服务工作效率,最大限度地保障了人民生命和财产安全,减小灾害损失,切实提升了居民的获得感、幸福感、安全感,为经济建设提供了良好的环境秩序,同时对维护城市社会和谐发展具有非常重要的现实意义和长远意义。

案例15 吉林长春城市一网统管
——"智看、智达、智用、智数",打造城市精细化治理"长春模式"

1. 背景和需求

(1) 项目背景

十九届四中全会强调,推进国家治理体系和治理能力现代化,是全党的一项重大战略任务;国家《"十四五"规划纲要》也明确提出推进新型城市建设,提升城市智慧化水平,推行"城市运行一网统管",可见国家对城市治理智能化、科学化、精细化水平的要求越来越高。2020年4月,吉林省委召开常委会议,讨论《关于进一步夯实社会治理基础提升城市社区治理能力的若干意见》,要求"要坚持改革创新,不断丰富自治内容,拓宽参与渠道,引导人民群众参与社会治理、实现自我管理。充分运用大数据、人工智能等科技手段,不断提高社区服务精准化、精细化、便捷化水平"。

2020年初,由长春市政务服务数据管理局组织开展的"长春市城市智能体建设项目"正式启动,建设内容覆盖城市运营管理中心、基础设施、中枢系统和包括善政、精治、惠民、兴业领域的多项智慧应用,旨在打造让城市看得见、能感知、听得到、会思考、可预测、更高效的数字大脑,通过N个行业应用场景的建设实现城市管理智能化、精细化,产业发展数字化,市民生活人性化。特别是在城市治理领域,长春市提出建设"一网统管"平台,形成市域治理核心事件中枢,构建区域内各类事件渠道的汇聚中心、事件处置的调度中心,利用大数据分析、AI识别、智能化调度等先进技术,使未来更多的事件从人工触发转为自动触发、从人工分派改为自动分派,最终实现一屏通览、一网统管。

(2) 项目需求

随着国家、吉林省和长春市对城市精细化管理的要求不断提高,以及百姓对城市服务需求的不断增多,长春市城市管理方面的一些不足逐渐凸显出来。主要体现在以下方面。

事件感知能力欠缺。长春市城市治理相关的事件感知还是以人工为主，物联感知网络、智能视频识别、传感器监测等数字技术应用不足。随着城市治理精细化要求不断提升，城市事件多样性、复杂性特征更加凸显，单纯依靠人力无法达到城市事件问题发现的全面性、实时性和准确性的要求。

各部门协同处置能力不足。长春市目前分散在各部门的信息化平台支撑能力有限，覆盖的业务也较少，难以满足全市城市治理大闭环的要求。在业务层面和数据层面，各部门系统彼此独立，形成了业务上的"烟囱"和数据上的"烟囱"，成为长春市"多位一体""多网融合"长期发展的障碍。因此迫切需要打造业务大闭环和数据大闭环，同时在提升协同处置能力的过程中，还需要梳理案件流转标准和电子化权责清单，遵循大闭环的事件处置要求，充分利用大数据技术手段，建立灵活的、智能化的案件处置流程。

2. 主要做法

（1）规划平台改革创新思路

结合国家政策和技术发展趋势，紧扣长春城市治理实际需求，本项目规划建设了"一网统管"平台，基于"重塑全面感知""重塑管理模式""重塑服务模式"3个重塑，以全面感知为核心建设城市治理体系，汇聚各类已有的感知渠道和业务数据、新增部分重要网格管理服务，实现一网统管的"3个提升"，树立城市治理体系吉林省"典范"。长春市"一网统管"平台架构如图8-9所示。

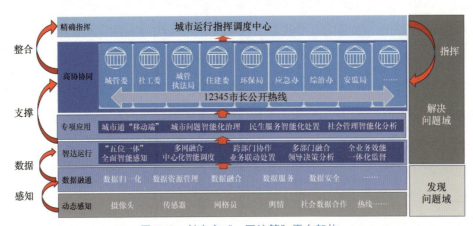

图8-9 长春市"一网统管"平台架构

（2）建设"城事智达"四大功能

长春市"城事智达"暨一网统管项目四大核心功能板块为"智看、智达、智用、智数"。技术上，利用城市视频资源、物联网单元、12345 热线、互联网舆情等多渠道感知事件，将城市事件的触发从人工变为自动，建立市级各部门间横向到边、市级与区县纵向到底的分布式、扁平化城市治理模式。在业务上，通过城市运营管理中心大屏集中管控，计算机端中屏完成业务流转，移动端小屏基于三长制（网格长、楼栋长、单元长）实现基层事件上报，大屏、中屏、小屏同步流转、相互协同，达到小事不出社区、大事不出街道、难事区县内解决、重要事件市里统筹的管理体系。

① 智看——城事智达一张图

打造"一张图"的管理模式，服务于城市日常运行监控和处置指挥调度两个场景，将汇聚的人、事、地、物、情等各类数据资源通过 GIS 进行有效整合，基于图层的检索和关键字检索展示所属资源信息，以提高城市治理的应变和创新能力，初步构建数字孪生城市管理的雏形。

② 智达——城事智达智能运行平台

五位一体的智能感知。充分发挥"一网统管"平台作为城市治理事件中枢的作用，利用平台各项后端大数据、人工智能技术，系统感知、获取、识别散落在各条诉求渠道的数据，实现了 12345 热线、视频智能感知、部件物联预警、人工上报、业务系统等数据的一体化整合。

中心化智能调度。对调度策略和权责清单实现整合管理，并利用大数据手段，对接收的各类事件按照关键信息进行补全、无效事件过滤、相同事件自动合并。

跨部门联动处置。对疑难案件、应急案件等需要多部门联动的事件，进行联动策略的定制与派发，并实现处置过程可视化展示，透明地展示各方的配合进度，并最终生成事件总结报告。当平台智能判断出某条案卷需要多部门共同参与处置时，平台将案卷同时下发给需要处理的相应部门，进行轮转办理或者同步办理，等部门全部反馈后，再由系统批转到核查环节。平台功能包括自动核查、处置跟踪、事件状态监控、超期预警等。

③ 智用——城事智达专项应用

为不断提升街道和社区应对重大突发事件的能力，在网格长、楼栋长、单元长联动机制的保障下，打造社区网格移动应用终端，为全市网格长、楼栋长和单元长建立事件上报、民情触达等功能，强化基层治理效能，提高社会治理效率。城事智达专项应用提供事件上报、民情走访、矛盾纠纷调解、人防信息、GIS 应用、统计分析、个人中心等功能。

④ 智数——数据资源服务平台

基于"一网统管"平台，围绕长春各条城市事件上报渠道实现数据交互，与长春市城市大脑对接并统一跨系统接口标准，保障外部数据源接入有规范、有标准，减少数据质量问题。

（3）实现一网数据融合

"一网统管"平台目前已完成与融合通信、GIS 平台、视频共享平台、可视化平台的对接，实现精准供热、九台数联网、12345 热线、舆情城感通系统、万人助万企系统、专班抓项目、灵动长春市民随手拍、物联网平台、长光卫星遥感共计 9 个事件来源渠道接入，并对接长春市城市管理行政执法局系统及政长通 2 个事件处置渠道。梳理事件权责大类 12 项、二级分类 127 项、三级细分事项 680 类。对接长春市 43 000 多路摄像头，结合市城管局和政数局要求，接入违章停车、店外经营、人流聚集、堆物堆料、垃圾桶溢满共计 5 种算法支撑事件上报，选定 30 路摄像头进行算法部署。

（4）建立权责考评制度

在权责清单编制、监控考核开展等方面，本项目积极借鉴先进地区经验，借助联通在其他先进地区相关权责清单、评价指标、管理体系经验进行编制，应用到长春市城市治理领域的各个单位，通过多种方式对事件进行感知发现，为政府获得更多的城市治理反馈信息。考评机制的主要建设内容包括考核公式、考核指标、考核模板、考核周期、单位绩效考核、网格绩效考核、网格员绩效考核等。

（5）推进机制体制保障

建立统一数据标准，制定两套标准对接模式便于后续新增渠道快速对接。建立指挥中心组织机构及工作人员岗位责任管理制度。建立协同处置机制，不包揽、不替代委办局原有业务机制及流程。将处置单位已有信息化平台与"一网统管"平台进行对接，在本系统内完成接单、审核、处置、反馈工作；处置单位没有信息化处置平台的，"一网统管"平台为其开通部门处置专属账号，支撑该单位的接单、审核、处置、反馈工作。

(6) 分步实施，阶段见效

"一网统管"平台是党建引领基层治理的事件汇聚和调度处置平台，数据是平台能否达到目标建设效果的核心，因此在建设过程中需充分考虑本市信息化系统现状，遵循统筹规划、分阶段建设的原则，科学配套组织机制协力完成。

阶段一：夯实基础。集中汇聚现有基层治理事件渠道，实时同步业务处置过程，一张图总览基层治理工作现状。聚焦需横向协同的基层治理事件、通过数据分析梳理出的热点区域高频事件，进行针对性的权责和事件处置流程梳理，实现高频事件自动派发。

阶段二：试点先行。委办局按需提出基层治理试点场景，加快权责梳理工作经验复制推广，提高事件自动派发比重。推动试点场景事件权责梳理经验向各单位分享，完成接入事件渠道的权责梳理、确权确责。

阶段三：考评监督。制定考评监督规则，依托平台对"一网统管"绩效数据进行全面、深入的统计分析，为考评提供依据。

3. 特色亮点

长春市"一网统管"平台是基于云计算、大数据、人工智能、物联网等新一代信息技术构建的人工智能业务应用系统，打造了"动态感知、数据融通、全域智能、高效协同、精准指挥"的长春市新一代城市精细化治理业务环境，解决了传统的人工手动处理、线下流程联动所带来的效率低、协同难、时效差等问题，让"小闭环"升级成为长春市新一代城市治理"大闭环"，形成城市精细化治理"长春模式"。平台通过运用大数据、人工智能等技术，及时全局感知长春市的运行动态，实现对长春市公共安全、社会治理、城市管理、城市秩序、突发事件、城市热线、市场监管等城市事件的全面感知、智能调度、联动处置，从而实时修正城市运行问题，促进城市治理的数字化转型升级。

长春市"一网统管"平台推动城市治理模式由粗放定性型向精细定量型转变、由单一封闭管理向多元开放互动管理转变，充分集成和运用现代信息技术，推动城市管理流程再造和管理创新，全面建成集"设施物物互联、感知立体精准、数据海量丰富、资源集约共享、决策智慧科学、信息安全可控"于一体的城市治理"一网统管"体系,致力于将长春的城市治理打造成省内乃至全国标杆,实现精细化、智能化、智慧化的城市管理。

(1)建成吉林省内首个城市级事件集中调度处置平台

长春市"城事智达"暨一网统管项目,是吉林省内首个城市级事件智能调度管理、分析评价平台,是长春市城市智能体的核心综合事件调度枢纽,如图8-10所示。

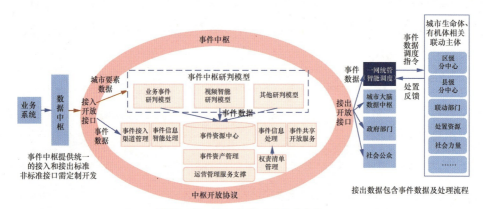

图8-10 城市大脑"事件中枢"

(2)首创"三长制"基层事件提报处置场景应用

平台基于"一网统管"核心事件中枢能力,赋能基层"三长"(网格长、楼栋长、单元长)移动端,通过关联权责清单将位置等信息直接派送到小程序,在独居老人管理等场景得到充分利用。"三长"移动端既是"一网统管"的基础诉求来源,也可与社区平台对接,打通社区网格管理的"最后一公里"。

(3)打造辐射全行业的一套机制与一个平台

长春市"一网统管"平台面向城市治理各领域自成体系的监管现状,解决了各部门信息化发展不均衡、人力短缺、业务协同不够等痛点,成为当下长春市城市治理方面梳理群众需求、研判城市事件热度、提供民生服务、精准解决问题的有效、高效、经济、可行的技术手段。

(4)构建城市治理大闭环

长春市"一网统管"平台以大数据为依托构建智能化的调度体系,以各部门的权责清单为基础,利用平台提升全市"一网统管"的联动协同水平,以委办局单位及社区网格化的设施为运行载体,承载各项"一网统管"业务,构建"流程一体化、业务全域化、调度智能化、数据融合化"的新型城市治理大闭环基础设施。

4. 应用成效

本项目以"流程一体化、业务全域化、调度智能化、数据融合化"为导向,助推城市治理流程升级,改变原来线性"串行"的案件处置机制,形成扁平化的"并行"案件处置机制,建成数据驱动的智能化城市事件发现、上报、处置、督办、考核闭环,在一定程度上缩短了城市事件的处置流程,同时提升了整体城市事件的处置效率,提高了城市运行的效率。

(1) 流程一体化

长春市"一网统管"平台基于一体化的流程编排实现了各类事件的智能、人工流转,在城市管理、社会治理、基层治理、应急指挥等领域,构建了统一的事件流转流程。

(2) 业务全域化

长春市"一网统管"平台覆盖城市管理、社会治理、基层治理、应急指挥等领域,针对各领域的服务事项、部件标准、事件标准、权责清单、人员清单、组织清单等进行统一管理,形成以权责清单为依据引导联动、以网格化平台为基础扩展应用、以大脑全面感知和自动派发城市事件为技术支撑,构建了覆盖"多位一体"全域的智能化城市治理模式,如图 8-11 所示。

图 8-11 长春城市智达"一网统管"监控中心界面

（3）调度智能化

平台以多网融合的思路，充分运用现在的网格标准和基础设施，融合城市大脑全面感知、智能调度的能力，构建扁平化的分布式城市事件处置机制，以"人工+智能"相结合的方式大大提升了城市治理效率。

（4）数据融合化

本项目成功打通了城市运行管理业务部门之间的边界，实现了跨层级、跨地域、跨系统、跨部门、跨业务的数据融合，并基于统一的数据开展融通聚用，让城市运行治理更加高效，为长春市民生活工作、企业经营发展提供了有力支撑。同时，在大数据、人工智能等技术的加持下，以数据驱动为核心的"一网统管"有效地提高了城市运行过程中的事件预测预警能力，显著提升了城市突发事件的处置效率，既防患于未然，又降低了突发事件造成的经济损失。

上海北蔡镇一网统管平台
—— "一屏、一网、一端"，助推北蔡镇城市治理驶上"智慧跑道"

1. 背景和需求

（1）项目背景

上海市政府提出城市数字化转型整体要求，从经济、治理、生活3个方面提升数字化转型水平，以散布在城市各个角落的智能传感设备为"神经元"，以全覆盖的城市光网、无线网络、政府专网等各式网络为"神经纤维"，以专有云、边缘云共同构建的城市网格为"脊髓"，结合面向城市居民、政府管理部门、行业企业各种应用的云端智能决策，赋能城市智慧运行。

为落实上海市政府要求，北蔡镇以"政务服务一网通办""城市运行一网统管"两张网建设为契机，充分运用现代科技手段和先进的管理制度，不断提高城市管理的智能化、精细化水平，打造北蔡镇"一网统管"管理平台。

（2）项目需求

基于调研分析，并和客户充分论证，本项目的主要需求有以下3点。

① 街镇数据资源汇聚共享。需要通过街镇级公共数据资源共享交换平台，按照数据采集标准，基于多维、海量，汇聚业务、物联、视频、地图数据，实现公共数据的统一汇聚、集中管理、规范治理、按需共享，实现与市、区公共数据资源交换平台的数据交互，同时确保数据的及时、准确、真实和完整。

② 信息系统集成共融。需要以大平台、大系统建设为导向，以政务微信为入口，以城市运行管理平台为基础，形成开发规范。完善技术接口，统筹做好相关部门管理信息系统的集成整合。亟须推进北蔡镇平台的部署应用，开发个性化应用场景，实现条块结合、协同推进，切实解决北蔡镇城市治理的难点和痛点。

③ 问题处置联勤共管。需要基于城市管理要求，推进不同领域的执法力量联动协调，解决疑难复杂问题；推动街镇综合管理力量进网格，强化网格作为社会治理最小管理单元的应用支撑；推动高效处置一件事，提升管理问题的联勤发现和管理顽症的联动处置能力。

2. 主要做法

（1）总体思路

聚焦"街镇级"城市运行一网统管平台建设，实现"观管防"同步，着重打造业务、数据和 AI 三大功能。依托街镇级智能化城市运行一网统管中台，连通各大业务系统，畅通各级指挥体系，为跨部门、跨区域、跨层级的联勤联动、高效处置提供快速响应，实现北蔡镇城市生命体征的全量、实时掌握，并基于多维、海量、全息数据汇集，实现智能预警研判。

同时，构建城市运行"一网统管"综合展示屏（即"一屏"），实时显示城市运行宏观态势，辅助领导决策；完善城市运行管理的治理网（即"一网"），实现城市运行"一网统管"的全域覆盖、智能派单、分层分级、依责承接、高效处置；利用城运中台移动端应用（即"一端"），以街镇网格化系统为依托，全面整合各街镇现有站所管理力量，赋能北蔡镇打造一支由公安、城管、网格管理、综合治理、市场监管等力量组成的城市运行管理和应急处置队伍，提升北蔡镇城市治理效率。

（2）总体架构

北蔡镇"一网统管"平台总体架构分为神经元层、城市脉络层、中台层、应用层和展示层，如图 8-12 所示。通过底层神经元如视频、物联设备实时感知城市体征;借助联通云网优势,进行数据传输、存储与计算;建设数据中台、物联中台与视频中台,实施共性能力的管理与服务;打造街镇级城市应用场景,如广场噪声监测场景、农村垃圾收集场景、河道水质监测场景、非机动车充电场景等,服务城市治理;依托一网统管可视化大屏、计算机后台管理及前端工作人员的政务微信等多元渠道,展示城市运行信息,支撑决策、指挥与处理。

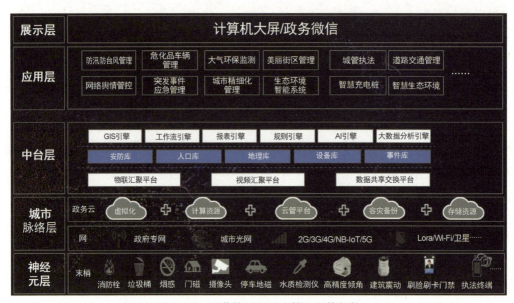

图8-12 北蔡镇"一网统管"总体架构

（3）实施机制

梳理与整合一网统管城市神经元,实现北蔡镇城市基础设施的状态监测。通过物联中台和视频中台的建设,实现对北蔡镇物联传感设备、视频监控设备的统一接入管理,以及各委办系统的接入,对物联感知数据、视频感知数据进行智能检测分析,监测到异常后生成工单并进入处理流程,通过微信端派发工单给处置责任方,实现城市体征的及时有效闭环管理。

聚焦云网支撑体系建设,夯实"云""数""网""端"基础设施。逐步整合各部门业务专网,实现网络层面的互联互通,指导区、街镇政务外网建设,加强神经元和感知端的统筹建设、科学部署、联网上云和高效应用,推动泛在感知增智。在基层管理的移动端业务入口,完成政务微信的集中部署、功能提升、系统对接等工作,实现集约化、灵活化的联勤联动和智能应用,加快城市空间、城市部件、城市运行动态的数字化,推进治理要素数据"一张图"的形成,北蔡镇城市运行智能化管理平台如图 8-13 所示。

图 8-13　北蔡镇城市运行智能化管理平台

聚焦街镇生命体征，培育智慧应用生态的"黑土地"。围绕城市生命体、有机体特点，发现和培育基层可复制、可推广、可联动的智能化创新应用，如防汛防台风、大气环保、美丽街区、危化品车辆管理等，形成全方位、广覆盖、立体化的智慧治理"风景"。

聚焦精准治理体系建设，推动基层流程再造和管理创新。通过技术倒逼方式，推动业务流程优化和管理创新。以街镇网格化系统为依托，全面整合各街镇现有站所管理力量，打造一支由公安、城管、网格管理、综合治理、市场监管等力量一起参与的"7×24"小时响应的城市运行管理和应急处置队伍。完善网格划分标准，实现城运网格、警务网格、综治网格的"多格合一"。

3. 特色亮点

（1）基于物联网、视频的"城市体征"模式创新

北蔡镇通过打造智能化"一张网"监管平台实现了城市基础设施的状态监测，主要包括城域物联感知、视频监控感知。视频汇聚系统基于上海联通视频基座能力，汇聚北蔡镇 6000 路视频，满足了市、区、镇、居委会及各部门的稳定调度使用需求。北蔡镇通过建设城域物联系统，实现了北蔡镇全域的物联感知设备接入，包含居家养老设备、消防栓、井盖、路灯等 2000 多个物联感知设备，实现了物联设备的在

线监测、数据分析和报表统计。北蔡镇通过视频中台和城域物联的建设，满足了北蔡镇数字化治理需求，管理人员可以实时在线监控辖区内情况，实时感知城市体征。

（2）用 AI 替代人工，智能识别违规场景

自北蔡镇实行垃圾分类管理后，不按规定时段投放、乱投放等现象时有发生，采用传统的人工站岗监督，需要耗费大量人力。在本项目中，上海联通采用自研算法，通过视频监控对垃圾分类投放行为进行实时监控和智能分析，自动识别、记录违规投放行为，推送告警给相关人员处理，从而实现精准化的引导和教育，如图 8-14 所示。基于微信端的工单处理流程，实现告警信息自动推送，工单处置全过程线上闭环管理，从而实现了垃圾分类线下到线上的全过程管理。依托 AI 视频识别方式，人力成本降低 80%，案件处置时间缩短至 30 分钟。

图 8-14　垃圾分类管理平台

（3）打造北蔡镇商铺一码通用特色场景，高效处置一件事

北蔡镇一网统管平台针对商铺管理难的痛点，逐项梳理网格管理权责清单，通过技术手段实现数据共享共用，并推出"智能码"一码通用智能化应用平台（如图 8-15 所示）和工单处置微信。管理单位、生产单位、社会监督者（志愿者）等不同人群，可以通过扫描商铺的一户一码，按各自的不同身份权限，分别做"执法处置""事件上报""商户信息查看"等操作。街道管理者既可以通过统一入口简化操作，又能将现场一线人员以及商铺和志愿者等社会力量组织动员起来，助力强化一

线力量联勤联动的处置机制,形成统一高效的工作闭环,同时准确掌握商铺经营状态。社区居民可以通过扫码查询到商户的公开信息,包括经营范围、合规证件等信息,以此营造安全放心的消费环境和氛围,提升居民生活的满意度。

图 8-15　北蔡镇"智能码"一码通用智能化应用平台

4. 应用成效

(1) 实现"一网管全城",有效提升政府管理效能

北蔡镇"一网统管"平台为城市治理、政府管理提供了便捷、高效的发现和管理方式。项目满足繁重的城市管理任务处理需求和高效、便捷的工作要求,推动城市管理的规范化、提升城市管理人员的工作效率,实现了城市违规案件的智能化发现。平台充分整合视频资源,促进信息技术在公共服务、社会管理领域的应用,发挥信息技术对经济社会发展的引领支撑作用,服务经济发展,并创新社会管理,进一步推动平安城市建设。同时将原有的人工巡查发现、人工核查转为视频自动识别发现、视频核查,极大地提升了工作效率,降低了人工成本。

(2) 高效响应民情,提升人民群众幸福感

建成后的"一网统管"平台项目切实提升了居民的幸福感,能够快速、高效地解决城市违规案件,对保障人民生命安全、维护城市社会和谐发展具有非常重要的现实意义和长远意义。"一网统管"平台通过引入分布式机器学习和人工智能算法,深入开展智能城市综合治理应用,通过智能分析研判和舆情分析,化被动响应为主动服务,全面提升居民满意度,同时为管理部门决策指挥提供有力支撑,将实际业务数据可视化,保障业务的高效开展,降低相应的管理和维护成本。

(3) 一码通用特色应用助力城市治理能力提升

以北蔡镇商铺一码通用特色场景为例,该应用已覆盖全镇 45 个居委联勤联动站,30 条商业路段,接入商铺 1963 家,使用人员涵盖网格监督员、市场监督员、路长等管理人员,环卫保洁员、城管街面巡查员、网格巡查员等一线人员,商户业主、社区志愿者等社会力量共 18 类角色。北蔡镇一码通用智能化应用平台经过实战化运行,累计完成 800 余件事的处置和管理,处置周期缩短 80%,完成街道所有 20 个乱点的整治"趋零",街面治理投诉量下降 42%,商铺垃圾分类投递准确率提升了 50% 以上。

(4) 智能研判助力城市应急处置能力提升

"一网统管"平台通过对城市数据的收集分析,将城市管理事件处理的关口有效前移,借助基于人工智能的事件态势感知,应用社会学、组织行为学、传播学等相关理论,快速分辨事件发展演进情况,及时进行趋势研判、多主体仿真和处置预案推演,实现了"有急能应",逐步形成对城市管理事件的智能处置机制。

案例17 重庆渝北城市综合管理服务平台
——搭起"12345"城市管理新架构,绘就智能宜居渝北新图景

1. 背景和需求

(1) 项目背景

城市治理体系和城市治理能力现代化,是国家治理体系和国家治理能力现代化的基石。健全城市治理体系、提高城市治理能力,既是城市有序运行、健康发展的基本条件,也是人民安居乐业、社会安定有序、国家长治久安的重要保障。随着我国现代化的深入推进、城市规模的扩大和城市数量的增加,加强城市治理体系和治理能力建设已经成为一项紧迫而重要的任务。

重庆市渝北区按照《重庆市人民政府办公厅关于推进智慧城管建设的指导意见》的要求,结合《重庆市人民政府办公厅关于印发重庆市深入推进智慧城市建设总体方案(2015—2020年)的通知》,深入领会"大城智管、大城细管、大城众管"的精神,

结合工作实际，决定充分运用现代信息技术，助力行业管理改革创新，建立城市管理用数据说话、数据决策、数据管理和数据创新的工作机制，提升城市管理精细化、规范化、科学化水平，实现城市管理要素、过程、决策等全方位的数字化、智慧化。

（2）项目需求

渝北区城管信息化系统经过多年建设，取得了一定成果，区直单位系统覆盖程度总体较好，有丰富的政务数据资源，但与国家新要求和领先地区的做法相比仍有明显不足，需要进一步提升。

① 基础设施集约化程度低

5G网络、智能感知设备、边缘云等信息基础设施覆盖深度不够，应用整合部署程度不高，统筹推进与机制创新亟须加强，需要进一步提升"大城管"支撑能力，满足日益增长的城市管理需求。

② 数据整合共享力度不足

在城市管理范畴不断扩大的背景下，城管涉及相关信息化建设分散，缺乏统筹和统一规范。城市管理业务应用系统存在"纵强横弱""信息孤岛"林立等共性问题，导致部门横向信息互联互通较弱，数据难以汇聚共享，业务难以协同联动，无法适应当下城管大数据发展要求。

③ 数据资源利用成效有待提升

城管相关的人口、法人、空间地理、信用、电子证照等基础数据资源仍存在分散于各业务部门的问题，未能实现政府数据在城市管理领域的"聚、通、用"；数据资源开放利用成效欠佳，未发挥面向城市管理的数据治理、数据决策的作用；缺少统一的城管数据融合机制和平台，全方位数据挖掘和分析应用能力不足。

④ 城管业务协同水平不高

城管协同办公、跨层级互动交流存在壁垒，缺少统一、畅通的跨部门线上办公协作平台，导致部门之间、层级之间业务系统尚未充分互联互通，业务审批与办公自动化系统也未能协同联动，制约了城管业务协同效率提升。

2. 主要做法

（1）围绕指挥协调，构建城市治理大闭环

以指挥协调为核心，让数字城管的"小闭环"升级成为新一代城市治理"大闭环"，实现城市管理领域的政企联动，打通各行业应用的传输纽带。同时，建设街镇的"二级平台"，提升街镇政府机构对城市治理的参与度，完善相应的处置模式，形成发现－派遣－处置－反馈等环节的平滑处理，提升城市治理的精细化程度。以安全监管为重点，聚焦城市管理和运行的重点领域和关键环节，重点围绕城市道路桥梁、公共停车场及渣土消纳场、城市照明及化粪池危险源、城市公共空间等风险防控重点，加强城市安全风险辨识和评估。对城市安全风险实现源头管控、过程监测、预报预警、应急处置和综合治理，提高城市安全韧性，保障城市运行安全有序。

以融合指挥调度为辅助，通过GIS、语音、视频、数据为一体的调度系统，展现城管领域的精准调度、高效指挥，做到看得清、听得真、指挥准、行动快的智慧调度体系。为领导提供平时城市运行情况感知监测、应急时高效精准的调度指挥辅助决策。

以移动应用转变为契机，有效整合城市综合管理服务平台各个业务应用功能，形成统一入口，构建移动端扁平化、结构化并适应移动办公操作需要的一体化应用体系，推进日常办公由纸质化向电子化转变。

（2）聚焦数据治理，打造"12345"架构

① 1个平台

建设全区统一的城市管理大数据平台。融合汇聚各种事件源数据，建成基础数据源的采集、整合、共享的数据交换共享平台，为全区社会治理的分析研判打好基础，如图8-16所示。

② 2个体系

建设技术规范体系和安全保障体系。在统一规划网络架构、应用体系、大数据平台的基础上，逐步形成城市综合管理平台的技术规范体系与安全保障体系，为整个新区的城市治理及领导决策提供有力的支撑。

③ 3个转变

实现从单向管理向双向互动、从线下向线上线下融合、从单纯政府监管向社会协同治理的3个转变。平台整合全区现有的系统应用，打通所有业务流转闭塞通道，增加各级部门互动交流，扩充线上线下融合渠道，丰富公众参与城市综合治理的途径，逐步形成良好的社会治理氛围。

图 8-16 渝北区城市管理大数据中心

④ 4 个智能化

平台统一规划整合现有的业务系统，形成多类事件统一座席处理、多部门统一协调的办公机制。梳理各项业务工作的办事流程、业务关联、信息关联，通过循环交换、流程再造、智能推送，简化程序，减少环节，实现事件处理智能化、绩效考核智能化、决策分析智能化、事件预警智能化，全面提升服务效能。

⑤ 5 个统一

全面实现"5 个统一"，包括数据的统一，即统一标准、统一入口；事件的统一，即统一受理、统一转办、统一处置；人员的统一，即统一调配、统一考核；地图的统一，即统一展示、统一调度、统一指挥；应用的统一，即统一分析、统一研判、统一决策。

3. 特色亮点

（1）管理模式创新，设计思路升级

渝北区城市综合管理服务平台以"数据驱动、精细治理、创新引领、精准服务、超前预防"为总体设计思路，采用大数据、网格化、人工智能、移动通信等技术，提升城市管理水平，通过平台整体化、处理规范化、流程自动化、数据可视化，解决当前存在的问题，打造精准治理、多方协作的城市管理新模式。

（2）数据中台赋能，数据全生命周期管理

项目建成了以"数据中台"为核心的数据枢纽与赋能中心。数据中台旨在构建全域数据的能力共享中心，提供数据采集、存储、融合、治理、服务等全链路一站式服务，构建面向业务应用的数据智能服务平台，通过对采集数据的统一治理，实现对数据的资产盘点及全生命周期管理，包括数据资产管理、形成对内对外的数据目录、数据质量控制、数据安全、数据链路及数据服务等。

（3）数据价值释放，提高行政管理效能

面向领导决策层，渝北区城市综合管理服务平台提供领导桌面与大数据分析功能。平台应用大数据技术，对数据资源中心的数据进行综合统计、分析与挖掘，以图形、图表、地图展现等基本表现方式，结合数学模型、智能工具、GIS引擎等分析手段，对业务数据进行分析和计算，及时产生分析结果，提高行政管理的工作效率和决策水平。

（4）大数据创新，助力城市事件高效感知

针对城市治理领域数据的统一存储和计算，平台升级了感知、预测、指挥、督办等环节需要的模型和算法，提供了结构化数据和非结构化数据的处理能力，支撑"一张图"所需要的在线实时分析。针对城市治理领域的相关系统开放资源，平台支撑实现大数据应用创新，助力渝北区城市管理实现"全面感知、统一大脑、分布式管理、模块运行、精准服务、高效协同"。

4. 应用成效

（1）提升城市服务，改善民生水平

本项目的建设是贯彻党中央、国务院关于提高城市管理科学化、精细化、智能化水平的重要指示精神，落实全国住房和城乡建设工作会议关于"构建适应高质量发展要求的城市综合管理服务工作体系，增强城市管理统筹协调能力，提高城市精细化管理服务水平"要求的一项重要举措。渝北区城市综合管理服务平台建设是改善人居环境、提高生活质量的惠民工程，是创造发展优势、增强重庆竞争实力的环境工程，是完善城镇功能、塑造重庆品牌形象的管理工程，也是坚持执政为民、检验干部队伍的作风工程。平台的建设为推动渝北区城市综合管理服务水平提升，提供了安全、稳定、可靠的信息化支撑。

（2）挖掘数据价值，提高管理信息化水平

城市综合管理服务平台建成并投入使用后，一是从管理机制和管理手段上，有效提高了城市综合管理服务能力；二是对城市管理信息化系统的建设提供统一标准、统一规范，减少重复建设，提升了使用效率；三是有效汇聚城市管理信息化系统运行过程中产生的各类数据，并进行分析挖掘，形成科学、客观、动态的分析成果，为指导监督、政策制定、工作开展提供数据支撑，充分发挥数据应用价值。

（3）完善信息基础设施，形成可复制推广模板

本项目围绕以"智"提"质"、以"智"图"治"、以"智"谋"祉"，搭建城市综合管理服务平台，打造信息汇聚中心、综合指挥中心、分析预警中心、展示应用中心、协同服务中心五大中心，实现信息整合、智能流转、业务统筹、指挥调度、分析研判、交流互动、展示应用七大功能。依托平台推动信息基础设施的不断升级，助力打破政务数据壁垒，推进数据资源汇聚及各行各业系统的逐步完善；提升城市精细化管理水平，深化各领域智慧应用，形成可复制、可推广的城市综合管理服务应用样板，推动"一区两群"协调发展。

案例18 河北衡水市"I 衡水"
——打造衡水人自己的 App，开创衡水人满意的幸福生活

1. 背景和需求

（1）项目背景

为贯彻落实党中央、省政府、市政府关于加快发展数字经济、建设新型智慧城市的部署要求，衡水市加大智慧城市建设力度，实施了一批智慧应用项目。河北省于 2020 年 9 月将衡水市确定为河北省新型智慧城市建设第一批市级试点城市。

按照市政府对智慧城市建设的总体要求，衡水市促进智慧城市健康发展领导小组印发了《2020 年衡水市智慧城市建设工作实施方案》，明确了"1+1+1+10"的智慧城市项目建设推进方案，将"I 衡水"App 软件开发及运营服务项目作为 2020 年智慧城市建设的重点任务，打造"一网管全城、一屏观天下"的治理格局，着力铸造"人民城市"数字基因、实现"人民城市"共建、共治、共享，提升人民群众的

幸福感，以智慧城市建设全面赋能数字经济发展。

（2）项目需求

通过建设"I 衡水"App 推进落实国家对整合政务 App 的相关部署，对政务类 App 进行整合，避免重复建设，从而打造权威的官方城市级 App 入口，让政府声音第一时间通达全市，帮助市民解决难题，实时了解群众意见。

① 落实政务服务线上化、移动化需求

按照政务服务"一网通办"的要求，统筹推进放管服改革、优化提升营商环境和"互联网＋政务服务"三位一体建设，构建线上线下一体化的政务服务体系，推进政务服务资源联通共享，打造"宽进、快办、严管、便民、公开"的服务模式，推动政务服务从政府供给导向转变为群众需求导向，更快、更好、更方便地为企业和群众办事创业提供服务。移动端作为线上政务服务的重要部分，需为企业和群众提供指尖上的政务服务，"I 衡水"App 的建设应将各类网办事项逐步纳入，需要与衡水市相关系统平台进行对接，方便群众通过"I 衡水"App 进行网上办事。

② 提供统一的公共服务的需求

为更好地服务于政府进行便捷的城市管理，服务于企业用户进行便捷的办事办证，以及为市民提供便捷的公共服务，实现三者的共建共享，需要建设"I 衡水"App，通过多身份、多组织、多场景、多应用的方式，实现移动化业务管理，极大地提升组织的运行效率。通过运用信息和通信技术手段感测、分析、整合城市运行核心系统的各项关键信息，对包括便民服务、环境保护、公共安全、城市服务、政务服务在内的各种需求做出智能响应。本项目建设需要囊括的高频事项包括政务部门风采展示、政务信息公开、政民互动、健康生活、交通出行、文体教育、智慧城管、智慧环保、住房保障、市民热线、市政要闻、市民服务、生活缴费、文化教育、图书馆、智慧医疗、便民商城等。

③ 满足政民互动与政企互动的需求

多元共治是我国社会治理实践的新要求，衡水市需要以"I 衡水"App 为载体，搭建为市民服务的桥梁。建设覆盖整个城市的公共服务平台，能让广大市民参与城市管理，为文明城市、卫生城市创建工作再添新推力。通过整合线下实体店铺、本地服务机构资源，推动线上交易，带动线下经济，降低企业成本，沉淀消费大数据，促进市场恢复活力。

2. 主要做法

（1）强化建设保障

① 成立组织机构。 成立以市领导为组长、各相关部门负责人、联通公司负责人为成员的"I 衡水"App 建设推进小组，加强各部门协同联动，建立信息沟通工作机制，确保各项任务落实。

② 明确责任分工。 各相关部门切实履行主体责任，按照职责分工，完善工作机制，研究制定具体落实方案和政策措施，做到有明确分工、有时间进度、有保障措施，确保取得实效。按要求接入信息交换接口，实现系统平台数据的共享和交换。

③ 落实财政资金。 认真分析论证平台前期建设、中期完善、后期运维的费用需求，制定财政资金申请方案，按照平台建设进度，分阶段拨付费用，为平台正常有序运转提供资金保障。

（2）建设三大核心模块

① 城市管理模块

城市管理包括政务服务、住房保障、交通出行、智慧城管、智慧环保、时政要闻等核心功能。

政务服务： 市民、企业通过"I 衡水"App 进入"移动政务服务大厅"，可完成在线查询、在线办证等操作。使群众和企业办事"一趟不用跑"和"最多跑一趟"，简化烦琐流程，提高办事效率。

住房保障： 市民通过"I 衡水"App 可在线查询住房公积金、社保信息、医保信息，做到足不出户便可查询信息。

交通出行： 市民通过"I 衡水"App 可实时查询公交、高速路况、车辆限行等信息，同时可通过"I 衡水"App 智能识别拥堵路段，选择最优行车方案，方便出行。

智慧城管： 市民通过"I 衡水"App 中的"随手拍"可上传城市管理中存在的问题，实现城市管理"精治共治"。

智慧环保： 市民通过"I 衡水"App 中的"随手拍"可上传城市环保中存在的问题，能够实时地反映环保问题，同时可以通过手机查询空气质量日报及预报，提前做好防护及制订出行计划。

时政要闻： 市民通过"I 衡水"App 可及时快捷了解时政要闻信息，接收实时新闻资讯。

② 便民服务模块

便民服务包括生活缴费、文化教育、图书馆、智慧医疗、智慧社区、价格通、游衡水七大核心功能。

生活缴费：市民通过"I衡水"App可完成水、电、暖、气费用缴纳，做到足不出户完成生活缴费。

文化教育：市民通过"I衡水"App中的"网上课堂"，可实现优质教育资源共享。

图书馆：市民通过"I衡水"App绑定图书馆借阅证，可以轻松借还书并查询图书资讯。

智慧医疗：市民通过"I衡水"App可实现线上预约挂号，在线问诊。

智慧社区：居民可在"I衡水"App上体验小区智慧门禁，更好地与社区、邻里互动。

价格通：市民通过"I衡水"App可随时查询商品价格信息，及时了解市场行情和走势，生活、消费更方便。

游衡水：市民通过"I衡水"App线上畅游湖城，可享受在线查看衡水市重点景区实时直播画面、预订景区门票和酒店住宿、收听景区介绍、旅游导航、购买衡水特产等服务，从而实现一部手机游衡水。

③ 便民商城模块

便民商城包括本地服务、招聘、房产、好店、商城、活动等核心板块。

本地服务：市民可在"I衡水"App内快速搜索所需要的本地服务，如家政装修、商务服务、教育培训、婚庆摄影等。

招聘：市民可通过"I衡水"App中招聘板块查看全职招聘、兼职招聘、本地人才库、职场资讯。

房产：市民可通过"I衡水"App中房产板块了解二手房、出租房、商铺、新盘、中介、小区、求租求购、楼市资讯、装修案例等信息。

好店：市民可以通过"I衡水"App在精选的本土百家优质口碑好店中消费。

商城：市民可以通过"I衡水"App选择本土吃喝玩乐购的生活服务电商平台，从而方便消费。

活动：市民通过"I衡水"App中的同城活动板块，可以完成线上报名、缴费、信息查询等操作。

3. 特色亮点

（1）助力疫情防控

新冠肺炎疫情期间，为方便各行政机关、事业单位、企业、公共场所做好疫情防控登记，"I 衡水"App 推出了"疫情登记"功能，实现了到访人员电子登记，系统自动留痕，避免了传统手写方式登记个人信息存在的登记速度慢、信息不真实、易交叉感染、隐私泄露等问题，重点实现疫情登记、返衡登记、两码查询、发布防疫政策等功能。

① 疫情登记：各单位、场所到访人员可通过"I 衡水"App 扫码进行电子登记，代替了原有的手写纸质记录，实现了到访人员的智慧化管理。自 2021 年 12 月 23 日功能上线以来，全市共有 18 843 个企事业单位、公共场所申请场所码，登记到访人员 211 443 次。

② 返衡登记：推出"返衡登记"功能，对疫情期间返衡人员开展智慧化管理。人员返衡后，通过"I 衡水"App 登记个人信息，信息自动上传到疫情指挥部门，按照相关疫情要求进行隔离管控，有效切断了疫情传播隐患，保障了广大市民健康安全。

③ 两码查询：对接河北健康码和行程码，通过 App 即可查询两码及健康信息、近期行程、核酸检测结果等信息，无须切换多个 App。

④ 发布防疫政策：通过"医疗健康"板块，向市民发布最新防疫要求、疫苗接种信息、防疫部门信息等内容，加强防疫管理。

（2）助力政民互动

"I 衡水"App 通过"随手拍"等模块，让广大市民参与城市管理，及时发现各类隐患和不文明现象，助力文明城市、卫生城市创建。

掌上 12345 加强政府与民众对话，市民可通过"政民互动"功能反映问题和诉求，让更多问题早发现、早处理；市民对于不理解的政策，也可通过 App 进行线上咨询，如图 8-17 所示。

相比传统方式，市民只需打开"I 衡水"App，通过文字描述和拍照上传即可完成投诉举报。在降低投诉举报成本的同时，提高了效率和真实度，投诉举报流程全程跟踪，反馈结果实时可查。

图 8-17 "I 衡水" App 界面

(3) 助力"四位一体"融合服务

"I 衡水"App 立足百姓民生,向市民提供可查询、可预约、可缴费、可购物"四位一体"全方位、多维度融合服务,让市民通过一部手机即可享受个性化、场景化资讯服务,让 App 真正成为让市民想得起、记得住、方便用、愿意用的智慧城市移动端入口。

① 可查询:提供住房公积金、社保信息、医保信息、疫情动态、实时公交、停水停电、本地新闻资讯等九大类 112 项服务内容。如衡水是全国教育强市,每年约有 7.6 万中考生,为方便学生和家长查询中考成绩,2021 年中考期间"I 衡水"App 联合衡水市教育考试院面向考生和家长提供中考查分服务,仅成绩公布当日,查询量即突破 27 万次,受到考生和家长好评。在此基础上,"I 衡水"App 进一步丰富教育服务内容,提供志愿填报、录取查询、网上课堂等服务。

② 可预约:医疗预约,提供就医挂号预约、核酸检测预约、新冠疫苗预约;文旅预约,提供 10 余个景区及市图书馆门票预约。

③ 可缴费:提供水费、电费、燃气费、供暖费、固话费、手机费、宽带费、有线电视费等 10 余种缴费服务。

④ 可购物:线上购票,用户可在线购买衡水湖景区、衡水野生动物园等门票;线上购物,用户可在线购买 20 余家大型商超产品。

4. 应用成效

（1）整合政务类 App，实现数据共享

"I 衡水"App 是一个开放式的服务平台，对政务类 App 进行整合，避免重复建设，提供平台调试环境和服务接入标准，入驻单位可将现有的业务功能按标准规范入驻，也可利用"I 衡水"App 平台开发新系统。"I 衡水"App 构建了线上线下一体化的政务服务体系，推进政务服务资源联通共享，更好地方便企业和群众办事，移动端作为线上政务服务的重要部分，为企业和群众提供指尖上的政务服务。

（2）提升政府、企业、市民等群体的办事效率，增加效能

按照《"I 衡水"App 管理暂行办法》，各行政机关、事业单位、企业原则上不再单独建设移动端应用，将政务服务、便民服务功能入驻"I 衡水"App，充分发挥服务市民、化繁为简的作用。

"I 衡水"App 可实现城市管理、便民服务、便民商城、个人中心等四大类服务功能。其中包含 4 个一级模块、28 个二级模块、130 多个三级模块。

城市管理模块包含交通出行、智慧城管、智慧环保、住房保障、时政新闻、政民互动等服务功能，实现了公交车次、高速路况、个人住房公积金、个人社保信息等实时查询；提供了统一规范、高效便捷的服务体验，将各部门分散开发、维护的各类在线服务信息整合到同一个平台，进行统一服务、维护、监测，实现高效的服务体验及信息共享。

便民服务模块包含在线缴费、教育科普、图书馆、网上课堂等服务功能，可初步实现图书馆预约、中小学生网上听课，节省了市民排队时间，为市民创建学习途径。

便民商城模块包含吃、喝、住、行、游、购、娱等服务功能，旨在构建以城市级 App 为入口的本地消费经济新体系，通过平台拉动内需，带动线下经济，促消费、惠民生。

（3）权威的城市级 App 入口，政府声音第一时间通达全市

衡水市采用线上线下联动方式打造融合宣传矩阵，实现立体传播、全面覆盖，不断加大推广力度，提升用户下载量及使用频次，将政府声音第一时间通达全市。优选户外媒体，形成统一视觉形象，在人群密集区域的地标性公交车站等场所进行强势曝光。依托互联网媒体、优选社交类 App 实现精准投放，强化输出"I 衡水"App 的"一屏智享全城，一键惠及全民"特性，塑造产品口碑，形成裂变效应。充分利用空中媒体，选择湖城之声961广播电台，面向所有受众，按服务功能做好系列宣传，充分展示"I 衡水"App 的服务内容。建立官微矩阵，充分利用"衡水市12345 政务服务便民热线""衡水城管""衡水市教育考试院""衡水114"等多个委办局官方微信，组成宣传矩阵，宣传"I 衡水"App 热点功能及板块。

截至2022年11月，"I 衡水"注册总用户数31.5万人。随着App用户数量不断攀升，"I 衡水"已成为官方城市级App入口，帮助市民解决难题，实时了解群众意见。

8.2 社会治理类

中国联通坚持以党建引领社会治理的总体思路，纵向促进城市、区（县）、乡（镇）、社区（村）各级政府统筹联动，横向实现城管、住建、民政、环保等主管部门的数据贯通和业务协同，以社会治理综合信息平台和融媒体中心为主要抓手，以矛盾调解、群防群治、安全防控、指挥调度、民生服务为重点，助力提升各级政府部门的行政执行能力、为民服务能力、应急管理能力、平安建设能力，构建协同联动、靠前服务、精准高效的社会治理新体系。

案例19　山东青岛即墨社会治理
——一核多元、融合共治，"四个聚焦"构建社会治理新模式

1. 背景和需求

（1）项目背景

党的十九大报告中明确要求"打造共建共治共享的社会治理格局"，为新时代社会治理机制创新和体系完善指明了方向。2020年5月，中央政法委批复全国首批市域社会治理现代化试点城市，青岛成为首批试点之一。为深入贯彻国家、省及青岛市市域社会治理现代化试点工作要求，即墨区推进社会治理网格化服务管理工作，将其列入全区"五大重点突破"和"十五个攻势"组织实施，统一开发以大数据为基础，覆盖各区位、部门的智能化社会治理综合信息平台，积极探索实践具有即墨特色的基层智慧治理新模式。

（2）项目需求

本项目的设计、开发需要紧密结合即墨区实际要求，按照"充分利用国内外的先进技术，和中国国情紧密结合"的原则，推动建立一个真正本地化的、可以成功应用的社会治理综合信息平台。

即墨区社会治理综合信息平台应按照"知规范、遵习惯、能一体"的思想开展建设，为用户提供服务。"知规范"即软件要支持国家和省级规范，如国际标准、国家标准、行业标准、省级标准、市级标准、区级标准等；"遵习惯"即除了要遵循国家、行业和各地区的规范外，每个单位一般都还有自己的一些习惯，只有解决习惯问题才能让用户方便使用；"能一体"即支持文档一体化，包含文档生成一体化、文档组织一体化、文档利用一体化，并逐步扩展到信息一体化。

2. 主要做法

2020年，即墨区以党建引领为核心，凝聚融合各类组织、多元力量，突出"四个聚焦"改革攻坚，开创党委领导、要素融合、公众参与、科技支撑的社会治理新格局，为全域全面高质量发展创造了和谐稳定的社会环境。

（1）聚焦"大治理"格局，党建引领同向发力

即墨区突出区域化党建"一核引领"，建立党组织领导下的区、镇街、社区、村（居）四级联动社会治理组织体系。区级指挥中心引领。成立社会治理联席会议和社会治理指挥调度中心（如图8-18所示），建立党组织，作为即墨区社会治理的总指挥平台和总调度中心，承担社会治理网格化服务管理、政务服务热线等社会治理相关工作的指挥调度、统筹协调、资源整合、督办考核等职能，及时研究和解决社会治理重点、难点问题。镇级指挥中心协调。在镇街成立二级社会治理指挥中心，由镇街主要负责人担任联席会议召集人，定期研究、统筹推进辖区社会治理工作，并在镇社会治理指挥中心全部设立"四室一厅"，健全工作机制，推进工作规范运行。社区网格组织发力。在133个社区全部设立网格工作中心，由社区党委书记担任网格长，建立社会治理区域化议事协商制度，具体统筹研究辖区村居、企业网格内信息的收集、分流、上报、化解处置、考核监督等工作。村居网络行动落实。各村居委会成立在党支部领导下的网格工作站，在各网格设立党小组，将"党员联户"制度融入网格，依托"四议两公开"等制度落实，定期召开协商议事会，畅通规范群

众诉求表达、利益协调、权益保障通道。

图 8-18　即墨区社会治理指挥调度中心

（2）聚焦"智能化"手段，科技赋能社会治理

在提升社会治理水平的过程中，即墨区强化科技支撑，运用物联网、大数据、人工智能等技术进行社会治理，不断提升社会治理精细化、便捷化、智能化水平，提升群众的获得感、幸福感和安全感。

建成五级综合信息平台。即墨区统一开发了覆盖5级架构的社会治理信息平台，建立了信息整合、智能流转、业务统筹、指挥调度、分析研判、展示应用等15个应用功能模块，规范跨区位、跨层级工作流程，分配设立5000余个系统平台登录账号，明确专人专职专管，实现一门受理、4级联动办理。通过GIS、大数据分析研判，及时报送群众反映比较集中的热点、难点信息，为党委、政府科学决策提供有力依据。

搭建网格多元智慧平台。即墨区全面优化了"网格通"手机App和"即墨网格"公众号功能应用，积极宣传引导广大市民全面落实健康通行码、"守卫墨城"小程序的推广使用；在每个网格建立"网格邻里"微信群，引导社区居民通过微信反映事件诉求，畅通问题收集渠道，居民入群率达到90%以上。

全力打造智慧安防社区。即墨区全面启动智慧安防社区示范建设，综合运用物联网、大数据、人工智能等技术，实现AI+人脸识别、车牌识别、物联感知、烟感报警、公共广播、社区菜篮子、办事咨询等便民服务和智慧安防功能，不断优化公共服务体验，打造以"安全、和谐、文明、美丽"为目标的"5+N"智慧平安社区（村庄）。目前，即墨区已完成8处智慧安防社区建设。

（3）聚焦"多要素"融合，深入推进资源共享

即墨区以共建、共治、共享理念加强顶层设计，通过企业网格化管理、诚信要素纳入社会信息平台、心理服务体系融入社会治理体系等方式，构建多元共享、深度融合的现代社会治理体系。

<u>创新企业网格化管理</u>。在即墨区综合信息平台设立企业服务模块，建立了企业网格员队伍，通过 App、公众号、微信群、实地走访等多种方式，实现职能部门、镇街（功能区）、社区（企业网格员、村居网格员）、企业（企业联络员）上下各方工作联动，格内上报，格内解决，着力为企业纾困解难。

<u>完善诚信体系建设</u>。依托社会治理智能化管理系统，即墨区在安全要素、城市部件等社会治理信息化建设的基础上，将信用要素纳入社会治理信息化平台，在社会治理平台建设企业信用预警体系，通过信息平台进行智能化分析，分别标注红、橙、黄、绿 4 个等级，为企业信用贴上"移动标签"，擦亮"诚信即墨"这一金字招牌。

<u>强化心理服务体系建设</u>。即墨区加强"心"防建设，将社会心理服务体系纳入社会治理范畴，建立预防、治疗、康复及心理健康促进工作体系和服务网络，组建心理服务专家库，培育"绿丝带""瑞阳心语""阳光家园、幸福祥泰"等一系列心理服务品牌，全面提升即墨心理服务管理能力和水平，助力平安即墨、健康即墨、幸福即墨建设。

（4）聚焦"满意度"提升，"三我"活动服务群众

为使群众积极参与即墨区议事决策和社会治理，即墨区委政法委员会牵头开展"我爱青岛·我有不满·我要说话"民声倾听主题活动，把"话筒"交给群众，全力畅通渠道，回应百姓诉求，让"有意见随时提、有想法尽管讲、有不满大胆说"成为推动工作的新常态，努力打造全员共建、共治、共享的社会治理新局面。

<u>问题建议联动征求</u>。通过 12345 政务服务便民热线、"吐槽找茬"窗口、即墨问政、有事"码"上说、网格员"入户入心活动"等方式，即墨区相关部门共受理市民反映问题事项 105 618 件（次），逐渐形成"全区一家人，有话好好说，有事好商量"的融洽氛围。

<u>事项清单联动处置</u>。2020 年，即墨区开展了"网信驿站"创建活动，累计办理信访案件 1901 件，确保疫情防控期间群众"足不出户"便可表达诉求。对《青

岛日报》刊登的涉及群众反映的问题建议，按照闭环工作机制进行办理，确保实现第一时间收集、转办、回复。

"和谐即墨"联动共创。坚持长期开展"三我"主题活动，即墨区充分发挥各相关部门间的协同监督作用，关注群众对"三我"活动的感受、对反映问题事件的处理评价；巩固推进"三三调解制"和"1+2+N"矛盾纠纷化解机制，及时排查调处各类矛盾纠纷，将群众问题化解在基层。

3. 特色亮点

（1）突出绿色集约，开放融合

平台以信息采集为基础、资源整合为手段、网格化服务管理为目标，采用微服务架构模式，运用互联网、云计算、大数据等新一代技术，将地理信息、二三维一体化、物联网等技术深度融合，实现事件与信息的智能感测、分析、流转和处置闭环。

平台由区统一开发搭建，覆盖 3998 个部门、镇街、社区、村居、网格组织架构，供各级按需鉴权使用，形成 5 级架构、上下贯通、各级联动的工作机制。

（2）突出智慧应用，科技便捷

平台全面整合综治、公安、应急、民政、城管、环保等多个职能部门的管理服务资源，接入数字城管、智慧环卫、12345 政务服务便民热线、网络舆情等系统资源，将全区人、地、事、物、组织等全要素数据进行数字化、时空化处理，实现智慧即墨一张图全景可视化展示，在此基础上进行多维度分析挖掘和信息智能推送；强化智慧便民应用，对接智慧社区，相关平台信息资源统一整合接入区级平台互联共享，进一步破除"信息孤岛、数据壁垒"。

（3）突出典型引路，创新突破

创新开展企业网格化和信用体系建设，建立企业网格员、企业联络员和村居网格员 3 支服务力量，为企业提供政策推送、诉求办理、信用预警等服务功能，打造一流法治营商环境。深入开展网格员"入户入心"活动，收集意见建议和问题诉求 16 万余条，核查人口、房屋基础信息 167 万余条，实现了社会治理一张图管理、网格信息数字化管理。将社会心理服务体系建设纳入平台建设管理，实现薄弱群体信息点位精准上图，网格员通过日常巡查和入户走访等形式，协助进行心理关爱和异常动态上报等工作,进一步提升了广大市民的安全感、获得感和满意度。

(4)突出共建共享,全民参与

深化实施"网格化+治安+信访+安全生产+市容秩序+服务代办"等工作模式,实行"区级搭台,基层唱戏",网格事项扩展到38个部门。设立"镇呼区应、上下联动"子平台,对疑难复杂事项实行基层吹哨、部门报到、限时解决。按需设立6000余个系统平台登录账号,扩展网格员、市民心声、微信公众号、城区环卫人员、"有事码上说"等7条信息沟通渠道,累计上报运转处置事件、诉求50余万件,进一步夯实了基层社会治理根基,提高了民生服务的精准性和失效性。

4. 应用成效

即墨区社会治理综合信息平台建立5级架构、多级联动的社会治理体系,形成了各类业务与数据的中心枢纽,实现了跨部门、跨层级、跨区域的工作流程打通与指挥调度统一,对疑难杂事实行基层吹哨、部门报到、限时解决,创建精准治理、协同联动的社会治理格局。

(1)构建5级治理体系,打造社会治理新范式

按照"区域清晰、任务均衡、统分结合、便于监管"的原则,搭建起"区-镇街-社区-村居-网格"5级体系架构。在区级层面,建立区社会治理指挥中心;在镇街(部门)层面,建立17个镇街、37个部门、10个功能区二级社会治理指挥中心;在社区层面,设立133个社区网格工作中心;在村居层面,设立1101个村居网格工作站;在网格层面,按照村庄150~200户、城市社区300~500户为标准,全区共划分为2698个网格。同时,全区组建了2698名村居网格员队伍,全面履行基础信息采集、网格事件上报、社情民意收集、治安联防联控、为民服务办事、矛盾隐患排查、物业服务监督、政策法规宣传8项职能,截至2021年1月18日,累计上报运转处置事件、诉求60万余件,有力服务了全区工作大局,促进了社会和谐稳定。

(2)建立多元数据采集渠道,统一社会治理数据资源

平台整合了政务热线、数字城管、应急管理、消防安全等18个部门的社会治理数据资源,建立了人、房、事、物、组织5大基础数据库和重点人员、特殊群体、重点单位等10个专项信息数据库,录入各类数据信息500余万条,逐一在GIS地图上精准落图，网格员通过"入户入心"活动，据此对重点区域、重点人员、特殊人群定期巡查走访，做到基础信息全采集、社情民意全收集，打通为民服务最后100米。

(3) 建设统一平台和指挥调度中心，实现互联互通和一体化调度

各部门层级之间实现互联互通，建设包含信息整合、业务管理、指挥调度、绩效考核、分析决策、智能流转、应用展示等功能于一体的综合业务及分析平台。实现智慧即墨一张图全景化展示，直观地展现全区人、地、事、情、组织等各类信息，在空间可视化的基础上进行多维度分析挖掘，为城市治理和决策指挥提供强有力的支撑。区里统一规划、部署平台基础应用系统，采用GIS、数据分析等技术，对数据进行交叉分析研判，进一步破除"信息孤岛、数据壁垒"，为社会治理工作提供全域、全量的数据，促进部门、区位之间数据共享使用，为党委政府科学决策、精准治理、民生服务等提供全面的基础数据支撑。根据社会治理综合信息平台的建设需要，打造科技、智能的指挥调度中心，使中心的配套设施能与平台功能应用完美匹配，最大限度地发挥投资效力。

(4) 丰富网格化管理和智慧社区应用

平台实现了网格信息动态采集、查询、办理、调度、考核等功能应用，满足不同区域要求。即墨区通过推行智慧城市网格化管理、智慧平安物联网社区建设，变传统、被动、分散服务管理为现代、主动、系统服务管理，把社会治理触角延伸到社会最末梢，把服务工作做到群众身边。

(5) 荣获多项荣誉奖项

即墨区对社会治理网格化服务管理工作精心谋划、扎实推进，网格服务内容日渐精细，管理作用有效发挥，受到国家、省、市主流媒体的相继报道，荣获2021世界智慧城市大奖中国区"治理大奖"、2021中国社会治理百强县称号、2021青岛新型智慧城市典型案例、2021青岛信息化优秀解决方案、山东省新型智慧城市"优政"领域优秀案例、2020年度中国社会治理百佳示范县市、2020年全省优秀综合治理（网格化服务管理）中心、2020全国政法智能化建设智慧治理十大创新案例、2020青岛新型智慧城市典型案例、2019青岛智慧城市百佳典型案例等多项荣誉奖项。

案例20　辽宁盘锦"党建引领、智慧治理"综合信息平台
——为市域社会治理装上"红色引擎"

1. 背景和需求

（1）项目背景

党的十九届四中全会提出"必须加强和创新社会治理，完善党委领导、政府负责、民主协商、社会协同、公众参与、法治保障、科技支撑的社会治理体系，建设人人有责、人人尽责、人人享有的社会治理共同体"。辽宁省委、省政府高度重视党建引领基层社会治理工作，强调要把基层社会治理融入服务，不断强化基层党组织的政治功能、服务功能、治理能力。在鞍山、盘锦两市先行先试的基础上，2020年9月3日，省委组织部印发《关于推进"党群一张网、服务叫得响"党建引领基层社会治理创新的指导意见》，形成制度成果；9月25日，召开全省推进"党群一张网、服务叫得响"党建引领基层社会治理创新工作会议，在全省确定29个区（县、市）试点推进，制定工作方案，明确时间表、路线图、责任人，做实党群服务中心，推进"党群一张网"实体运作，积极探索智慧党建引领基层社会治理创新的路径。

2018年以来，盘锦市以成立智慧城市运行管理中心为标志，开启了市域治理现代化的有益探索。特别是2020年，盘锦市率先在全省启动"党建引领、智慧治理"工作，建设"党建引领、智慧治理"综合信息平台，以党建引领基层社会治理、服务群众，市域治理体系得到不断完善，社会治理能力实现有效提升，为经济社会高质量发展提供了有力保障，走出了一条市域治理现代化的"盘锦路径"。

（2）项目需求

"党建引领、智慧治理"综合信息平台建设项目顺应数字化建设趋势，立足打通信息孤岛、增强治理效能，主要面向数据治理、业务提升两大方面需求。

① 数据治理需求

盘锦市各专班、委办、执法部门大部分都有了信息化的业务支撑系统，积累了丰富的数据资源，但仍存在数据标准不统一、数据共享协同难、数据未有效融合、数据质量不高、数据安全管理手段缺乏等问题。

数据标准不统一。各渠道获取的信息不一致，数据分类标准不统一，难以汇总分析。仅以网格信息为例，盘锦市建设了市级及两区两县共5个网格系统，5个系统涉及3个参建厂商，数据标准各异。

数据共享协同难。长期以来，各部门的工作数据没有统一汇聚，缺乏一体化支撑平台，针对一些综合性强的案件，责任主体部门难以获得其他部门数据协同支持。

数据未有效融合。城市管理领域的数据缺乏有效的融合，没有针对各单位的数据进行比对分析，无法形成真正权威、可用的数据。亟须接入、融合各相关部门的数据，按照统一的标准建设实有人口、实有房屋、实有部件、实有企业等数据资源库。

数据质量不高。盘锦市目前已经初步汇聚了部分社会治理相关数据，但数据质量不佳，汇聚的稳定性不好，缺乏数据质量的管理机制，导致数据缺项、格式混乱等各类问题无法被及时发现。此外，数据统计结果也存在问题，数据价值难以得到有效发挥。

数据安全管理手段缺乏。数据安全的细粒度管理手段缺乏，尤其欠缺数据的分类、分级、授权等标准和工具，无法针对数据的使用和共享进行有效的监控、预警，在数据管理上存在安全漏洞，不利于未来对外提供数据服务。

为解决以上问题，盘锦市需要建立统一的分类标准及大数据汇总机制，整合市县各级政府、部门数据，进行有效数据融合，形成数据资源库，建立数据协同、数据质量管理和数据安全机制。

② 业务提升需求

盘锦市城市管理网格化指挥中心已经建成并投入使用，具有鲜明的盘锦特色，符合盘锦市人口环境特点，在城市治理领域也发挥了重要的作用。然而，随着国家、辽宁省、盘锦市各级领导对城市精细化管理的要求不断提高，以及百姓对城市服务要求的不断提升，现有网格化治理模式的一些不足也逐渐凸显出来。

智能感知能力不足。现有城市管理和社会治理模式以人工为主，物联感知、智能视频识别、自动监测等技术应用不足。在盘锦市网格员力量配置方面，现有治理模式很难做到"7×24小时"执守。随着城市精细化管理要求不断提升，城市事件类别逐渐增多、城市事件颗粒度逐步细化，单纯依靠人力难以实现城市事件的全面、实时、准确的发现和处置。

各领域业务协同性不足。当前盘锦市社会治理"单中心化"模式遇到瓶颈，随着大量摄像头、传感器的利用，城市事件数量大规模增长，事件的上报、立案、分派、监督、核查、结案都需要经过指挥中心，然而现有网格管理系统承载能力有限，业务覆盖面不足，难以支撑全市社会治理形成闭环，迫切需要实现相关部门之间的业务协同和数据协同。

城市治理的案件流转标准、权责清单与系统脱离。当前城市治理的案件标准和权责清单已经实现电子化，但需要梳理案件流转标准及电子化权责清单，结合大闭环的业务编排和大数据建立灵活的、智能化的案件处置流程。

2. 主要做法

盘锦市以党建引领、智慧治理为指导思想，以构建全市一体化网格化社会治理格局为目标，以完善健全市级网格化机制体制、做精做细数据规范标准体系为支撑，以建成一张社会治理网格、一个数据中心、一体化网格化管理平台为工作任务，以全市"四级联动"为机制，以网格数据大脑系统、指挥协调联动系统、民情数据管理系统、网格化"一张图"、绩效考核系统、网格员点调系统共六大应用系统为主要抓手，不断推进健全网格化体系建设，促进市域社会治理体系和能力现代化。

（1）建设全市一体化网格化管理平台

建设全市一体化网格化管理平台，构建包含市级、县区级、镇街道、村社区网格管理应用中心的4级网格化管理体系，实现事件流转、信息采集报送、指挥调度、会商决策的实战化运行。

建设网格员点调系统，保障分布在各县区、镇街、村社区的网格化社会治理平台使用人员能够及时通信。融合成熟的第三方IM即时通信系统，具备多种载体（PC到PC、PC到终端、终端到终端）的点对点即时通信能力。实现网格员点调系统与网格化联动流转系统、网格化GIS应用子系统等系统之间的无缝整合，将即时通信能力和日常业务有机结合，充分满足各级部门之间的指令下派、视频会议、应急指挥的功能需求。

（2）织密一张社会治理网

坚持把网格作为党建引领社会基层治理的最基本单元，推动"党建""治理"和"服务"三网融合，形成全市网格"一张网"。充分发挥各级党组织统揽全局、协调各方的作用，统筹整合各类资源，形成聚合效应，全力推进党委领导下的基层社会治理。

在村、社区层面，以"边界清晰、不留死角"为原则划分基层社会治理网格，以 300～500 户群众为单位建立二级网格。以网格为单位成立党支部和党小组，每 1 个或几个二级网格组成一个党支部，形成"支部建在组上、党建扎根网格"的组织体系。建设"党建微家"活动阵地，把党建"微阵地"建在党员群众身边。围绕基层党建、社会治理、基层服务 3 项职能，开展网格建设及运行工作，及时传达上级指挥中心指令，以网格长和网格员为本网格的直接责任人，负责网格内党建工作、基层管理事务、民生服务事项的信息收集、事件上报、协调处置、情况反馈。

（3）完善基层服务职能

依托"党建引领、智慧治理"综合信息平台，为全市提供统一的数据治理服务。打通包括公积金、不动产、人社、医保、教育、医疗等与群众日常生活息息相关的 34 个政府部门及企事业单位的 80 余个业务系统接口，帮助盘锦市实现数据一点汇聚、数据质量全程追溯，构建政府数据资源共享共治的新局面。依托平台提供平安盘锦视频融合服务，接入覆盖全市的各类摄像头 14 000 余路，广泛应用于城市安全、交通管控、城市管理、环境保护等领域，推动"一网管全域"设计理念发挥成效。

在实现信息资源有效整合的基础上，同步推进信息资源的开发利用。基于数据中台打造数据可视化大屏，全景展示 6 个专题大屏，提供城市运行实时状态呈现、动态预警和统计分析，为城市治理、资源配置和精准服务提供有力支持。建设网上盘锦 App，实现高频服务事项接入，囊括住房、人社、医疗、教育、卫生、公共法律等与群众日常生产生活密切相关的便民服务，提升在线服务和管理水平，提升人民群众的获得感、幸福感和安全感。

3. 特色亮点

（1）建设一体化数据资源管理体系

项目构建了一体化数据资源管理体系，通过建立数据标准体系、数据协同机制、数据质量管理机制，以数据中台为支撑，整合了市县各级政府、部门数据，推动数据资源的有效融合，形成了全市统一社会治理数据资源库，实现了全局数据共享及跨部门、跨层级数据协同，有效提升了数据质量，保障了数据安全。

（2）党建引领精细化社会治理

项目以党员双报到、基层党员进社区、基层党组织与网格的联通互动等功能为抓手，不断扩大党组织的覆盖面，努力改变过去"仅就条条抓条条、仅就块块抓块块"的工作模式和思维模式，把党的组织根系全面向基层延伸，做到"城市建设到哪里，党的组织就覆盖到哪里"，形成纵向到底、横向到边的党的组织体系和领导体系。项目的建设有助于不断扩大党的组织力量在基层社会的覆盖和延伸，在社区层面构建社区党建、社区服务、社区自治"三位一体"的社会治理格局。

（3）深化政务服务事项管理机制

项目以政务服务、社会服务、城乡管理等应用系统为载体，充分发挥了党组织集聚基层治理合力的功能，通过组建"网格铁粉""两小帽"等志愿者队伍，强化案件处理、便民服务及代办服务，实现公共服务"零距离"、民众诉求"全响应"、社会治理"全覆盖"。

4. 应用成效

本项目通过建设盘锦市党建引领智慧治理综合信息平台，推动盘锦市"一网统管"社会治理能力显著提升，成为全省标杆，同时也为盘锦市下一步全面实现"一网通办"功能奠定了坚实的数据基础和技术基础。

（1）党建引领成效

"党建引领、智慧治理"综合信息平台集中呈现了全市基层党组织七大领域党建工作情况，运用大数据技术，对党组织、党员队伍、组织生活、党员教育、发展党员、三会一课、社会工作等 90 余项统计指标进行实时分析，在线指导督办，实现让数字说话、听数字指挥、依数字考核，做到党建工作"一键知全貌"。平台把学习新时代中国特色社会主义思想作为根本任务，形成思想引领效应，满足全市各级党组织和党员干部学习需求。平台上线后收录各类重要讲话原文 300 余篇，相关重要论述、会议、批示、音视频等 6000 余篇，内容涵盖经济、政治、文化、社会、生态 5 个方面的众多领域。

（2）网格管理成效

项目构建了"市委顶层设计，县区委全力推动，镇街、村屯社区党组织为核心"的 4 级管理体系，全面推行街道"大工委"、社区"大党委"工作模式，用党建网络统领治理网格，释放组织优势，实现资源整合、协同联动。建立了 3 级网格、4 级管理体制，将全市城乡划分为 2648 个基础单元网格，把党组织建立在网格上，实现了网格化管理"横向到边、纵向到底、市域全覆盖"，全面夯实基层工作的基础。

（3）事件受理成效

网格员负责发现并处置网格内发生的各类事件，对不能自行处置的事件，通过网上盘锦 App "工作端"上报到村社区网格中心。对于下级网格中心不能处置的案件，依次向上流转，最后由市中心协调解决。目前，全市累计受理案件已达 287 万多件。

（4）视频整合成效

平台整合全市视频资源，汇聚 1.4 万路视频图像，融合各类信息资源，构建了盘锦城市安全一张图（如图 8-19 所示），实现城市安全风险早发现、早预防和早处置，打造形成智能化、现代化、立体化的治安防控网，助力建设平安盘锦，增强了人民群众的安全感。

图 8-19 平安城市专题界面

（5）政务服务成效

项目以电子政务外网为载体，将网上政务服务端口覆盖至市、县区、镇街、村（社区）4 级 598 个政务中心，实现审批服务受理扁平化、线上协同化、办理一体化。通过政务服务平台对事项数量、时效、办结率进行多维度分析，全面提升了政务服务效能，实现了"数据多跑路、群众少跑腿"。

案例21　山东青岛市南区城市基层治理平台
——云脑中枢赋能基层"智治"，推动"一屏通览、一网共治"

1. 背景和需求

（1）项目背景

早在2019年，青岛市南区就入选了山东省社区治理创新实验区，以"城市社区自治共治标准化建设"为实验主题，着力构建覆盖全面、层次分明、协调配套，符合高质量发展要求的社区自治共治标准体系。在"十四五"期间，青岛市南区进一步加快政府服务数字化转型进程，以推进城市管理精细化、促进政务信息共享交换和公共信息资源开放作为目标，持续深化公共服务、基层治理一体化融合，完善社会治理体系，推进党建引领先进区建设，打造城区现代治理标杆区。

基于上述背景，市南区为实现城区治理能力和治理效能显著提升，以社会治理现代化为突破口，大力实施治理效能提升工程。立足"全国领先、江北一流、山东第一"，按照"一年全面起势、两年基本完成"的路径，以"党建引领有灵魂、网格管理像绣花、科技赋能更智慧、城区治理最现代"为目标，建设党建引领城市基层治理信息化平台。平台遵循"统一网格、统一人员、统一资源、统一事项、统一服务"的标准要求，整合升级党建、综治、城管等现有数字化管理平台，对网格事件、城区环境等开展信息采集、智能分派、预警处置、监督考核等全周期管控，一网统筹形成全区合力，实施综合治理，打造"一网统管"的社会治理新局面，在推进基层治理现代化上全面起势、奋力突破。

（2）项目需求

① 信息共享和业务协同需求

当前，市南区基层治理尚未充分发挥城市数据信息和业务系统融合价值，城市数据资源利用率不足，存在"系统孤岛"问题，亟须立足城市运行监测、管理、处理、决策等维度，将各业务流程进行有机整合，实时展示城市运行全貌，形成精准监测、主动发现、智能处置的城市"一盘棋"治理体系。同时，为应对信息共享挑战，亟须通过制定相关的数据规范和信息交换标准，使各部门依托统一的开放平台进行开发建设,确保部门之间数据的互联互通、能力共享,充分释放数据价值。

② 辅助决策需求

城市管理决策需要对城市政务服务、城市基层治理和公众服务等各方面进行统筹规划指导,但现阶段的市南区治理工作主要以多个业务系统分头汇聚的治理数据为基础,以手工梳理统计为支撑,无法实现自动化的城市事件分析,难以有效辅助城市治理决策。

③ 数字孪生城市建设需求

目前,市南区在城市治理数字化模拟、监控及控制等方面有所欠缺,难以解决城市规划、设计、建设、管理、服务过程中的诸多问题,缺少基于物理世界的数字孪生能力,无法通过数据全域标识、状态精准感知、数据实时分析等先进手段,形成城市数据闭环赋能体系。

④ 丰富智慧应用建设需求

城市应用是服务社会民生、政务管理的重要工具,构建优政、兴业、惠民的智慧应用,可以极大地提高城市治理水平,提升企业、市民的获得感和幸福感。目前市南区各部门信息化建设发展程度不同,对数据价值和数据决策的认识仍有待提升,缺乏智慧应用建设,无法将数据进行系统化、场景化应用,难以为市民服务智慧化升级赋能。

2. 主要做法

市南区全面贯彻数字强省、数字青岛工作部署,深化数字化政府建设,全力推进党建引领城市基层治理项目,建设了党建引领城市基层治理区级指挥中心及八大关、八大湖两个街级试点中心。党建引领城市基层治理平台包括<u>一中枢</u>、<u>两平台</u>、<u>N 应用</u>,一中枢即一个云脑中枢,包含数据中台、业务中台、AI 中台、数字孪生中台;两平台即态势感知平台、城市治理平台;N 应用包括党建、教育、体育、文旅、纪检、关键区域治理等特色智慧场景应用,推动实现一屏通览、一网共治,助力市南区治理体系和治理能力的现代化建设。这是市南区积极融入数字青岛建设"一盘棋"、提高政府效能、改善营商环境、服务全区经济社会发展的重要举措。

(1) 打造一个云脑中枢

中枢建设为整体平台建设提供基础支撑。通过建设<u>数据中台</u>进一步提高数据资源汇聚融合力度和广度，实现数据汇聚、数据治理、数据共享、数据服务、数据安全等数据的全生命周期管理。同时随着现有的数据中台深入应用，逐渐构建全区统一的数据汇聚中心、统一的数据共享通道、统一的数据治理体系，为全区业务系统提供数据支撑，提高政务数据的流转效率，降低政务系统运维成本。业务中台通过汇聚系统共性能力，建设统一认证系统，实现单点登录，打造智慧门户作为各业务系统的统一入口。AI 中台依托人工智能技术打造视频智能分析平台，实现事件的自动发现、自动抓拍取证、自动上报及核查处理结果等，打造重点人员管控、区域人流统计、出店占道经营等算法应用。开展市南区全域高精度三维城市建模，加强地理空间的数据治理，构建可视化城市空间数字平台，打造市南数字孪生中台，为各级各部门提供基础版的数字孪生体系。

（2）构建两个核心平台

态势感知平台由区－街－社（街）区 3 级构成，形成"自上而下赋能、自下而上治理"的城市治理新模式。通过 3 级云脑体系实现区情动态精准把控，最大限度展示市南区当前的城市运行态势和各个领域的发展情况，为科学决策提供多方位、多角度支撑。同时遵循全市"城市云脑"建设的统一标准规范和技术体系，接入市级"城市云脑"，向市级"城市云脑"实时传送相关数据，共享"城市云脑"数据及算法服务，为本区开发特色应用提供支撑。

城市治理平台，将网格化管理相关业务全面整合，以人、地、事、物、情、组织等社会要素（六要素）为依托，将各类信息入格上图，以网格化治理为手段，实现统一网格、统一人员、统一资源、统一事项、统一服务，为基层工作提质增效提供有力支持。实现区级工作人员对数据的管理和事件的处理，街道工作人员对数据质量的优化补充和事件办理，网格员进行事件上报、打卡签到及入户走访等日常工作；同时，平台实名记录网格员工作巡查及日常走访轨迹，实现实时轨迹上图展示及历史轨迹对比分析。

（3）创新 N 项智慧应用

N 应用主要包括智慧党建、智慧教育、智慧体育等智慧应用，以及西部历史城区、中部八大关高端文化聚集区、东部浮山湾高端商圈 3 个关键区域的智慧治理应用。

3. 特色亮点

（1）搭建市南区全域数字孪生模型

利用时空数据汇聚、融合管理、挖掘分析等数字孪生技术，通过"以图管城"的模式，搭建了市南区全域全流程城市运行数字孪生模型，融合基础时空数据、公共专题数据、智能感知数据等孪生大数据，构建地上地下、室内室外，虚实一体化的时空数据服务资源池，形成智慧城市数字底座。以数字孪生为基础、以数据中台为核心、以社会治理为主线、以智慧应用为亮点，建设态势感知平台和城市治理平台，实现社会治理事件全生命周期数字化管理。

（2）打造历史城区数字智脑

围绕市南区西部历史城区现状，构建了地上地下、室内室外、虚实一体化的历史城区数字智脑平台，实现对综合感知、规划建设、产业招商、房屋征收、历史文化、视频感知等各个业务模块指标数据的展示，提供历史文化风貌展示、招商载体信息单体化展示、项目信息与三维场景联动展示、项目施工现场视频监控等功能，将西部历史城区的风貌实景还原，完整保留历史城区的时光缩影与数字化城市档案，充分映射市南区西部历史城区保护发展的实体全生命周期过程，助力市南历史城区发展复兴。

（3）助力城市精细化管理

整合优化党建、综治、城管等现有数字化管理平台，打造统一门户、网格统筹、事件管理、指挥调度、效能评估等模块，实现网格统一管理、人员统一调度、事件统一处理，全面提升基层治理科学化、信息化、智能化水平。深入挖掘城市基层治理业务需求，整合利用先进的人工智能技术对大数据进行集成、整合、分析与挖掘，打造视频智能分析 AI 中台，将以往视频被动由人工监控状态改变成主动对视频信息进行智能分析，识别和区分人、事、物，从而实现事件的自动发现、自动抓拍取证、自动上报及核查处理结果等，事件处置由层层派发的传统模式向基于自动识别的扁平化派发模式转变，推进城市治理数字化、精细化、智慧化转型升级。

（4）打造市南区全域中心化数据工厂

汇聚融合党建、综治、发改、财政、城运等业务系统数据，通过各类算法模型，提升数据服务能力，打造市南区全域中心化"采存算管用"数据工厂，着力解决系统孤岛式运营、数据"烟囱林立"等问题。一方面保障了系统数据安全、网络访问安全和数据建模安全,另一方面解决了因数据接口和协议复杂而导致的数据导入困难的问题。促进数据汇聚模式由"推"向"拉"逐渐转化,进一步提升公共数据的时效性,随着未来数据资源的完善,整个政务系统的流转也将会愈加流畅和便捷。

（5）打通基层监督"最后一公里"

面向街道、社区等基层组织,将传统的公示、举报手段与大数据技术相结合,从基层公权力监督、社区"三务公开"、廉政档案监督、政策解读和投诉举报5个方面,对已采集获取的权利数据建立分析模型,通过自动预警、人工核实的方式,变被动发现为主动监督,抓早抓小、预防"微腐败",推进全面从严治党向基层延伸,助力"清廉社区"建设。

4. 应用成效

（1）建设云脑中枢,夯实智慧城市底座

目前,数据中台已汇聚3500余万条数据,编制1473条数据目录,对接21个系统平台,建立居民信息库等5个主题库、城市治理等20个专题库,制作97个标准数据接口。数字孪生中台利用倾斜摄影数据,打造市南区全域数字孪生模型,目前已接入市南区 $6.5km^2$ 数据和10余个城区改造三维模型方案。此外,云脑中枢还汇聚了公安市南分局"天网工程""智慧安防小区"、教育局、人力资源和社会保障局、卫生健康委、城市管理行政执法局、应急管理局等10余个部门1.2万路视频监控资源。云脑中枢已经成为支撑市南区智慧城市和数字政府建设、推动治理体系和治理能力现代化的坚实底座。

（2）一屏观全城,构建三级云脑体系

通过搭建态势感知平台,实现区-街道两级态势感知。建立包括6个一级指标、57个二级指标、148个三级指标在内的城市运行指标体系,形成对综合感知、党建引领、城市治理、经济运行、教育体育、文化旅游等六大领域的可视化分析,为服务党委、政府综合指挥调度、风险防范预警、事件应对处置和科学决策提供有力支撑。

（3）一网管全城,助力城市精细化治理

目前,城市治理平台已汇聚约64万条人口数据、27万栋房屋数据、4万条企业信息、2803 条网格员信息，涵盖全区 505 个基础网格。平台自运行以来，已上报事件 13 000 余件，对接其他平台事件 21 万余件，有效地提升了市南区网格服务管理智慧化水平。

（4）特色试点先行，打造智慧应用场景

在西部历史城区，数字智脑平台（如图 8-20 所示）目前已经初步汇聚了 258 个历史建筑调查数据、107 张历史建筑档案与现状图片、160 个里院征收数据、12 所博物馆、58 所名人故居位置数据等，在展现历史风貌、传承历史文化等方面提供了具有地方特色的智慧服务。在中部八大关高端文化集聚区，利用 AI 视频分析平台及信令大数据，建立区域人流统计和人流超限预警等智慧治理场景应用。在东部浮山湾高端商圈，以海航万邦为试点建立"亿元楼"三维模型，融合楼宇经济等相关平台数据，依托楼宇党群服务中心为企业服务、招商引资等提供信息化助力。

图 8-20　市南区历史城区数字智脑界面

（5）荣获众多奖项，树立全国性示范榜样

平台自投入运行以来，先后获得第一届中国新型智慧城市创新应用大赛一等奖、2021 年中国新型智慧城市建设百佳案例、山东省新型智慧城市基层治理领域及社会治理领域优秀案例等多项荣誉，帮助市南区树立了以智慧化提升城市治理效能、逐步实现"一屏观市南、一屏治市南、一屏享市南"为目标的示范榜样形象。

第9章
城市微单元

　　智慧城市建设正在逐渐步入深水区，治理精细化、服务精准化对智慧城市建设提出了更高要求，智慧园区、智慧社区、智慧楼宇的建设已经成为智慧城市建设的重要阵地。中国联通聚焦园区、社区、街区、楼宇等微单元深耕细作，从安全防控、招商引资、能源集约利用等方面入手，为城市微单元提供全流程、一体化、端到端的智慧化升级服务，以点带面地提升城市整体智能化水平。

9.1 智慧园区类

园区是促进产业集聚、优化要素配置、推动数字经济快速发展的重要载体，在畅通国际国内双循环、实现低碳绿色发展等国家战略和政策文件要求下，园区数字化、智能化升级的重要性日益增加。中国联通以园区感知为基础、园区安全为底线，助力打造生产高效化、服务多样化、决策可视化、管理智能化、资产运营数字化的智慧园区，提高园区招商引资效能、提升特色产业发展水平、构建安全健康的园区生产生活环境。

案例22　北京市首钢科技冬奥示范园区
——5G赋能智慧交通，"黑科技"助力打造科技冬奥园区

1. 背景和需求

（1）项目背景

交通运输是国民经济的重要产业。未来智慧交通的目标是通过"智能+网联"，提高交通效率，减少交通事故，降低碳排放量。5G赋能智慧交通，依托"车-路-云"协同的一体化体系架构，基于低时延、高可靠的实时通信，实现车辆、道路、云平台的无缝连接。构建可随时通信、实时监控、及时决策的5G+智能车联网是智慧交通的关键发展方向。

作为智慧城市的重要单元和功能载体，智慧园区的运营管理方式、技术应用场景等正面临全时空、全方位、全要素的数字化重塑，这将成为5G时代新型智慧城市建设重要切入点。园区的自动驾驶和智慧出行是智慧园区的重要构成元素，也是5G赋能智慧城市的典型应用。智慧园区作为半封闭场景的典型代表，具备交通主体相对固定，行驶路线、路况、网络环境等相对稳定，商业模式相对清晰等特点，园区交通出行的应用落地具备明显的先发优势，且能够形成可复制、推广的商业模式。

首钢园区，全称为"新首钢高端产业综合服务区"，是国家首批城区老工业区

改造试点、中关村国家自主创新示范区、国家级智慧城市试点、新时代首都城市复兴新地标。目前首钢园区已规划建设体育+、数字智能、文化创意3个主导产业，是北京冬奥组委、国家冬训中心、腾讯体育、百度、新石器等10家企业单位的集中办公区。截至目前，首钢园区已经圆满举办了北京2022年冬奥会和冬残奥会滑雪大跳台比赛、2019沸雪北京国际雪联单板及自由式滑雪大跳台世界杯比赛、2021中国科幻大会等重大活动赛事。

2018年10月，中国联通和首钢集团签署战略合作协议，联手打造国内首个5G应用示范园区。2019年，中国联通联合首钢园区、清华大学等单位，联合实施科学技术部"科技冬奥"重点专项"面向冬奥的高效、智能车联网技术研究及示范"项目，依托在首钢园区全域覆盖的高质量5G通信网络，构建5G车联网系统，满足园区在重大赛事活动期间，安全、高效的运输调度和运营管理需求。

（2）项目需求

首钢园区作为重大赛事活动举办地及冬奥特色公园打卡地，高峰时段日约在园人数达2万人。因此比赛场馆及园区干道将呈现人流、车流、物流空前密集、聚散频繁等特点，对人员/物资设备的高效运输及环境清洁等均提出了严峻的考验。高效可靠的5G通信网络是应对安全高效的赛事运维的基础。

从赛事服务角度来看，需要为参赛运动员、观众等不同群体，提供安全、便捷的无缝连接服务，尤其是滑雪等需要携带重型装备的比赛，还需提供配送车辆实现比赛装备的点对点配送；需要部署流动售货车辆以应对不同群体对饮料、纪念品等小件商品的随机采购。此外，从运营管理角度来看，24小时不间断地无人清扫可以大幅度提高清洁作业效率。

从5G智能车联网系统建设角度来看，项目需求包括以下3点。首先，赛事活动现场环境复杂、人员密集，物资及设备的多类型运输需求丰富，需要构建基于环境全域感知的车、路、人、云协同的5G智能车联网系统。其次，为了在比赛场馆周围实现高效的出行及运输，以及安全可靠的无人驾驶业务，需要实现高精度定位及全域交通态势的预测。最后，为了实现多类车联网业务、多种交通参与者的协同管理，还需要搭建完整统一的车联网平台，实现整套5G智能车联网系统高效的调度管理及业务运营，为不同参与群体提供安全、绿色、高效的出行体验。

2. 主要做法

中国联通在首钢园区部署 5G 智能车联网系统（如图 9-1 所示），依托 1 套 5G 智能车联网业务平台及 2 套网络（5G&C-V2X 智能车联网、"5G+ 北斗"高精准定位网络），实现 5 种车型（小汽车、队列巴士、零售车、配送车、清扫车）、10 大场景（无人驾驶队列巴士、无人零售、无人配送、自主泊车、车辆防碰撞预警、变道预警、限速提醒、路径规划、路况提醒、绿波通行等）在冬奥园区的业务应用。

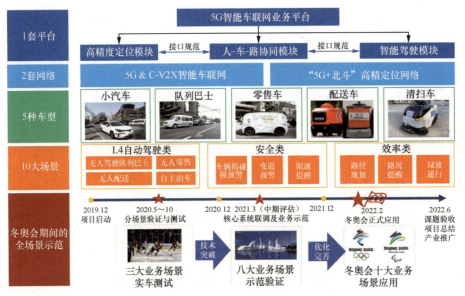

图 9-1 中国联通 5G 智能车联网系统架构

（1）5G 智能车联网业务平台实现整套系统协同工作

5G 智能车联网业务平台（如图 9-2 所示），包括智能驾驶监管、人－车－路－云协同、高精度定位等功能模块，支撑不少于 10 种出行业务在冬奥会期间的示范运营。智能驾驶监管模块实现了对园区多种无人驾驶车辆的运营与监管，人－车－路－云协同模块实现智能路侧设备单元的连接与管理、全域交通信息采集与下发等，高精度定位模块为园区多交通参与者提供室内外一体化厘米级高精度定位服务。该平台实现了首钢园区近 200 台智能路侧设备单元的连接与管理，实现了 Robotaxi、零售车、配送车、清扫车等近 30 台无人驾驶车辆的运营与监管，包括车辆位置监管、轨迹（实时轨迹及轨迹回放）、交通事件下发等。

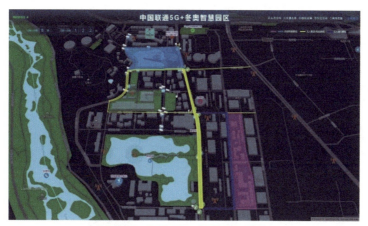

图 9-2 5G 智能车联网业务平台

（2）基于 5G+C-V2X 融合组网，构建安全高效的智能车联网

基于 5G 与 C-V2X 融合组网解决方案，在首钢园区打造了全域交通态势感知车路协同系统，如图 9-3 所示。该车联网系统的 5G 网络基于边缘计算技术，可实现时延小于 10ms 的网络传输，保证车端与平台的实时信息交互，满足智能驾驶安全需求。5G 网络提供的大带宽传输特性，能够实现车端/路端视频、激光雷达点云数据的实时上传，上行数据速率达到 150Mbit/s 以上，有效支撑车路协同及交通态势预测。此外，5G 与 C-V2X 融合组网，通过全局与区域通信的优势互补，构建安全高效智能车联网，保障系统的稳定性。

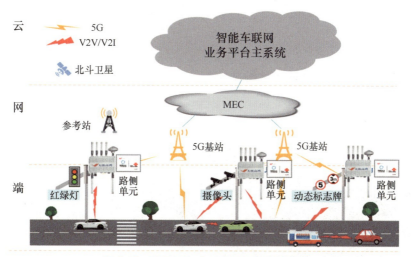

图 9-3 基于 5G+C-V2X 的智能车联网

（3）基于 5G+北斗高精度定位，实现室内外一体化厘米级定位

中国联通在首钢园区部署了 5G 基站、北斗地基增强站、高精度定位服务平台

等，构建了基于5G+北斗的多源融合高精定位系统，如图9-4所示。整套系统通过高精度位置服务平台实现统一协同，可实现厘米级精准定位、实时轨迹跟踪、动态路径规划等业务，助力园区内的L4自动驾驶车辆实现高精准的自动驾驶。此外，针对地下停车场卫星定位信号弱等问题，中国联通在秀池停车场部署了基于5G+UWB（超带宽）室内外一体化高精度定位系统，打造自主泊车示范区，助力自动驾驶车辆实现车位的快速寻找、驶入驶出及精准停靠等功能。

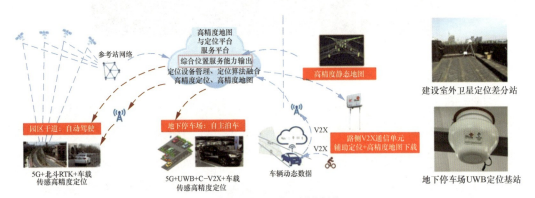

图9-4 基于5G+北斗的高精度定位系统

（4）基于5G车联网系统开展多场景创新业务示范

5G智能车联网系统实现了车辆防碰撞预警、变道预警、限速提醒、路径规划、绿波通行、路况提醒、自主泊车、无人接驳摆渡等功能，并在多场测试赛和正式比赛期间进行业务示范（如图9-5所示），在奥运历史上首次实现了L4级别的无人火炬接力、无人清扫等5G智能车联网业务的整体应用，为冬奥会不同人群提供绿色、高效、安全的出行体验。

图9-5 5G智能车联网多场景业务示范

图 9-5　5G 智能车联网多场景业务示范（续）

3. 特色亮点

（1）基于 5G、高精度定位、车路协同实现安全高效的 5G 智能车联网技术创新

首先，基于 5G+C-V2X 融合组网，实现了传输时延小于 10ms 的网络通信，并通过全局与区域通信的优势互补，构建了安全高效的智能车联网；其次，实现了"5G+ 北斗"高精度定位技术创新，为园区无人驾驶车辆提供厘米级、无缝的室内外高精度定位及路径导航；最后，通过"人工智能（AI）+ 网联"技术应用，自动驾驶车辆可实时获取全域交通环境信息，实现了基于融合感知的驾驶行为实时决策。

（2）实现了奥运史上多项首次基于 5G 车联网系统的应用示范

首钢园区 5G 车联网系统提供了可靠通信、全域交通态势感知车路协同、L4 级别车辆智能驾驶、高精度定位与地图导航、冬奥园区智慧交通业务运营等功能，实现了首钢园区北区全覆盖，首次将 L4 级别的无人接驳摆渡、自主泊车、无人火炬接力等智能车联网业务实现整体应用引入奥运赛场，满足了运动员、观众等奥运会不同参与人群的出行需求。

（3）打造 5G 智能车联网标杆案例，助推车联网产业创新发展

一是在产业标准体系上，5G 智能车联网项目组在 3GPP（第三代合作伙伴计划）、5GAA（5G 汽车通信技术联盟）等国内外前沿标准组织，牵头了 "5G V2X with NR sidelink" "High Accuracy Positioning for C-V2X(A-180327)" 等 20 余项标准立项，深度参与下一代车联网技术标准制定，提升中国在车联网领域的国际影响力。二是项目的创新成果，包括车路协同全域感知技术、融合定位技术、多车协同路径规

划技术等，为智能汽车产业发展注入创新动力，真正意义上推动汽车智能化和自动驾驶进入快车道，催生新的商业生态模式。三是 5G 智能车联网系统将国内自主研发的芯片、终端、平台、应用等车联网产业链关键要素构成闭环系统，实现整体应用与示范。借助冬奥会契机打造 5G+ 智慧交通行业的标杆应用案例，在冬奥会期间的商业化运营模式和经验，可为国家 5G 智慧交通的商业化落地应用提供重要参考。

4. 应用成效

中国联通部署 5G 智能车联网系统，实现基于环境全域感知的车－路－人－云的高效协同，提供传输时延小于 10ms，0.1m 级别车辆定位精度的智能网联能力，满足车辆高度智能、精准、安全的驾驶需求；并搭建统一的车联网平台，支持北京冬奥会期间不少于 5 种类型车辆的接入，服务于无人接驳、无人清扫、无人零售等 10 个以上应用，实现多类车联网业务高效的调度管理及运营管理，为冬奥会提供绿色、高效、安全的差异化出行体验。

北京冬奥会期间，5G 智能车联网系统用于奥运史上首次 5G 无人车火炬接力活动、北京冬奥村无人清扫活动。北京冬残奥会期间，该成果应用于首钢园区 5G 车联网全系统示范。北京冬奥会之后，本项目的应用经验可用于 5G 车联网系统在城市区域实现规模化应用和推广，带动智能交通产业发展。

（1）奥运历史上首次基于 5G 无人车的火炬接力

2022 年 2 月 2 日，北京冬奥会火炬接力活动盛大启动。在当日的火炬接力活动中，无人车按照既定传递路线，安全、平稳地完成了火炬交接，实现了奥运历史上首次基于 5G 无人车的火炬接力。此次在冬奥会出现的无人车火炬接力，正是依托在首钢园区中国联通部署的 5G 智能车联网业务系统，实现小于 10ms 的低延时数据传输，提供超过 150Mbit/s 的大带宽视频数据通信，并通过中国联通 5G 网络切片专网，实现云端驾驶舱对车辆的可靠操控，保障了活动当天 5G 无人车火炬接力活动圆满成功，如图 9-6 所示。

（2）北京冬奥村 5G 无人清扫创新业务

在北京冬奥村"电力/物流/清废/值机"区域，中国联通部署 5G 无人清扫创新业务，以"5G+感知+定位"的三大核心"绿科技"助力打造 5G+ 智慧冬奥村，如图 9-7 所示。依托 5G 网络低时延、大带宽等特性，可实现云端平台对 5G 无人清扫车的实时监管。同时 5G 网络可将场端感知信息及云端数据的分析结果实时发送给无人清扫车，为车辆装上"千里眼"和"顺风耳"。此外，基于"5G+北斗"的室内外一体化高精定位，并结合地图信息，可实现 0.1m 级精度清扫区域的全覆盖。在北京冬奥期间，冬奥村的 5G 无人清扫车每天可完成 6000m^2 的清扫面积，累计清扫里程达到 10km。

图 9-6　奥运历史上首次基于 5G 无人车的火炬接力
（图片来源：央视新闻）

图 9-7　北京冬奥村 5G 无人清扫
（图片来源：CGTN）

（3）首钢园区 5G 车联网全场景示范

中国联通在首钢园区打造了 5G 智能车联网系统，部署了 17 个 5G 基站、1 个北斗地基增强站、近 200 台智能路侧设备单元等设备，实现了首钢园区北区全覆盖，实现了 5G+北斗+C-V2X 融合组网，支持小汽车、零售车、物流车、配送车、清扫车等多种车型 30 余辆车的智能运行，提供了无人接驳、无人零售、无人物流、绿波通行、路径规划、路况提醒等业务应用，如图 9-8 所示。

图 9-8　首钢园区 5G 车联网全场景示范

自 2020 年以来，首钢园区 5G 智能车联网系统已完成上百次车－路－云多方联调测试，积累了大量的测试数据，并在"相约北京""智慧耀联通 一起向未来"等重大赛事活动中开展了 10 余次创新业务示范。科学技术部、工业和信息化部、北京市政府等领导曾多次调研该项目，此外项目成果也参加了国家"十三五"科技成就展、世界 5G 大会、中关村论坛科技冬奥展等国内外重要展会，先后获得了 10 余项行业奖项。在北京冬奥期间开展无人接驳、无人清扫等多项业务示范。

案例23　安徽阜阳颍泉区 5G 智慧产业园
——凝聚"数智"力量，跑出园区数字化发展"加速度"

1. 背景和需求

（1）项目背景

2020 年，安徽省发展和改革委员会、安徽省科学技术厅、安徽省商务厅联合发布《安徽省创新型智慧园区建设方案》，文件要求"分批有序推进创新型智慧园区建设工作，在'十四五'期间，全面建设创新型智慧园区"。为落实《安徽省创新型智慧园区建设方案》要求，阜阳市印发《阜阳市创新型智慧园区建设方案》，着力加快推动优势传统产业与信息化的深度融合，深化并提升企业服务效能，为区内企业降本增效，助推经济高质量发展。

近年来，安徽颍泉经济技术开发区紧抓"长三角一体化发展"和"高铁全覆盖"战略机遇，对接长三角创新资源，创新基金招商模式，细化产业配套清单；有针对性地引进缺失链条，补强薄弱链条，提升关键链条，不断增强园区特色产业集聚能力和配套能力，从而形成完整的产业链体系。未来，新型智慧园区建设将是实施产业集群培育升级、提高产业发展竞争力的重要举措，也是实现园区创新、协调、转型、共享发展的必然要求。

（2）项目需求

安徽颍泉经济技术开发区集中力量打造了智能制造、新材料、新能源、绿色建筑四大产业集群，四大产业从无到有、从小到大，不断集聚，逐渐形成虹吸效应和影响力。但是数据"孤岛"、数据"烟囱"等难题依旧存在，数字化招商、企业信息共享、时空数据交互等领域仍存在一些问题，亟须智慧化手段解决。

① 响应号召，落实创新型智慧园区建设

应积极响应《安徽省创新型智慧园区建设方案》要求，以新一代信息技术为手段，以业务创新为重点，以数据及软件应用为支撑，大力推进园区基础设施建设，促进园区精细化管理、精准化服务，推动产业发展协同化、智能化，助力经开区高质量发展。结合《中共安徽省委办公厅安徽省人民政府办公厅印发〈关于在全省企业中开展"四送一服"双千工程的实施方案〉的通知》（皖办发〔2017〕42号）要求，通过智慧园区信息应用工具，给企业自动化、智能化、精准化推送新发展理念、支持政策、创新项目、生产要素，有效解决实体经济发展中面临的突出困难和问题，构建"亲""清"新型政商关系，确保经济平稳健康发展。

② 改善营商环境，服务效能亟须全面提升

随着经济技术开发区招商规模扩大、园区范围拓展、基础设施建设增加，园区管理和涉企服务的难点逐步显现，现有靠人力对口服务、线下服务的模式，无法满足未来企业发展的诉求，人力资源和涉企服务资源愈加紧张，需要增加信息化手段，畅通服务渠道，打通数据资源，协同办公和服务流程，提高涉企服务效能，提升企业服务能力和决策辅助支撑能力。

③ 融入区域战略，园区发展空间尚待拓展

应积极响应"一带一路"倡议及"长三角一体化"发展战略，开拓思路向国内先进园区学习，通过智慧园区的建设，盘活低效及闲置资源，强化政策精准化引导，拓展市场活动，促进产业发展。持续优服务、稳增长、促转型，努力营造有利于实体经济发展的良好环境。

④ 发展产业经济，亟须开展数字化精准招商

招商工作是园区的重点工作之一，但是招商难度越来越大，招商要素资源不清、招商推介渠道不足、招商引资方式传统、招商工作成效不高、招商信息共享不畅、项目落地协同不够等痛点、难点一直困扰着管理委员会。需运用大数据技术，分析开发区产业结构和产业链,.建立从智能择商、线索管理、项目落地的招商全生命周期的闭环管理。

2. 主要做法

安徽颍泉经济技术开发区以"1+5+N"为建设思路，打造新型5G智慧园区体系。"1"是指"1个智慧园区超脑"，为园区要素数字化、状态可视化、运行智能化、管理协同化提供云网基础设施、数据共享交换枢纽、共性应用组件等支撑。"5"是指"5大智慧园区数字化平台"，包含智慧园区态势感知平台、公共管理平台、产业服务平台、企业管理平台、政务服务平台，提供园区态势感知一张图、招商管理、企业效益评价、智慧厂房、智慧安防、智慧消防、能耗监测、项目建设管理、闲置土地管理等场景下的智慧化应用服务。"N"是指多个5G创新应用，包含5G+无人机等。

（1）智慧园区超脑

智慧园区超脑主要包括云资源平台、数据中台和统一认证管理平台3个部分的内容，为智慧园区管理与产业发展提供算力、数据、智能支撑。云资源平台为园区各部门业务系统运行提供算力和存储支撑，满足信息化系统平台的建设实施、快速部署、运营维护等需求。数据中台提供数据治理工具集，对各业务系统汇集来的原始数据进行有效治理，并对接区大数据共享平台，以批量导入或人工填报等方式实现数据交换。经过数据融合和对数据资产目录的梳理，各部门、单位整理出需要共享交换的数据，通过构建实际数据资源开放门户，提供数据共享输出与数据交换服务中的接口开发服务，向各部门提供各种形式的政务数据资源。统一认证管理平台面向园区工作人员提供用户管理和认证体

系，统一提供用户的新增、维护、删除等管理和认证服务，提供标准的用户认证服务接口规范，为新建的第三方业务系统提供开发 SDK（软件开发工具包），可以为已建成的第三方业务系统进行统一用户认证改造。

（2）智慧园区数字化平台

智慧园区态势感知平台跨部门整合园区各类管理数据，促进园区各种运行体征指标数据汇聚，实现园区产值、固定资产投资、招商引资、税收数据等主要指标的可视化呈现，为园区管理提供强大的决策支撑，主要包括园区总览一张图（如图9-9 所示）、招商管理一张图、产业管理一张图、规划管理一张图等功能。

图 9-9　园区总览一张图界面

公共管理平台面向园区管理、企业管理提供智慧安防（如图 9-10 所示）、智慧厂房、环保监测、智慧能源、智慧消防、安全生产、物业管理、征迁辅助决策等信息化服务。其中，智慧安防整合现有卡口、重点区域、铁塔等部位部署的智能监控设备，实现可疑事件、安全事件的快速预警和联动指挥；智慧厂房基于 5G、GIS 等技术，结合企业、厂房、违建工单等基础数据，实现对企业地块、企业厂房等的盘点、跟踪、管控。

产业服务平台围绕区域主导产业，全网扫描推荐符合主导产业定位的优质企业，通过基因筛查等方式进行精准招商；结合 GIS+ 三维技术全面展示园区配套设施及周边环境情况，辅助开展招商引资；针对园区各类招商项目，提供从招商意向、洽谈、跟踪、签约落地的全流程闭环管理。平台主要包括精准招商、招商管理、招商可视化、项目建设及可视化等功能，其中招商可视化展示界面如图 9-11 所示。

图 9-10　园区智慧安防界面

图 9-11　招商可视化展示界面

企业管理平台通过在高清地理信息数据底本上精准定位企业位置，建立"一企一档"管理机制，对企业基础信息、企业发展现状进行三维展示；通过建设工业云平台实现工业设备上云、可信工业设备远程诊断，助力企业实现安全、快捷、低成本的数字化升级；建立亩均效益预测体系，开展企业效益分析，精准预测企业税收数据，从源头防控企业税收违法违规行为，双向激励企业健康发展。

政务服务平台主要提供智慧党建、行政 OA、政企互动等信息化服务。智慧党建针对园区非公企业集聚的特点，建立"党建网格化"管理模式，包含党风政风日常监督、廉政教育、案件通报、党务工作等模块。行政 OA 提供办公审批、督查督办、无纸化会议、绩效考核等功能，加强职能部门间工作协调能力，提升办公效率。政企互动通过政策服务、人才服务、用工服务等多样化服务，提升政府服务能力及园区企业的服务体验。

（3）5G 创新应用

园区基于 5G 技术大带宽、低时延、大连接的特性，积极探索开展 5G 创新应用。其中，5G+ 无人机系统是园区物联网系统的重要组成部分，可以定时、按需进行园区高空巡视，提供视频实时回传、定时巡检、补盲巡检、夜间红外巡检、违章建筑识别等功能，支撑火灾等应急事件的及时发现、应急处置，构建园区事件闭环处理机制。

3. 特色亮点

（1）建立 CIM 时空平台，实现态势全面感知、虚实同生共长

采用数字孪生技术对安徽颍泉经济技术开发区空间与位置进行 1∶1 精准复现，实现园区全要素数字化和虚拟化呈现。以数字孪生为底座建立园区 CIM 时空平台，全面整合园区三维模型、物联网感知数据、运行管理数据，精准定位设备分布，实时统计事件、部件、预警信息，展示园区产值、营收等情况，实现园区运行态势监测、建设规划成果展示、数据分析研判，促进物理园区与数字园区协同交互、共同生长，实现园区全状态实时化和可视化感知，园区全时空协同化和智能化管理，支撑园区管理者全方位、多维度掌握园区整体体征和全局态势，有效提升园区管理层的整体信息管控能力和决策指挥水平。

（2）建立 AI 分析平台，实现园区的智慧化管理

园区 AI 分析平台应用在线数据挖掘和预测、数据建模等技术，实现对园区能源使用强度与总量的控制、监管、预测与预警；通过智能识别建立招商目标企业全要素精准画像，提升招商引资效率；通过大数据分析，自动识别园区闲置土地、低效率用地，辅助园区土地决策；通过 AI 分析与物联网深度融合，打造消防智能识别预警体系，确保园区安全。

（3）建设大数据整合应用，优化产业创新孵化环境

打破园区地理空间限制，整合产业创新资源，以产业招商全流程管理、项目建设全流程管理、企业厂房全生命周期管理，推动园区创新型产业培育、产业集

群化发展。打通各部门之间的信息孤岛，实现园区信息的统一调度，达到园区内事件快速发现、集中受理、高效调度，推进园区管理的科学化、智能化。通过政务数据、互联网数据、物联网数据的共享，实现对园区企业信息掌握，辅助企业帮扶政策制定、帮扶措施的落实。

（4）建立主动式企业服务机制，促进园区企业健康快速发展

整合各类政务平台数据和资源，打通企业服务线上、线下渠道，建立便携式沟通渠道，实现园区、部门、企业无障碍交流；打破时间、空间及部门间的壁垒，实现企业需求"一目式掌握、一站式办理、一键式查询"。建立一站式共享平台，快速搭建园区、企业信息共享和互联互通平台，实现公文、数据、业务、咨询等信息高效、安全、可靠传达，实现企业从入驻到退出全过程服务的全流程线上办理，落实"让服务多跑路、企业少跑腿"。

（5）建立全方位安全防控机制，创建园区企业安全发展环境

在企业安全生产方面，通过 AI 识别、物联网技术，结合电子围栏等功能，对人员危险行为实时预警，对设备实时监控并告警；在消防方面，基于三维模型掌握园区所有消防设施精准位置和实时状态，实时识别警情并自动报警推送报警信息；在安防方面，建立智能监控系统，实现集中管理、安防可视、实时联动、实时预警及视频 AI 巡逻。在能源监测方面，通过能源设备能耗、运营和控制信息在线采集，形成园区能源强度与总量控制监管、预测、预警体系，实现能耗监测、能效分析、预警分析、能耗配额管理、碳排管理、能效对标等功能。

（6）建立闲置土地智能化管控机制，集约高效使用土地资源

通过土地要素信息的集成、项目时间及投资等数据的共享，以土地报批红线及出让红线与高清影像叠加，精准锁定闲置土地，自动分析闲置原因，形成闲置土地监管一张图，实现"要素全管控、过程全留痕、巡查全覆盖、处理全到位"的闲置土地智能化、精细化管理。

（7）建立招商三维可视化机制，提升园区招商智慧化水平

建立内外融合、空地一体的综合招商数据底图，将传统"面对面"招商模式变为"屏对屏"沟通方式，让意向企业身临其境地了解园区优势、地段、环境等信息。对未建成的无人机产业园，依据设计图纸建立建筑仿真模型，模拟展示建成后的内部结构及园区外部特征，可模拟多重视角查看园区情况，可在线选房、在线查看招

商入驻情况。

4. 应用成效

（1）招商引资全生命周期管理，引培服务一站式

建立精准招商数据大脑，结合产业链上、中、下游供给关系，精准挖掘产业链各节点上的优质目标企业，借助大数据算法模型多维度对目标企业进行数据建模，根据园区需要对目标企业关键参数进行纵向/横向的多维度对比，实现招商工作从线索发掘到洽谈跟踪、签约落地的全生命周期管理。目前，已建立智能制造、新能源、新材料、生物医药、绿色建筑五大产业链的招商大脑及数据服务，精准定位招商目标企业400余家，获取招商线索300余条，建立智能制造、新能源、新材料、生物医药、绿色建筑五大产业链的全国数据库。

（2）项目全生命周期管理，落地项目可溯化

通过数据共享及大数据分析，实现精准招商项目落地后建设全过程影像化展示，建立"一项一档"机制，归集项目建设过程中的文件和资料，实现项目建设可溯化。对建成后的项目实施亩均评价，为园区管理者精准分类施策、优化资源配置提供决策依据。目前，已经对2021年度纳入评价范围的企业进行了评价数据的采集。

（3）企业生命周期闭环管理，扬长避短促发展

整合政务数据、互联网数据、第三方数据等多渠道数据资源，根据不同的使用场景、数据来源等对园区内企业进行档案式呈现。基于大数据对企业生命周期进行分析，实时汇集不同周期内企业的产值、税收、研发等数据，辅助企业分析自身发展存在的问题和不足，并以此进行高效决策。目前，已对园区内400多家企业全要素信息进行了采集与录入，建立企业画像并实施了企业生命周期分析。

（4）违建厂房全过程闭环管理，查违惩处高效化

通过无人机定期航拍、大数据AI识别、分析等手段，让管理者"一目式"掌握园区厂房自用、租赁及合法和违法的综合详情。建立违建厂房工单化办理体系，全程跟踪每一步处置结果、人员和时间，实现违建厂房从发现、立案、处置到归档全过程可溯和监管人员高效监管。

案例24

北京市海淀区四季青 5G+8K 产业生态智慧园区
——5G 融合创新技术，赋能千亿级超高清视频产业集群的崛起

1. 背景和需求

（1）项目背景

智慧园区既是区域经济和产业的主要集聚区，又是智慧城市的缩影，是城市化、信息化、生态化融合发展的重要示范区。智慧园区的建设迎合了当今知识经济、创新、分工协作、信息化等产业发展特点和潮流，提升了园区管理部门的管理和服务水平。从长远来看，智慧园区的发展潜力巨大，是面向未来的竞争利器，大力推进智慧园区的建设是经济发展的必然趋势。

四季青 5G+8K 产业生态园原本是一家销售家居的聚类市场园区，为响应北京市政府号召，缓解非首都功能，园区于 2019 年底进行整体改造翻建，致力打造一个集视频科技、游戏竞技和孵化公司的 5G+8K 智慧化产业园区。"5G+8K"产业园区既是超高清视频产业的集中承载区，更是 5G+8K 新业态、新模式的培育发展基地，承担着超高清视频核心技术孵化和突破、规模化内容生产服务和商业化场景培育运营等任务。

随着企业数字化转型进程加速推进，入园企业对园区管理和服务提出了更高层次的要求。5G+8K 产业生态园智慧园区的建设是园区管理方提升自身的管理服务水平、构建与企业发展相匹配的信息化能力，满足市场需求的需要，既有利于进一步理顺园区管理机制，增强园区的精细化管理和专业化服务能力，又有利于提升园区品牌知名度，吸引优质企业落户投资，促进产业结构升级，还有利于优化园区产业生态，提供良好的营商环境。

（2）项目需求

顺应 5G、互联网、大数据、人工智能和实体经济深度融合的新趋势，四季青 5G+8K 产业生态园亟须找准重塑经济效益的突破点，重点发力信息基础设施改造、管理和服务平台建设、智能产业发展、传统产业转型升级等方向，加快数字化升级，引导企业和园区共同实现真正意义上的智慧转型。主要需求如下。

① 亟须提升精细化管理、专业化服务水平。四季青 5G+8K 产业生态园的建成投入使用对园区管理和服务提出了巨大的挑战，以硬环境建设为主的传统服务能力早已不适合当前的园区发展，贴合园区企业的"软实力"已成为当前园区发展的核心竞争力，随着园区的发展壮大，以企业作为园区管理服务的系统主题，有效配置各种资源，实现精细化管理、专业化服务是当前首要任务。

② 亟须建设数字基础设施满足产业数字化转型要求。基于 5G+8K 产业生态园的定位，园区需要提供 MEC+ 云渲染能力，为入驻园区企业提供 5G 专网全流程服务，共同构建"端网云"平台，推动优质企业入驻。面向入驻园区的 8K 视频科技公司智慧化转型的新趋势、新要求，需要统筹推进园区 5G 建设、智能视频摄像、安环监测、消防管理等基础设施的联网化建设，构建功能完善、互联互通、安全高效、绿色环保的现代基础设施网络体系。

③ 亟须为园区产业智能化发展提供共性支撑。为加快推进园区产业智能化发展，需要通过园区智慧化转型，显著提升园区对优质高端企业、高素质人才、高端前沿技术的吸引力和凝聚力，引入、整合优质行业资源，为园区企业提供参观、直播、服务、孵化、生态打造等产业支撑服务。

2. 主要做法

项目以 5G 网络为基础，以园区运营管理云平台为核心，打造"一图全园展现、一网全域安防"的智能体系，创新 5G+ 云直播特色服务，并为园区提供视频监控、智能门禁、无线巡更、楼宇自控系统、车辆管理平台、智能灯杆、微信访客、无感通行等多样化应用。

（1）集约化建设园区管理云平台

以园区发展需求为导向，结合联通物联专网、运维服务能力等优势，定制化开发园区运营管理云平台，打破多系统"数据孤岛"现状，构建统一的运营管理、业务协同、指挥调度、决策支持、数据共享机制，推动园区实现集中展示、集中管理，为园区内各种角色提供智慧化的工作体验及方便快捷的服务体验，促进园区智慧化升级，提高园区运营管理效率、经营收入水平、招商引资水平、数据融合水平。

（2）可视化构建态势感知一张图

汇集视频、门禁、报警、停车场等数据，以城市建筑体征模型为基础，构建智慧楼宇体征指数，形成园区运行评估体系。将重要信息通过态势感知分析模块进行数据分析和统计，然后将生成的多维统计图表进行可视化大屏分区域展示，为园区管理决策提供数据依据，如图9-12所示。

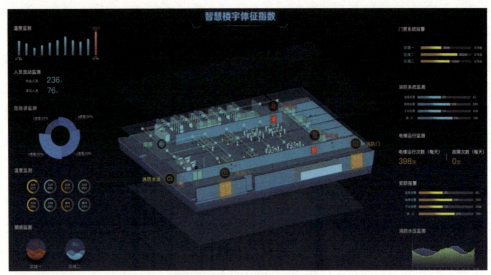

图9-12　态势感知一张图

（3）智能化搭建全方位安全防控体系（如图9-13所示）

视频监控：利用人脸识别、大数据融合等技术，对经过监控区域人员进行标记，实现人员的自动化分类，对员工、访客、外部人员、黑名单人员等进行分类标记，便于值守人员快速辨别目标身份。根据视频流或照片中的人脸，建立人脸数据库，通过视频监控系统的实时画面，结合人像库数据进行人脸智能识别及预警。

智能门禁：通过人脸识别技术将人员通道、门禁进行打通，统一赋权，并与已有的宿舍管理、门禁、考勤、消费、对讲等各子系统进行串联，满足各种场景的通行要求。

无线巡更：管理人员可实时监控运维人员巡检情况，及时发现设备故障、有害气体泄漏、火灾、盗窃等安全隐患，提升园区安全防护等级。

微信访客：通过微信实现访客的远程登记和预约，实现姓名、身份证、人脸的归一化管理，基于园区大数据和人脸识别能力支撑园区管理。

无感通行：通过AI技术，实现人脸ID（身份标识）化，支撑园区管理方面的多业务流程应用。

图 9-13　安全防控应用场景

（4）品质化打造 5G+ 云直播服务

利用联通"5G+VR+CDN（内容分发网络）+ 云"能力，携手 8K 视频科技公司打造园区媒体直播。基于视频处理服务，将现场高清视频通过 5G+ 云专线传送至直播平台，提供视频内容加速服务，满足不同客户的观看要求，并且可以将用户的动作实时上报给直播平台，将 CDN 推送的当前视角流和背景流进行解码并呈现给用户。

3. 特色亮点

（1）数据赋能，实现"监测 - 预防 - 决策 - 处置"一体化运营保障

依托全区运营管理平台，基于数据一点集中、实时共享、全面展示，园区管理者可实时监测园区关键运行数据，全面掌控园区 / 基础设施运行态势，敏捷掌控园区 / 基础设施安全、应急、生态环境等突发事件，实现事件预防控制、决策有数可依、处置联动协同，提升园区 / 基础设施运营管理保障能力。

此外，平台为园区内各类角色提供集约化的门户网站，集成园区内所有信息化子系统，实现用户统一登录、统一验证，满足用户通过门户平台进入各子系统的需求。

（2）服务创新，实现高品质物业服务直达

建设物业管理系统，促进服务能力和服务水平"双提升"，涵盖办公、生活、社群与运营 4 个方向，为用户提供一体化、便捷的物业管理服务，拉近物业与个人、企业之间的距离。系统主要包含基础空间管理、物业服务、在线缴费、合同管理、会员管理、发票管理等功能，提供多种类型项目收费服务，支持一键生成账单，可以为不

同状态的房间设置收费比例，可以生成计费报告。此外，通过小程序可以实现一卡通、咨询直达，企业可以有效地管理、查阅物业服务，小程序主要包括线上缴费、报事报修、投诉建议等功能。

（3）产业协同，实现产业生态高质量发展

搭建产业服务平台，助力构建 5G+8K 直播产业联盟，打造资源信息共享渠道，在企业之间形成商机等多方面信息的共享机制，促进企业的规模增长和企业之间的合作交流，提供增值服务、咨询服务、科技创新服务、产业协作服务及人才需求服务，并且可以根据园区需要，形成各类分析数据，为园区管理运营、产业规划提供决策依据。

4. 应用成效

四季青 5G+8K 产业生态园建设效果良好，目前已初步实现了"基础设施网络化、运营管理精细化、服务功能专业化、园区决策统一化、产业发展生态化"的五化目标。

（1）基础设施网络化

建成高速、移动、安全、泛在的新一代网络信息基础设施，实现有线网络全域覆盖和无线网络广域覆盖，推动园区 5G 规模组网试点及应用工程示范，实现园区各项基础设施的联网化建设，形成功能完善、互联互通、安全高效、绿色环保的现代基础设施网络体系。

（2）运营管理精细化

聚集产业发展需求，建成横向到边、纵向到底的园区管理平台，破除信息壁垒，提升信息共享水平，实现园区各类信息化资源的整合、共享和应用创新，全面增强对园区的实时监控和动态管理能力，进一步提升园区精细化管理水平和辅助决策效率。

开展招商引资、项目管理、产业分析、物业管理等信息库建设，基于数据中台实现信息资源共享。建立智能化办公系统，建设统筹性自动化办公软件、会议管理软件及业务管理平台，减轻园区日常办公负担。建立智能化应用集成系统，实现办公区域管理智能化，对于管理区域的停车场、门禁、考勤、能耗监管、信息发布等进行统一集中管理。在园区企业能耗监管方面，直接与相关管理计费单位的采集系统进行对接，获取园区及企业相关数据。

（3）服务功能专业化

打造连通园区内各部门、各业务间的应用服务平台，促进便民服务模式不断创新、公共服务资源配置更加优化；为入驻的中小型企业建设企业信息资源共享、发布、招商引资平台，了解企业运营状况，促进企业健康成长。

（4）园区决策统一化

依托大数据技术将空间数据、招商数据、产业数据、设备数据等数据资源汇聚于统一的数据中台，以边缘计算平台为物联基础，以物业管理、招商引资、综合服务等系统为软件基础，依托大屏技术建设用户能够直观感受的统一决策展示平台（如图9-14所示），建立数据分析体系，为园区决策的统一化制定、发布、执行、考核提供全面支撑。

图9-14　智慧园区大屏展示

（5）产业发展生态化

有效整合园区相关资源，依托产业服务平台，为企业提供咨询、科研、融资、技术改造等支撑服务，在提升园区管理服务效能的同时，助推传统产业提档升级，构建产业发展新生态，培育壮大新产业、新业态，加快推动企业转型发展和产业结构优化。

9.2　智慧社区类

智慧社区是充分应用大数据、云计算、人工智能等信息技术，整合社区各类服务资源，打造基于信息化、智能化管理与服务的社区治理新形态。中国联通以社区管理信息化平台、社区服务移动端应用为抓手，通过开展社区基础设施智能化改造、社区网格化管理及应急处置数字化提升、公共服务线上线下融合联动等的建设，助力构建安全防卫有深度、社区治理有精度、便民服务有温度的新型智慧社区。

案例25　浙江义乌宾王未来社区
——以"1N93"未来社区智慧服务平台为引擎，创建美好社区新生活

1. 背景和需求

（1）项目背景

2021年2月18日，浙江省召开全省数字化改革大会，发布《浙江省数字化改革总体方案》，全面启动浙江数字化改革。方案指出，未来5年内，浙江将以数字化改革撬动各领域、各方面改革，运用数字技术、数字化思维、数字化认知对省域治理的体制机制、组织架构、方式流程、手段工具进行全方位系统性重塑，推动各地各部门流程再造、数字赋能、高效协同、整体智治，整体推动质量变革、效率变革、动力变革，高水平推进省域治理体系和治理能力现代化，争创社会主义现代化先行省。

按照"规定动作接得住、自选动作有创新"要求，在高标准完成省数字社会建设各项任务基础上，义乌市以满足社区居民数字社会美好生活需求为牵引，集成社会事业领域公共服务，率先提供数字生活、数字教育、数字交通、数字旅游、数字养老、数字健康等跨部门多业务协同应用，落地"未来邻里、教育、健康、创业、建筑、交通、低碳、服务、治理"九大场景，创新有机统一的新人居空间，形成数字社会城市基本功能单元系统。

宾王未来社区建设充分落实未来社区智慧服务应用建设与运营指南，运用三维空间治理优势，完善政府治理端、市场交易端、居民服务端、物业管理端多端应用，充分衔接行业现有数字应用系统，完成相关市场主体接入工作，大力推广未来社区智慧服务应用2.0，提供满足政府、社区、物业、市场主体、居民等多元对象需求

的数字社会基本功能单元系统。

（2）项目需求

① 社区数据资源归集利用不充分

社区作为承载居民生活的最小单元，汇集了文化教育、健康医疗、交通出行等领域的海量数据。然而，目前基层社区多以业务为中心开展信息化工作，社区数据分散存放于各系统平台中，数据质量参差不齐、数据共享流通困难、信息孤岛现象严重、数据价值难以发挥，亟须构建涵盖数据归集、治理、应用全生命周期的中枢平台，以数据价值的深入挖掘来支撑社区治理服务效能的提升。

② 社区数字化发展引擎尚未建立

社区治理、服务活动需要多部门、多业务协同配合，目前仍然缺少类似于"城市大脑""数字驾驶舱"的智能中枢平台，一方面无法全面集中展现社区治理服务现状，社区运行态势不明，另一方面难以运用数字化手段挖掘社区治理服务的深层原因和根本问题，决策支撑能力不足。因此，宾王未来社区建设亟须构建社区智能中枢，实现"态势一屏统览、事件一网通办、决策一键辅助"目标。

③ 社区治理服务体系不完善

目前，社区治理体系以"人工型、被动型、粗放型、分散型"为主要特征，大数据、人工智能等先进技术应用不足，人力成本较高，无法主动、精准解决社区运行的问题和痛点，社区治理主体缺乏协同联动，难以形成合力。宾王未来社区建设需要以数字技术为核心"治理工具"，精确感知、动态预测社区运行态势，统筹调度社区管理者、社区服务供应商、社区居民等各类主体，面向社区物业、社区安防、便民服务、居民出行、环境保护等场景，开展治理和服务活动，构建"智慧型、主动性、精准型、统筹型"的新型治理服务体系。

2. 主要做法

（1）总体概述

宾王未来社区智慧服务平台是社区数字化应用和服务的支撑，总体设计上通过社区基础数字操作系统上联城市大脑、服务应用商城、CIM平台，下联社区物联感知网，全面承接社会事业"12个有"多跨协同服务在社区应用精准落地，安全集成市场主体标准化、多样化、柔性化的数字产品与服务，为居民提供高品质服务，为治理者提供智能治理服务。

(2) 总体架构

根据浙江省未来社区数字化总体架构（即"1N93架构"），宾王未来社区主要包括未来社区服务应用商城、基础设施、全域数字底座、未来社区等9个场景，提供面向社区居民、政府、社区运营方的3个服务端口。其中，全域数字底座由社区物联引擎（IoT平台）、社区数据中台、社区应用能力中心（业务中台）、空间数据资产组成，并由稠城街道统建，打造宾王社区能力复用基座，后续可兼容稠城街道其他社区，实现服务资源的标准化与统一，降低系统的整体建设成本。1N93总体架构如图9-15所示。

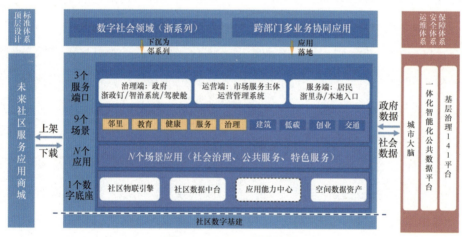

图9-15　1N93总体架构

(3) 构建未来社区智慧服务平台

社区智慧服务平台是未来社区建设的核心，提供智慧服务能力的数字化"操作系统"（如图9-16所示），实现大数据处理、分析、挖掘。通过连接底层硬件设备，采集海量异构社区数据并进行集中存储和高效计算，在其基础上利用大数据平台、人工智能平台、CIM中台、区块链平台实现各类数据的处理、分析、建模、共享、深度学习和可视化，向上提供移动终端系统和各种移动应用、承载未来社区九大场景应用，更好地实现社区智慧化服务。未来社区智慧服务平台架构如图9-16所示。

① 建立社区物联引擎，实现智联万物

社区物联引擎作为支撑未来社区的基础信息平台，为社区场景提供基于云计算、大数据、人工智能、云管边端一体化、安全的物联感知服务。社区物联引擎基于统一标准提供社区智能化设备接入、设备安全认证及设备资产管理能力，提供海量设备连接、设备和云端双向消息通信、批量设备管理、远程控制和监控等能力，将设备数据灵活流转到其他服务或消息中间件，将各系统的设备数据打通、联动、汇聚，进行统一管理，让数据的价值最大化。

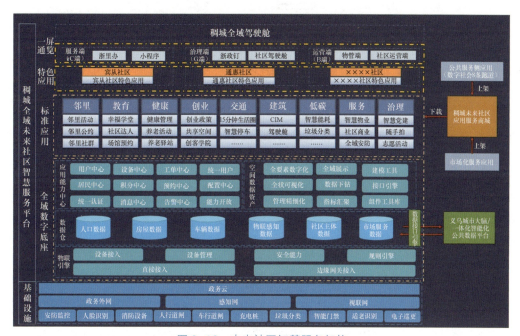

图 9-16　未来社区智慧服务架构

② 搭建社区数据中台，贯通城市大脑

社区数据中台提供社区内外部多源异构数据的采集、存储、计算、治理、建模、分析及服务，对内依托数据优化提高管理业务能力，对外进行数据合作并释放价值，既是社区数据资产管理中枢，也是未来社区行业应用的数据支撑底盘，包含数据仓和数据引擎两大部分。

如图 9-17 所示，数据仓对政务、物业、交通等专业系统业务数据和城市大脑大数据、外部数据等全量数据进行规范化整合，并对同类数据合并融合，形成各业务板块的特色数据专题库、模型库。数据仓不仅要接入社区内部智能设备数据、业务数据，对社区静态基础信息、动态运行信息进行汇总；从社区运营服务的角度，数据仓还需内联城市一体化、智能化公共数据平台，外展社会化大数据和互联网数据资源，有效提升数据共享交换效率。

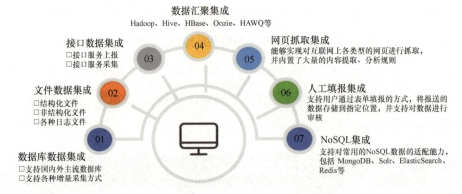

图 9-17 数据仓支持多源异构数据的接入

数据引擎提供社区数据的治理、开发、服务等功能，助力打造"全层次"数字融合的全域数据资源体系，促进数据应用的业务化协同创新。数据引擎可以对数据仓汇聚的数据进行清洗，围绕一些核心主体对象的属性及关系，对整个社区的全局实时运行态势进行分析和研判，有效调配和优化公共资源，不断修正社区管理中的缺陷。

③ 建设应用能力中心，优化业务管理

应用能力中心为上层应用提供标准的 API（应用程序接口），提供数据集成、消息集成、应用集成能力，满足跨部门多业务融合场景智慧应用落地需求，贯通城市大脑，链接服务应用商城，实现标准化应用模块可视化组装，主要提供组件管理、工作空间管理、项目管理、标签管理、数据管理等功能。应用能力中心还具备应用管理和运营管理能力，提供应用发布、上传/下载管理等功能，可以快速提供各场景化应用解决方案，提供统一门户及在线服务等。社区应用能力中心具备通用性，可实现服务资源的标准化与统一化，降低系统的复杂度，可以复用到多个社区，避免重复性建设，降低整体的系统建设成本。

④ 构建统一门户，提供便捷服务

统一门户是各个应用入口汇聚的地方，用户可以方便地通过统一门户登录各个应用，统一门户包括服务端门户、运营端门户、治理端门户，如图 9-18 所示。

治理端门户是社区管理员的统一入口，是 B 端（计算机端）应用汇聚的地方，管理员可以在这里对社区进行统一管理。

服务端门户主要是面向居民的移动端门户，是 C 端应用汇聚的统一入口，居民可以在该入口找到自己想要的应用并一键进入。服务端门户包括公众号和浙里办，实现应用多端同源。

浙里办　　　运营　　　浙政钉　　　社区指挥中心
小程序　　　小程序　　　（治理端）　　（治理端）
（服务端）　（运营端）

图9-18　多端入口界面

运营端门户是社区运营方日常运营的统一入口，通过用户体系同步，实现多系统用户的统一管理，促进各个运营系统的集中融合、集中管理、集中使用，使社区运营更加体系化。

（4）建设未来社区数字孪生平台，助力社区精准治理

创建高清社区信息模型，精准映射社区运作状态。通过对社区物联感知网络的优化部署，全方位搭建道路、桥梁、井盖、灯盖、建筑等基础设施的数字化模型，形成虚拟社区在信息层面上对实体社区的精准信息表达和映射，实现社区运作状态的充分感知、动态监测。优化公共服务效能，提升社区治理效率。社区管理者通过数字孪生平台，可发现社区运行过程中的问题和短板，依托互联网、云计算等现代科技手段丰富社区服务应用、优化社区服务流程、提升社区服务品质。如图9-19所示，数字孪生平台高度融合社区各领域现有数据资源，对人、车、物、事件、环境、安全等重要指标进行日常监测，助力社区管理者全面掌控社区综合态势、及时处置社区突发事件、全局合理调度社区资源。开展社区运行态势研判，助力社区发展智慧决策。通过建立高度集成的数据闭环赋能体系，及利用数字化模拟仿真、虚拟化交互等技术，未来社区数字孪生平台可在虚拟空间中进行仿真建模、现象演化、智能操控、智能决策等，为改进和优化社区治理服务模式提供决策支撑。

图 9-19 社区基础设施全方位数字化建模

（5）打造社区高质量智慧应用，创建社区美好舒适生活

构建"服务应用商城+社区智慧服务平台"模式，开放特色应用服务市场。一方面服务于以社区管理者、社区居民为主的数字化需求侧，方便用户找到并选择适合的数字化产品和服务；另一方面服务于社区服务供应商等数字化供给侧，帮助他们按照一定的技术标准快速打造服务于社区的软硬件产品和解决方案。打通省级应用，承接数字社会"12个有"。未来社区智慧服务平台上联城市大脑、应用商城（如图9-20所示），下联社区物联感知网，以场景应用（如图9-21所示）为牵引，全方位承接社会事业"12个有"多跨协同服务在社区应用精准落地，提供公共服务应用和数据治理组件的统一规范，避免分头建设、重复投入。打磨重点场景，挖掘美好生活新可能。"未来邻里"着力构建数字孪生邻里空间、建立邻里贡献积分机制，实现公共空间、邻里社群的智慧管理；"未来服务"聚焦社区居民衣食住行，围绕"社区物业服务、社区便民服务"2个目标提供智慧化服务；"未来健康"围绕"基础康养服务设施全覆盖、健康大数据互联共享、创新社区健康服务模式、优质医疗资源引进、创新多元化养老助残服务模式"等目标提供健康数据管理、居家养老等功能。

3. 特色亮点

（1）打造统一智慧平台，一键管理物联事件

物联感知"精密智控"。构建宾王社区3D立体地图，汇集物联网智能感知设

备资源。接入外围、楼栋监控、门禁等智能安防终端,形成社区安全立体防控网络,动态掌握管家、保安每日巡检情况,做到风险可溯、可防、可治和可控。

图 9-20　联通未来社区应用商城

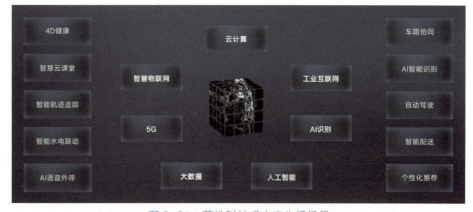

图 9-21　落地科技感未来生活场景

指挥调度"精准联动"。集成"AI物联预警、物业每日巡检、居民需求提醒、平台交办处置"等异常告警事件,形成"事件发现、分析研判、指挥调度、处置反馈"的事件处置闭环。在出租房管理方面,可及时、动态、批量调度管理委员会、社区运营主体力量,实现线上、线下即时联动,提升管家事件处置效率;在商铺管理方面,打造数字门牌,集成商户资质、运营、租约管理、证照管理、业态类型等信息,为商铺经营者提供"审批、装修、经营"全周期服务和管理。

管理服务"精细高效"。通过"数感稠城"系统,构建事件"上报、办理、催办到办结"标准化处置流程。对于24小时未办理的事件,自动生成超时预警;对于超过处理权限的事件,将流转到"基层治理四平台";针对智能物联设备异常情况,实现自动预警并通知管家上门摸排、消除安全隐患,实现当日事件当日办结。

（2）打通各类数据堵点,管理服务一网通

数据一"网"联通。创新"政府统筹、专业运营、居民自治"协同治理模式,打通政府、企业、居民三方数据,整合宾王社区智能物联设备、社区居民人防大数据等海量数据。例如,在疫情防控工作中,平台调用"浙江省疫苗与预防综合管理信息系统"数据接口,对宾王社区大量流动人口进行数据比对,共享受种者姓名、接种日期、疫苗名称及剂次等疫苗接种数据,确定未接种人员名单,有效提高社区疫苗接种工作效率。

治理一"屏"掌控。开发"宾王社区智慧服务平台"数字驾驶舱(如图9-22所示),围绕"出租房与流动人口管理"一条主线,细化未来邻里、未来教育、未来健康、未来服务等7项任务,并逐级细化至最小颗粒度,集成七大场景上百项核心数据,联动"城市大脑""一体化智能化公共数据平台"等系统,整合"人、房、车、铺"各要素,实现业务场景多跨协同,推动社区治理工作全部"入脑上线"。

服务一"键"智达。上线服务专属小程序"义乌融荣宾王",实现宾王社区常住居民、流动人口的出租入住、邻里生活、全龄教育、社群交友等服务的集成办、掌上办、便捷办。特设"智慧入住"场景,多维度绘制居民"立体画像",实现社区服务"千人千面""私人定制";引入"融管家"智慧服务,高效、快捷地响应居民多样化的生活服务;线上链接宾王社区丰富的美食餐饮、美容美发、休闲娱乐、运动健身等商铺资源,在有序管理中提供优质服务。

图 9-22 "宾王社区智慧服务平台"数字驾驶舱首页

（3）聚焦国际友人需求，实现心与心交流

"点对点"提升居住活力。利用奖惩制度、邻里信用挂钩，考核物业管家服务水平，形成服务和管理良性循环。

"面对面"推送成长礼包。联合宾王社区公立学校与私人教育机构，为居民提供提升技能和学历的网络教育资源；联动宾王未来社区云聘会，汇总商业、企业最新招聘需求，为求职者提供就业分析报告，匹配名企内推资源，提高面试成功率。

"心贴心"联通社交孤岛。针对宾王社区国际友人，调研年龄、性别、兴趣爱好、就业意向等标签，形成社区国际友人画像，通过画像精准匹配组团联盟、兴趣社团，推送相应主题活动，同时积极与相关组织开展团建共建，形成跨组团、跨空间的"大邻里"概念，打造活力社区。

4. 应用成效

（1）经济效益

实现社区各类信息资源的统一归集、开发、利用、共享是整个项目建设的重点，也是社区数字化升级的核心内容。通过统一规划、共同开发、协同服务，宾王未来社区充分践行"集约化"建设理念，既可以盘活现有的海量数据资源、避免各部门重复采集信息、节省人力成本、提高信息的利用率和时效性，也可以为其他各政府部门的业务系统建设提供各类信息资源共享服务，直接降低建设成本。

宾王未来社区建设在提升社区治理品质、提高居民生活幸福感的同时，通过对大数据、人工智能、物联网等技术的深入应用，推动了本地数字信息产业的发展。此外，宾王未来社区以人才培养为核心开展"双创"服务，提供职业培训课程、开设创享集市、成立共富直播间，促进数字经济活跃度不断提升，截至2022年9月，已累计带货30场，产生经济效益超100万元。

（2）社会效益

① 建设社区治理新引擎，打造社区治理新标杆

宾王未来社区建设围绕智慧服务中心理念，建成以"1N93"为系统框架的未来社区智慧服务平台，通过CIM、物联网等技术构建了社区运营管理系统，实现了社区所有人、物和服务的统筹联动，变被动为主动，变事后追溯为事前预警、事中处理，让社区管理更安全、更便捷、更高效，为我国社区智慧化建设提供榜样示范。

② 实现社区精细化治理，提升基层治理成效

宾王未来社区建设推动了各部门资源共享和互联互通，支撑各级政府领导快捷、方便地掌握信息，增强调控的主动性和科学性，提高社区运行质量，从而促进政府精细化管理、提升社区管理智慧化程度。同时，宾王未来社区建设有效承接了省市一体化、智能化公共数据平台，促进跨部门多业务协同，有效整合了现有数字化转型的基础和成果，构建起"街道－社区－小区"3级穿透的数字化管理体系，建立居民、基层治理机构（居委会、社区、街道等）及市场服务主体"共建、共创、共享、共治"的数字智治体系，让社会治理有效下沉，让基层治理数据变活，形成党建统领的"自治、法治、德治、智治"融合基层治理体系。

③ 助力构建服务型政府，提升公共服务能力

项目实现了各类应用和服务的整合提升，打造出集合政务服务、商业服务、文化服务、便民服务等于一体的全场景、一站式服务系统，围绕"居住安全感、生活幸福感、个人满足感"切实提升了居民服务体验。

④ 不断夯实信息化基础，推动信息化发展

项目建设推动新型基础设施不断完善，有效促进了社区治理信息化的全面发展。在深入应用现有信息资源为社区治理提供服务的同时，宾王未来社区建设还深化构建了自然地理信息资源体系、社区信息资源体系等，全面拓展政府面向居民的

信息咨询服务，促进社会信息化发展。

案例26 陕西西安社区管理服务平台
——探索智能化社区新路径，描绘现代化社区"15分钟便民圈"新蓝图

1. 背景和需求

（1）项目背景

西安市制定了"三步走"战略，致力于全面建成国家中心城市，打造带动西北、服务国家"一带一路"建设、具有国际影响力的现代化都市。西安市在迈向现代化都市的目标下，将"打造15分钟社区生活圈"作为提升城市竞争力的重要举措之一。自2019年，西安市人民政府便提出《西安市打造城市社区"15分钟便民服务圈"总体方案》，组织编制《西安市社区生活圈设计导则》《西安市中心城区社区生活圈规划》，开始了城市规划与社区管理融合的社区发展模式的初步探索。

在具体实践中，顺应城市发展需求与发展趋势，西安市在国内率先提出15分钟便民圈管理服务平台概念，围绕以人为本的理念和社区数字化治理方式两大核心，希望通过完善基本生活单元模式来反映和体现新时期的城市生活方式、规划实施、社区管理的转型。15分钟便民圈管理服务平台的提出，体现了西安市在大城市精细化管理背景下对打造社区生活圈的全新理解。

（2）项目需求

西安市"15分钟便民圈管理服务平台"以惠民便民为主导思想，以"满足人民日益增长的美好生活需要"为中心，架设居民与便民服务圈之间的桥梁与纽带，为市民提供安全、高效、便捷的智慧化、便利化服务。相关需求如下。

① **人民生活所需：因地制宜塑造特色生活圈**

以小区几何中心为中心，15分钟步行可到达目的地，支持搜索地点、导视、查询公交及驾车线路、查看实时路况等，包括学校、医院、药店、商场、公园、银行、公交车站、停车场、酒店、公厕等公共设施，满足居民吃、住、行等生活基本需求，通过构建宜居、宜业、宜学、宜游的"服务圈"，提高居民生活品质。

② 社区管理所需：分区分类推进建设便民圈

依据《西安市打造城市社区"15分钟便民服务圈"总体方案》，西安市从2019年至2021年，用3年时间不断充实完善社区多层次、多样化服务供给，形成"15分钟便民圈管理服务平台"。依据各个社区居住群体、建设基础等差异情况，数字化系统需要为政府对社区便民服务圈建设的投资、管理、决策提供数据支撑，分区、分类推进社区"15分钟便民圈管理服务平台"建设。

③ 部门效能所需：多源数据归集优化行政效能

为深入贯彻《西安市推进宜居幸福社区建设实施方案（2020—2021年）》文件精神，全面推进宜居幸福社区建设，出于部门管理效能提升的需要，需对社区基础数据进行归集、分析与利用，主要包括社区基本情况、就医、交通、购物、阅读、餐饮、健身、养老、政务服务、教育和休闲等机构、设施、服务情况等。

2. 主要做法

西安市积极贯彻落实"15分钟便民服务圈"工作部署，探索"智能化社区"新路径，建设"西安市社区管理服务平台——15分钟便民圈管理服务平台"（如图9-23所示），具体包括社区数据全域收集、应用支撑统一赋能、10个便民服务圈应用建设、可视化指挥决策等内容。

（1）实现市级便民资源的整合和共享交换

依托"15分钟便民圈管理服务平台"，对接基础数据库、各委办局政务数据库及相关主题数据库等数据资源，开展西安市社区数据采集、融合、发布、共享、交换等全过程管理，建立便民服务圈专题数据库，包括11个市辖区及所属街道办、1114个社区"15分钟"范围，共计10个便民服务圈，涵盖就医圈、交通圈、教育圈、休闲圈、购物圈、阅读圈、餐饮圈、健身圈、养老圈、政务服务圈等服务机构、设施等数据。

（2）便民综合服务系统提供多元社区服务

建设便民综合服务系统，对全市社区"15分钟"范围的10个便民服务圈依托网站、手机App等应用端，基于GIS地图分类、查询、导视、线上线下互动等形式来为居民提供安全、高效、便捷的智慧化、便利化服务。"15分钟便民圈管理服务平台"不仅要成为服务市民群众的第一窗口、第一载体，也要成为展现城市品质生活、不断提升市民群众幸福感的新窗口。

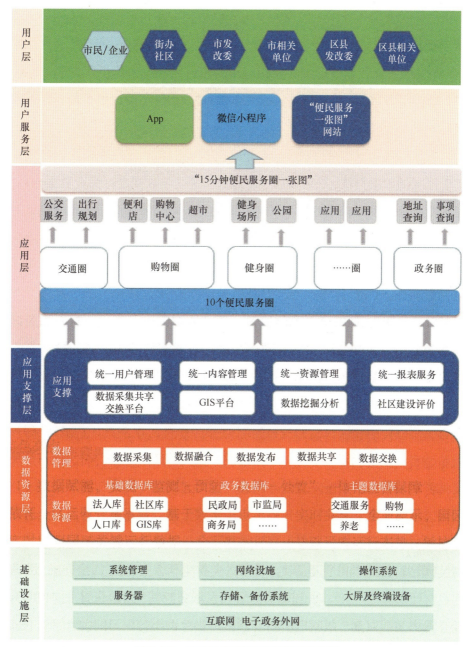

图 9-23 西安市社区管理服务平台架构

面向全市居民的界面主要包括地图服务、全图检索、信息查询、商家展示、权威发布、社区活动、热点信息、满意度调查、电子手册等。为了满足不同的使用环境，平台支持 android App、微信小程序、微信公众号、网站等应用端。

（3）科学评估宜居幸福社区建设

建设评价系统，为宜居幸福社区建设评价提供数据支撑，为政府分区分类推进宜居幸福社区（便民服务圈）建设的决策提供依据。深入贯彻落实《西安市打造城市社区"15分钟便民服务圈"总体方案》精神，对市级相关部门和区县开发区开展15分钟便民圈管理服务平台建设的成果给予科学评价。依据建设服务标准和社区人口、规模等多重因素，在平台系统中建立完善、科学的评价模型，实现数据采集审核后，自动生成评价结果。

（4）数据可视化支撑指挥决策

基于社区的数据资源、服务设施、评价指标等基础数据进行综合数据挖掘分析，搭建可视化展示子系统，为普通社区向宜居社区、幸福社区改造建设的决策提供科学数据支撑，最终迈向"满足人民日益增长的美好生活需要"的新发展阶段。

3. 特色亮点

（1）以人为本、创新驱动、精准服务

项目按照"统筹发展、以人为本、精准服务、共享众创、安全可控"的原则，以"满足人民日益增长的美好生活需要"为中心，全面加强便民惠民服务信息化建设与应用，不断提升市民的幸福感、获得感。

① 顶设引领，统筹发展：强化社区管理服务平台的顶层设计，坚持统一领导、统一规划、统一标准、统一管理，加强统筹指导，立足当前、面向长远、有序推进，确保便民惠民服务信息化建设全面协调、可持续健康发展。

② 以人为本，精准服务：聚焦社区民生热点、难点、痛点、堵点，结合社区建设条件和人口结构等因素，精准规划、布局、建设和服务，扎实办好民生实事。以数据为关键要素，以"满足人民日益增长的美好生活需要"为中心，促进公共服务基础建设与便民惠民服务信息化深度融合，最大限度发挥"15分钟服务圈"作用。

③ 创新技术，驱动发展：把握新一代信息技术发展趋势，依托大数据、云计算、物联网、人工智能、5G等数字技术在社区的深度应用，推动社区管理场景创新与模式创新，不断激发社区创新内生动力、营造良好创新生态、拓宽创新发展途径。

（2）系统拉通、数据融通、共建共享

① 系统集约，共建共享：立足业务协同与联动需求，按照集约化原则建设信息化基础设施和信息系统，推动跨部门、跨层级、跨区域的互联互通、信息共享和业务协同。在数据层通过西安市大数据中心整合社区多源数据资源，促进城市不同部

门异构系统间的资源共享和数据交换，在应用支撑层将底层系统进行有机整合，包含 GIS 平台、数据采集交换共享平台、数据挖掘分析平台、社区建设评价、统一用户管理、统一内容管理、统一资源管理、统一报表服务等，最终实现与社区便民服务圈建设及宜居幸福社区建设相关数据的共享。

② 数据拉通，资源整合：通过与西安市大数据平台进行对接及人工采集的方式，利用现有人、地、物、组织等基础数据，对多源采集的数据合一并且去重，建立"便民服务可视化界面"的基础数据中心。通过电子政务外网与各政务部门实现数据交换共享，同时根据市政府 10 个服务圈的建设规划，通过人工采集、互联网抓取等方式对基础数据、专题数据进行关联，形成社区便民服务圈主题数据库。充分运用大数据平台，盘活单位、社区、企业的公共资源，缓解老百姓的"急难愁"问题。

③ 统一部署，应用统筹：集中部署全市统一的基础数据库及其开发应用平台建设，避免投资导向、重复建设、减少资源浪费。在基础设施层，建设平台运行所需的网络、计算及存储资源、基础软件、安全防护体系和平台所包含的各类智能终端。在应用层，建设多个应用中心，满足社区管理服务的综合需求，包含"便民服务可视化界面"服务认证发布、社区建设评价、决策分析中心、内容管理。在用户服务层，通过建设"便民服务可视化界面"覆盖社区服务中心、全市居民，以及社区服务商家及企业、街镇/村居及各级政府部门。

（3）场景丰富、多元管理、优化营商

"15 分钟便民圈管理服务平台"建设更好地满足了广大市民对美好生活的期盼，是让居民安居乐业的必要保障。本项目在人民生活场景创新、实现社区管理多元化、优化部门效能、营造良好营商环境等方面打造了亮点。

① 场景丰富，要素齐全：便民综合服务系统满足十大服务圈 137 项服务要素，包含就医、交通、购物、阅读、餐饮、健身、养老、政务服务、教育和休闲等服务圈服务机构、设施分类等十大服务圈分类数据看板。每个服务圈下又分类显示服务要素，服务要素显示服务机构、设施的主要信息，如名称、地址、电话等，并在地图上同步显示位置、标注提示。服务形式通过 App、公众号、微信小程序、网站等多媒体展现，实现各层级用户对于本平台的数据访问和交互，实现社区 10 个服务圈的多种服务渠道、设施的整合。

② 多方参与，精细管理：通过建设统一的西安市社区管理服务平台，让街道管

理员、社区管理员深度参与街道、社区服务设施资源数据的审核和更新，信息由静态变为动态，实现数据的准确展示。除此之外，平台用户还包含市发展和改革委员会、市直相关单位、各区（县）发展和改革委员会、区（县）各相关单位、社区数据采集人员、企业/商户用户及公众等，通过运用互联网思维，鼓励政府、企业、社会共同参与便民惠民服务信息化建设，让社区管理由单一走向多元，润色"城市细胞"，打开城市综合管理新篇章。

③ 部门协同，提升效能：利用西安市数据共享交换平台，接入商务、教育、水利、环保、气象、消防、交通、公安、农业农村、民政、人社、卫健等部门与市民生产、生活息息相关的数据，涉及包含交通局、商务局等18个部门的61类数据的交换与审核，针对各政务部门业务数据形成专题库，通过电子政务外网与各政务部门的数据交换共享，最终实现与社区便民服务圈建设及宜居幸福社区建设相关数据的互联互通，进一步优化西安市行政效能。

④ 科学评价，优化营商：该项目由点及面、细致入微，通过服务圈建设拉近营商与市民距离，通过评价系统建立包括6项一级指标、22项二级指标、115个三级指标的分项评价指标体系，市发展和改革委员会根据评价指标对服务圈建设情况进行建设评价，对缺失的服务圈进行建设任务分解下发，让服务优、信誉好、质量高的商业服务渗透社区的方方面面，逐步实现亲民化的社区服务品牌，打造出具有西安速度与西安温度的营商环境。

4. 应用成效

西安社区管理服务平台基于社区的数据资源、服务设施、评价指标等基础数据，进行综合挖掘分析，为普通社区向宜居社区、幸福社区改造建设决策提供科学数据支撑，在经济效益、社会效益方面取得了显著的成效。

（1）经济成效

"15分钟便民圈管理服务平台"的建设，进一步促进了便民消费，提升了居民生活品质，完善了"一站式"便民服务功能，统筹了建设和改造餐饮、洗染、美容美发、维修、文化、娱乐、休闲等生活性服务网点，促进了网点功能多元化、综合化。该平台主要包括以下方面。

推进电子商务进社区，整合线上、线下社区服务资源，加强了电子商务企业与

社区商业网点融合互动，开展物流分拨、快递收取、电子缴费等服务，创建了一批覆盖面广、服务好、可持续发展的智慧社区服务示范中心，显著提升了社区生活性服务智能化、便利化体验。

丰富文化、体育、旅游、健康、养老、教育培训等服务供给，开拓个性化、多样化服务消费市场。

强化住宿餐饮业服务民生功能，推进住宿餐饮业连锁化、品牌化发展，挖掘大众化服务消费潜力。引导服务多元化发展，推进从业者职业化、专业化。

大力发展养老服务，完善服务设施，加强服务规范，提升养老服务水平。推动服务方式创新，发展定制式服务，满足多样化消费需求，拉动社区经济发展。

（2）社会成效

"15分钟便民圈管理服务平台"的建设，改变了以往数据采集汇聚缺乏统一标准的平台支撑的现状，通过线上模式支撑社区治理相关底层数据的不断迭代更新，提高数据利用率并逐步形成沉淀，从而为长期开展城市基层精细化治理等工作奠定基础。此外，信息化技术的应用大大提高了城市体检工作开展的效率，为后续重点治理工作的开展和专项行动的制定等提供了有力的支撑。

此外，平台不仅从宏观层面推动产业基础设施、公共服务等资源更加均衡高效配置，也从微观层面积极回应人民群众关心的教育、医疗、住房、养老、绿色开放空间、社区生活圈、城市安全等诉求，最大程度地实现空间布局的安全便利、舒适宜居、美丽有序，切实有效地改善了社区居住品质，提高了居民的获得感、幸福感和安全感。

案例27　四川德阳什邡市智慧社区
——党建引领基层治理提质增效，共同缔造社区智能美好生活

1. 背景和需求

（1）项目背景

社区服务是人民群众家门口的服务，关系民生、连着民心。不断强化社区为民、便民、安民功能，是落实以人民为中心发展思想、践行党的群众路线、推进基层治

理现代化建设的必然要求。"十四五"时期，党中央、国务院将加强城乡社区服务摆在更加突出的位置。《"十四五"城乡社区服务体系建设规划》提出，要实现党建引领社区服务体系建设更加完善，线上、线下服务机制更加融合，精准化、精细化、智能化水平持续提升，人民群众操心事、烦心事、揪心事更好解决，获得感、幸福感、安全感不断增强。

2021年，德阳市认真落实国家、省委关于智慧社区建设要求与部署，出台《德阳市智慧社区建设实施方案》，旨在抢抓数字经济和数字化治理发展先机，推动互联网、人工智能、大数据与城市发展治理深度融合，不断满足基层治理现代化和城市居民对美好生活的需要。

在此背景下，什邡编制《什邡市智慧社区建设项目推进建议方案》，推进什邡市智慧社区项目建设，充分运用物联网、云计算、移动互联网等新一代信息通信技术为社区赋能减负，提升服务品质和效能，把社区建设成为政务高效、服务便捷、管理睿智、生活智能、环境宜居的社区生活新业态。

（2）项目需求

随着社会经济的发展，当前居住社区信息化建设及智能化程度不能很好地满足老百姓对日益美好生活的向往，社区存在的问题主要集中在以下6个方面。

① 基层党建引导还需加强

党建引领社区服务体系建设还不健全，主要体现在密切联系群众不足，理论与实践结合不紧密，与群众的沟通交流渠道单一，党的政策不能有效传达到基层，尚未充分发挥战斗堡垒作用，社区党员参与社区治理和服务的方式单一，往往因为多种原因无法有效参与社区活动，尚未形成多元化参与社区治理和服务机制。

② 社区服务功能存在短板

社区服务内容还比较单一，只有一些基本选项，没有形成特色化、个性化的服务功能，无法有效解决群众急难愁盼的问题。服务手段落后，往往是被动响应群众需求，主动性发挥不佳。同时服务质量欠缺，大多数时候解决的只是有无问题，缺乏相应考核机制，应用未能广泛推广到便民利民领域。

③ 综合治理职能亟待完善

社区社会治安管理情报信息的预警机制落后于实战需要，情报信息大部分依赖于人工填报，缺乏主动获取方式，同时对于重点人员关注不足，无法实时获取重点人员信息。

④ 居民共治未真正形成

社会矛盾纠纷化解方面缺乏有效衔接，社区关爱未有效落实，居民、物业、街道关系较为复杂，相互之间缺乏一定的信任与合作，居民诉求无法快速得到响应。

⑤ 老旧小区治理难度大

主要体现在设施基础差，大部分小区存在车位不足、没有电梯、管网老化、消防通道堵塞等情况，物业公司不愿接手，网格员人手不足。

⑥ 信息化水平参差不齐，整体智能化水平不高

随着智能小区建设的不断完善，小区安全防范系统涵盖的子系统越来越多，包括视频监控子系统、入侵报警子系统、门禁管理子系统等。但传统的建设方向以技术安防领域居多，分项系统各自为政，各个子系统相互割裂，造成后期与其他系统的接入难度高，在资源与业务整合上产生瓶颈，客户体验不佳。所以如何将多个社区孤立的系统进行统筹规划、统一管理、直观可视、构建一个居住安全舒适，服务功能齐全，同时满足管理人员高效、便捷管理的智能小区，是目前业务管理人员和小区居民最为关注的话题。

2. 主要做法

本项目主要通过智慧党建引领社区治理，建设内容包括"1+1+N"，即1个承载底座、1个综合指挥中心（市域智慧指挥调度核心+街道调度分中心+20个社区调度节点）、N个智慧社区应用场景，如图9-24所示。在具体做法上，什邡智慧社区建设以试点示范先行探索，选择长白山路社区等4个社区分别打造平安社区、健康社区、人文社区、和谐社区样板，经过试点示范工程之后，再根据全市其他社区的特点分别对照上述4个社区进行复制推广。

项目建成后，形成智慧城市第一个深入最基层的基础数据收集应用平台，按市、街道、社区、小区、楼栋五级建立健全什邡市人口、房屋、小区、社区等核心基础数据库，为什邡市搭建起全域三维数字地图底座能力架构平台和社会治理支撑体系平台。通过物联网、大数据、人工智能、数字孪生等技术的应用，全面赋能社区基层管理，提升社区服务水平，促进社区经济发展。打造智慧社区"什邡模式"，为城市乡村基层治理现代化提供样板。

图 9-24　德阳什邡市智慧社区架构

（1）1个承载底座——夯实智慧社区智能基座

通过基础设施建设，人脸、车辆识别摄像头、门禁系统，实现市中区"人、地、物、事、情、组织"等管理要素数据本地沉淀、智能关联、数据融合，构建"共建、共治、共享"的信息化基石。

（2）1个综合指挥中心——构建智慧社区运营核心

在现有指挥中心和综合治理中心等基础上，整合平台运营、热线服务、协调等职能，建立实体化运行机制，形成智慧社区综合服务站，将服务支撑进一步向社区网格延伸，做到综合管理、资源统筹，实现重点工作联动、突出问题联治、服务管理联抓的立体化治理联动效果。同时，以视频监控、物联网为基础，统一接入平台指挥中心，做到全域覆盖，健全智能发现问题、研判预警、流转交办、协调联动、督促落实、考核评价等机制，做到"小事不出网格、大事不出社区"。

（3）N个智慧社会应用场景——打造智慧社区应用场景

依托"德阳市民通"已有基础，构建以智慧党建、智慧管理、智慧服务、社区智慧政务为核心应用，并结合什邡特色智慧社区应用打造开放的智慧社区平台（如图9-25所示），实现健康社区、平安社区、人文社区、和谐社区。

图 9-25 智慧社区界面

① 健康社区

在社区居民健康管理方面，依托现有的社区卫生服务中心，建设"健康小屋"，基本实现常见病诊疗、预防、保健、慢性病管理等功能，为社区居民提供日常健康监测、疾病预防控制、慢性病综合管理等基础医疗保健和公共卫生服务。

② 平安社区

通过人脸识别、重点道路监控、烟感报警、高空抛物监控等前端设备的部署，提供智慧平安社区的安全保障和数据支持；通过智慧社区管理系统，提供人口方面数据管理服务，对特殊人群进行监控管理；通过小区前置的边缘服务器，实现数据存储和传输迅捷、高效且安全稳定，支撑多样化边缘计算应用场景。

小区平安系统具有很强的直观性、实时性和可逆性，在人员进出动态跟踪、预防和制止犯罪、解决邻里纠纷、应急管理（如图 9-26 所示）、处理治安和刑事案件等方面起到显著作用。该智慧化系统为提升社区管理、治安防控、打击犯罪、维护稳定、保障安全提供了重要手段和技术保障。

③ 人文社区

通过智慧社区服务 App 为社区居民定期组织社区活动、节假日活动，联系邻里，促进社区和谐友爱。定期组织健康讲座、防诈骗讲座，让老人了解慢性病，科学养生，谨防受骗。

图 9-26　什邡市应急联动指挥中心

通过智慧管理平台对老年群体数据深度分析，使得社区老年群体数据底数清、情况明；应用智能健康手环，实时监测老年群体的基础数据、健康数据、报警数据等，进行帮扶管理。

建设"安心"服务呼叫中心，通过电话接听收集社区老年人日常生活需求、呼叫救助等事务的信息并进行处理。通过"安心"服务，助力社区帮扶救助和养老助老工作的开展。其中，帮扶救助主要体现在建立和完善特殊群体帮扶救助管理与服务信息系统，避免遗漏或重复帮扶，为特殊群体提供及时、周到的服务；养老助老主要体现在建立和完善社区养老助老综合管理与服务信息系统，实现社区养老助老管理与服务信息的共享，支撑居家养老、机构养老和社区养老的开展，满足社区不同类型的老年人群的养老需求。

④ 和谐社区

围绕智慧党建平台开展志愿服务、党员承诺、结对子、党员干部进村社等工作，服务群众，使志愿服务成为倾听群众呼声、凝聚群众共识、反映群众意愿、解决群众困难的"窗口"。

通过智慧社区服务 App 收集社区民生问题，对于街道、社区能够解决的问题，通过社区智慧管理系统进行任务下发、协调处置、履责纪实，确保问题及时、快速解决；对于需要协调其他政府部门解决的问题，通过"街道吹哨、部门报道"进行问题流转及进度追踪,并将处理结果反馈给群众。以智慧社区平台为核心,提升党员服务群众能力,处理好与社区相关的方方面面的关系,对于社区民生问题做到事事有回应、件件有着落、凡事有交代。

3. 特色亮点

(1) 党建引领社区建设

智慧党建不是简单的活动宣传与交流工具,而是端到端的互联网党建、文化和居民服务平台,由手机App、Web端和运营管理平台组成,将党建、文化与社区群众生活紧密联系在一起。遵循"党建上网,重心下沉"的工作思路,帮助基层党组织解决党建工作"开展难、管理难、考核难"的三大突出问题,使党建工作由现实空间延伸至虚拟空间,由社区内部延伸至每个家庭,通过线上、线下相结合的方式,打通党建工作的"最后一公里"。

(2) "安心"呼叫中心关爱老人,信息技术支撑社区经济

除健康手环、一键报警等设备外,以方亭街道为试点建设"安心"服务呼叫中心,用于服务街道内老人电话订购商品或预约服务,客服中心接线员记录需求之后通过网约车、跑腿外卖平台进行采购,再由平台直接提供服务。解决了老年人无法使用智能手机、操作不便等问题,同时又通过社区服务促进周边商业发展,打造针对老年人的便捷"15分钟便民生活圈"。

本项服务重点打造对老年人的人文关怀和关爱,系统中登记的老年人在特定的情况下享受免费服务,社区普通居民订餐、订车等预约服务根据实际情况每单收取成本费用。经过一段时间运营,"安心"呼叫中心能够实现盈亏平衡。

(3) 日常健康管理服务下沉,点亮"健康社区"

依托现有的社区卫生服务中心,建设部署"健康小屋",基本实现集常见病诊疗、预防、保健、慢性病管理等功能,为社区居民提供日常健康监测、疾病预防控制、慢性病综合管理等基础医疗保健和公共卫生服务。

① 日常健康检测服务:提供测量血压、血氧饱和度、体温、血糖,尿酸分析,做心电图等日常体检。为社区医生提供一体式检测设备,可实时记录、查阅病例等。

② 预约挂号:通过与上级HIS(医院信息系统)的对接,提供上级医院网上预约挂号服务,建立完善的预约挂号服务流程,实现实时查看联网医院挂号就诊情况。

③ **慢性病健康档案**：为社区居民建立涵盖个人基本信息和主要卫生服务记录的电子健康档案，为慢性病患者提供日常用药咨询服务。

④ **远程诊疗**：提供远程诊疗服务，实现远程医疗会诊、远程健康监护等，构建社区远程医疗服务模式。

4. 应用成效

（1）城市综合竞争力得到增强

社区作为城市的基本单元，其智慧化建设是智慧城市的"末梢"载体，也是城市综合竞争力的重要组成。目前，什邡智慧社区建设已成为德阳智慧城市建设的标杆项目，具有较强的示范意义。以什邡为代表的智慧社区建设推广，将进一步树立基层治理服务的品牌，显著提升德阳城市综合竞争力。

（2）物业惠民服务有效完善

社区物业公司最基本的职能就是为社区居民提供服务，什邡智慧社区为居民提供与家庭生活相关的维修装修类服务和建立与快递公司合作配送最后100米服务站。这两点对于什邡社区居民来讲很有价值，尤其现在各大电商都在寻找符合的位置建设自提点或服务站，社区物业是非常好的选择。此外，社区物业整合了社区周边的商户资源，通过智慧社区提供更全面的生活服务。

（3）特殊人群服务高效便捷

通过在特殊人群服务系统中录入老人们的各种信息，除姓名、年龄、血型、住址和子女亲属的联系电话之外，还包括老人的健康信息，如患病种类、常服药物、定点医疗机构等。在老人需要帮助时，只需按下"一键通"上的红色按钮，服务中心终端上就会立刻显示老人的具体信息。

（4）智能养老水平提高

通过什邡智慧社区建设，部署了大量的智能养老装备，包括能提醒老人服药的智能药盒、陪老人聊天的智能机器人、提防老人走失的智能健康监测手环、忘记关火自动报警的烟雾传感器等，这些科技产品不仅丰富了老年人的生活，更为空巢老人的家居安全铸造了一道坚实的屏障。

（5）提升社区治理效率

智慧社区在文化教育、卫生计生、养老助残、生活服务等多个方面提供线上服务渠道，给居民带来了不少方便。除了智慧服务，社区里的交通综合管理系统、安防系统、定位系统等智慧应用也提升了街道和社区的治理效率。

（6）提高信息传递和广告投放效益

广告是最基本的盈利模式，什邡社区物业基于智慧社区建设，掌握了社区内每家每户的基本状况，对家庭组成、用户属性等基本状况非常了解。社区物业围绕居民生活提供线上、线下的广告服务，由于目标受众非常清楚、非常集中，因此有很大的广告投放价值，对于广告商们来讲很具吸引力。

9.3 智慧楼宇类

楼宇是城市的重要组成要素，建设智慧楼宇不仅有助于创建安全、绿色、高效、舒适的工作生活环境，也为社会治理提质增效、数字经济加速发展奠定了基础。中国联通以数字孪生技术应用为核心，促进楼宇信息资源与管理业务的深度融合，全面感知楼宇安防及建筑结构安全态势、监测电梯等重要设备运行状况、评估能源消耗情况、分析人员及车辆出入特征，实现对楼宇的精准化、智能化管控。

案例28 江苏南京智慧青少年宫
——数字化、智能化助力青少年成长成才，倾心打造城市文化新地标

1. 背景和需求

（1）项目背景

南京市政府办公厅印发的《南京市"十三五"教育发展规划》中强调，实施青少年人格培养工程，全面实施素质教育，加强社会主义核心价值观教育。培育中小学生的创新科技素养，把增强学生社会责任感、创新精神、实践能力作为重点任务贯穿到国民教育全过程。南京新青少年宫建设正是提升城市公共文化服务基础的重点工程，是推进创新惠民拓展工程的重要举措。

青少年宫区别于学校教育，以激发青少年兴趣、提升青少年素质为出发点，提高青少年终身学习的能力，是青少年社会教育的主阵地，肩负着培养勇担民族复兴

大任和新时代追梦人的艰巨任务。新时期的特征越来越清晰,信息化、市场化、开放性、流动性等对青少年的发展要求更加丰富,同时也对青少年宫的建设有了更深层次的要求。

(2)项目需求

建设"智慧青少年宫"是提升城市核心竞争力、建设"智慧南京"的有力举措。南京市政府提出,要全面加快南京创新型名城、智慧型城市建设,积极争取成为中国新型智慧城市建设试点城市,将"智慧南京"作为提升城市品质的新名片。建设"智慧型青少年宫"正是提升城市核心竞争力的一大举措,将青少年宫的5G智慧型建设有机融入城市的智慧型建设,成为"智慧南京"的有效补充。

建设"智慧青少年宫"是深化新一代信息技术应用的时代要求。5G作为新一代信息技术的典型代表,其优势主要体现在可以给用户带来更高的带宽速率、更低的时延和更大容量的网络连接。鉴于5G技术的广阔应用前景,将5G技术融入智慧青少年宫的建设,可以更快、更好地融合信息技术、多媒体技术、3D视觉等高新技术,帮助青少年们更好地了解科学、学习知识。

建设"智慧青少年宫"是新时代满足青少年成长成才的客观需要。新时代青少年的成长成才,一方面需要学习和弘扬传统文化,另一方面也离不开对高新科技的认知、体验、探索和创新。随着5G互联网的高速发展,高科技手段将赋能社会教育智慧化升级,使人们获取知识的途径更丰富、学习的方法更高效。

建设"智慧青少年宫"是南京市青少年宫不断提升管理和服务水平的必然要求。在科技不断发展的背景下,青少年宫需要不断提升自身的管理和服务的水平,尤其是智慧化的水平。这就需要利用好5G、BIM、大数据、人工智能、VR/AR等各种新技术、新手段,实现对传统管理和服务手段的智慧型升级。

2. 主要做法

(1)设计理念

本次南京市青少年宫智慧型项目建设的总体架构(如图9-27所示)主要包括基础设施层、智慧中台层、智慧应用层3个层面,以及基于BIM的三维可视化管理平台,该平台作为整个青少年宫的智慧化管理和服务的统一的管理界面。

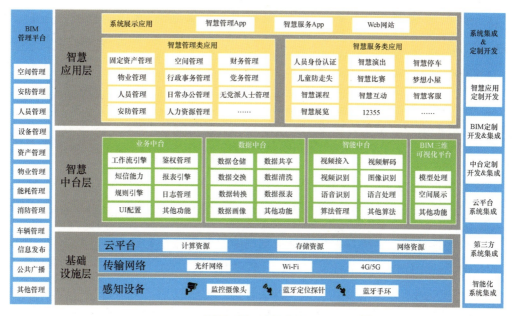

图 9-27　总体架构

（2）建设内容

① 基础设施层

基础设施层包括了感知设备、传输网络、云平台，将服务于智慧中台层与智慧应用层，通过打造融合、弹性、高速的 5G 特色云网基础设施，提供"感知-连接-计算"的底层能力。

其中，智能感知设备是获取数据途径的重要手段，智能感知设备对青少年宫的人、车、物等各种设施设备采集相关的数据并上传数据中台，统一为上层应用提供数据支撑，如设备设施管理、人员管理、停车管理、物业管理等。同时，南京市青少年宫基础网络架构采用混合云部署模式，本地部署私有云提供边缘计算节点，处理一些青少年宫实时性要求较高的业务需求，例如 VR/AR 交互式互动体验、4K 高清直播回放等应用。外部租用公有云服务，提供基础业务能力支撑，提供大多数日常数据的计算、存储，以及实时性要求不高的日常业务处理，同时也可以作为整个青少年宫的数据灾备中心。

② 智慧中台层

智慧中台层包括业务中台、数据中台、智能中台、BIM 三维可视化平台，智慧中台将服务于智慧型管理和智慧型服务的各类需求，提供统一、先进的算法和数据分析能力,为上层应用赋能。其中,数据中台在获取业务系统的数据后,进行整体数据的清洗、加工、合并,并根据上层智慧应用的需求,进行数据建模,提供给前端的智慧管理和智慧服务的应用展示,同时形成数据资产。

通过智慧中台的建设可有效提高南京市青少年宫应用管理平台的数据汇聚能力和应用开发能力,显著提升南京市青少年宫的智能化服务水平。

③ 智慧型管理

智慧型管理主要以青少年宫智慧管理平台为核心,借助 BIM 技术、三维可视化技术、物联网技术、人工智能技术等,对青少年宫日常运行的各类信息数据进行展示及可视化管理,强化青少年宫日常管理的事前规范与事后跟踪管理职能,使青少年宫的管理工作更加规范化、科学化、智慧化。

智慧型管理主要包括空间管理、财务管理、安防管理、人力资源管理、党务管理、行政事务管理、人员管理、物业管理、固定资产管理、无党派人士管理、日常办公管理等子系统。通过这些子系统实现对青少年宫日常管理的智慧化。

④ 智慧型服务

智慧型服务主要围绕着青少年宫的主要服务对象——青少年和家长的服务需求,建设开放式、体验式、智慧化的服务系统,全面覆盖青少年、家长、老师在青少年宫的日常学习、活动、互动、体验全流程,实现传统服务的智慧化升级。

智慧型服务包含人员身份认证、儿童防走失、智慧展览、智慧停车、智慧课程、智慧演出、智慧比赛、智慧互动等。

其中,智慧型互动服务是重要的特色应用,主要通过沉浸式场景、交互式体验、开放式探索、感应式互动四大主要手段,为来馆青少年提供包括公共教育、素质提升、兴趣培养等三大方面的服务内容,满足青少年素质提升需求。在设计和建设过程中,充分考虑不同年龄段青少年的审美情趣和不同功能区的互动主题,设置符合青少年兴趣特点、满足功能区主要目标的各类互动项目。

3. 特色亮点

智慧青少年宫项目重新定义了以"三中台"为核心的智慧型管理平台,改造并优化三大类共 24 个信息系统的业务逻辑和技术框架,使之更好地与"三中台"架构相适应。其中 85% 以上功能属于全新开发,涉及大多数主流 IT 的技术框架(如微服务框架、分布式中间件等）。结合业务逻辑在 BIM 数据集成和算法轻量化、多源异构数据融合、智能算法调度方面具有开创性应用成果。

（1）数据中台实现数据资产整合

依托数据中台构建青少年宫智能数据中心，为青少年宫在数据治理、挖掘层面，带来数据多源异构的融合、数据指标标准化、数据资产化管理、敏捷的数据服务等能力。助力青少年宫打通数据共享开放通道，实现跨系统的业务数据整合，将业务数据资产化，将运营数据可视化，辅助运营做决策，促进少年宫的管理提升。

目前，数据中台共计接入场馆系统 14 个，融合汇聚数据高达 674 万余条，治理赋能业务创新数据 79 万余条，单日向场馆各应用系统提供数据服务高达 300 余次。

（2）应用中台减少开发服务工作

建设智慧青少年宫应用中台，为上层应用研发提供统一的支撑服务，实现降低研发门槛、减少重复工作、提高工作效率与节约投入成本。

降低研发门槛：通过提供地图引擎、报表引擎、工作流引擎等 API，可以有效减少开发人员学习成本，实现一张图、事件清单、工作台等功能的快捷开发。

减少重复工作：通过系统提供的应用程序部署、微服务开发部署、沙箱测试等环境，让开发人员的工作量减少了 20%。

提高工作效率：通过应用中台，一个开发人员每天可以开发 5 个以上的地图页面、10 多个工作流、20 多个电子公文、40 多个数据报表。

节约投入成本：根据实际开发统计，开发资源投入减少了 60%，硬件资源投入减少了 30%。

（3）智能中台赋能场馆智慧化应用建设

智能中台为青少年宫智慧场馆的打造带来了新动能，提供机器学习、深度学习算法引擎，能够对青少年宫的视频、语音监控等传感器采集的视频、图片、语音等数据进行实时分析计算；实现数据场景智能化，让数据的接入、分析展现、建模训练及构建智能化应用场景都更加自动化。

目前，智能中台的算法可充分赋能场馆智慧化安防管理、能源管理、值班值守、危险行为预判预警等多个方面的智慧化应用创新，构建"7×24 小时"不间断的智慧化、智能化运营管理体系，在提高场馆智能化服务体验的同时，降低场馆运营管理投入近 30%。

4. 应用成效

（1）项目运行效果良好

截至目前，项目所有模块已全部上线并投入使用。其中，对外的智慧服务平台已上线"科学小博士""海棠小天使""信息与未来""迎新晚会"等大型活动，逾万名学员报名；对内的智慧管理平台已上线"行政事务""日常办公""财务管理""人力资源管理""物业管理""固定资产管理"等多个模块。目前，全青少年宫职工均通过智慧管理 App 进行日常工作的发起和审批。

（2）实现经济效益与社会效益"双赢"

在经济效益方面，本项目适用于全国的青少年宫场景。同时，对于单体建筑如此大体量的智慧型建设内容，该项目可以延伸到自动化要求较高的办公楼宇场景、现代化园区场景、高科技教育场景等，具有非常高的市场价值。

在社会效益方面，该项目是全国首例引入智慧城市领域的三中台应用的智慧建筑项目。在项目实施过程中，业主方对该项目的定位要求很高，希望打造成全国智慧型青少年宫的标杆，而通过三中台创新理念的应用，初步实现了业界标杆打造的目标。同时在项目建设过程中，南京市市委书记和团委书记等政府领导高度重视，多次参观指导，目前南京青少年宫不仅成为南京新城市建设的一张名片，也成为南京市青少年教育基地和形象展示窗口。

此外，本项目在后期的大数据挖掘方面可以深入开展很多工作，例如通过对进入场馆学习参观的青少年及家长对于开设课程的兴趣度进行分析，开发和设置后期的课程；利用场馆部署完善的 5G 网络结合 VR/AR 进行实训课程的开设等。本项目完成了基础条件的搭建，为后续的可持续发展奠定了良好的基础。

第10章
创新技术应用

数字技术的蓬勃发展为智慧城市建设提供了源源不断的技术动能、创新动力,以大数据、区块链、物联网等为代表的前沿技术推动城市治理理念、治理模式、治理手段不断创新升级,推动城市治理体系和治理能力现代化水平不断提升。中国联通聚焦"大联接、大计算、大数据、大应用、大安全"五大主责主业,构建"云大物智链安"智慧城市技术能力体系,助力构建"万物互联、数智融合、安全韧性、虚实共生"的新型智慧城市。

10.1 大数据类

城市运行过程中会产生大量的数据，城市数据的治理、应用、共享又会反哺城市健康稳定发展，在推动城市规划升级优化、促进政务数据公开、提升公共服务普惠性和精准性等方面加速城市数字化转型进程。中国联通充分发挥数据治理和数据安全长板优势，形成"采、存、管、算、用"的一体化大数据全生命周期服务体系，聚焦城市治理、智慧旅游、数字金融等领域，打造"'联通数据'第一服务"，至今已服务支撑45个省级平台、百余市级平台及万余客户。

案例29 重庆江北区大数据中心
——破解数据资源"聚通用"难题，交出大数据治理服务"江北答卷"

1. 背景和需求

（1）项目背景

为深入贯彻党的十九大关于建设网络强国、数字中国、智慧社会的战略部署，全面落实国务院关于"互联网+政务服务"、政务信息系统整合共享，重庆市政府关于以大数据智能化为引领的创新驱动发展战略、新型智慧城市建设等工作意见，务实推进新型智慧城市建设，重庆市江北区开展大数据中心建设工作，加快数据汇聚，推动数据共享，深化数据应用，让大数据智能化更好地为经济赋能、为生活添彩。

《重庆市国民经济和社会发展第十四个五年规划和二〇三五年远景目标纲要》提出，要深入实施"云长制"，统筹推动管云、管数、管用，持续深化政务数据资源"聚通用"，加快全市一体化数据共享开放平台建设。按照重庆市关于新型智慧城市建设的统一安排部署，全市各区县形成了可在区县层面共享交换的部门政务数据资源池，建设政务数据资源共享系统，并加快与市政务数据资源共享系统的互联互通。

目前重庆市已经建成"两个系统+四大基础数据库+N个主题库+N个部门政务数据资源池"的数据资源汇聚体系，各区县也在加快步伐，有效推进区县级政务数据资源"聚通用"建设进程，为新型智慧城市建设夯实数据基础，为真正实现数据上的"一网统管、一网通办、一网调度、一网治理"的目标提供有力支撑。

（2）项目需求

江北区目前在区级层面已有数据共享交换平台投入使用，具备数据资源的索引、汇总处理和生成服务等基本功能。但区级的信息化系统及数据资源未做到实时在线，配套的数据共享交换机制尚未有效运行，标准化的权限分发、密钥管理、角色管理缺少统一认证平台的支撑。

① 各部门系统众多，数据协同能力不足

目前各部门自建系统较多且缺少统一规划，通用基础设施不足，"数据烟囱"林立、内容重复，信息化建设投入高昂但业务成效不显著。各部门系统之间数据关联性不强、数据利用率不高。

② 数据共享标准缺失，统计结果互相矛盾

系统之间数据信息共享缺乏相关标准规范，导致数据一致性较差，数据更新不及时，从不同部门得到的统计数据往往出入较大，甚至存在互相矛盾的情况。

③ 数据资源离散独立，数据价值难以体现

各部门绝大部分数据由部门自身进行管理，未形成有效归集和整理，数据离散化、独立化情况严重，数据利用率不高，数据在管理决策和共享应用中的便利性和直观性大打折扣，数据价值难以充分释放。

2. 主要做法

本项目建设以数据能力落地应用和升级优化现有共享交换平台为主，为长期服务政务大数据分析和业务拓展提供技术支撑和平台能力。

（1）建立大数据管理规范，推进政务数据共享互通

建立覆盖数据全生命周期的制度化、体系化和规范化的管理机制，促进政务数据采集、处理、共享、使用、公开等各环节合法合规；建立数据授权审批机制，完善人员权限管理制度，实现权限与职责匹配，并定期对权限进行清查；提高人员数据管理意识，提高大数据相关职责部门的数据管理能力，营造良好的大数据文化氛围，降低数据全生命周期中因人员主观问题所导致的风险。

（2）搭建数据库资源平台，实现公共数据汇聚存储

创新数据汇聚模式，搭建全区数据库资源融合平台，提供资源租赁、统一开发

环境、集中安全管理等服务，将全区新建信息化系统数据库资源进行统一归集，后续跨部门融合应用开发将通过在大数据资源平台上申请数据资源完成，减少各部门自建平台。加快推动形成"两个系统+四大基础数据库+N个主题库+N个部门政务数据资源池"的政务数据资源汇聚及服务体系。

一是落实市级政务数据基础库的属地建设责任。积极配合市大数据局，做好江北属地自然人、法人、空间地理、社会信用、电子证照等基础政务数据库的属地运营工作，逐步建立基础政务数据采集、核实、治理、更正的长效协同机制。积极推动区管系统接入，利用基于政务基础库的数据服务，夯实江北公共数据资源基础。

二是构建区级标准化主题数据库。依托政务数据基础库提供的唯一实体标识，对各类数据资源进行接入、汇聚、针对业务实体和业务流程、业务关系建模，将城市各类数据资源进行实体化处理，并设计统一的实体编码，形成标准化数据模型。为数据调度中心提供相对稳定、可供标准化调用的中间资源层。

三是按需建设区级特色应用专题库。根据智慧城市应用需求，充分融合各类公共数据资源，通过唯一实体标识进一步构建业务专题数据的广泛关联，建设安全生产、智慧社区、营商环境等三大区级特色专题数据库，实现基于实体的多源数据的融合。

（3）利用数据库资源平台，实现公共数据优质治理

以场景驱动、应用驱动为抓手，持续提升数据治理质量。结合各级部门职能和数据确权制度，实现"一数一源"，建立数据治理机制，按照数据治理相关制度和标准规范，落实各级部门数据治理责任，统一数据技术、业务和管理标准，定期检查数据质量，实现"数据资源清晰、数据质量可控、数据共享规范"的数据治理目标。

（4）整合管理服务应用，提供数据资源实时服务

整合跨层级、跨地区、跨部门的数据服务和数据应用，统一管理及对外提供基础数据资源服务、主题数据资源服务、专题数据资源服务、数据展示和分析服务，为一网通办、一网统管、基层事务公开等高频访问的"互联网+政务服务"提供数据环境支撑。建立数据服务管理制度，实现数据服务提供、申请、使用和反馈的全流程管理，让系统更快、更好地为更多的用户提供服务，保证服务过程不会中断。

（5）提供统一平台支撑，升级完善共享交换平台

升级完善数据共享交换平台，为数据资源访问、数据共享交换提供统一平台支

撑，完善与重庆市级共享交换平台、各区县数据服务平台、各部门业务系统对接，提升平台数据共享交换支撑能力，实现交换流程、交换节点、交换量等的统一管理、调度和监控，形成横向联动、纵向贯通的数据共享交换体系。各部门统筹组织本部门业务系统，按统一的规范接入区级政务信息资源共享交换平台，满足跨部门、跨层级、跨地域之间政务信息资源共享交换需求。

（6）设计优化网络架构，支撑数据资源互联互通

按照重庆市政府提出的社会公共信息资源整合与应用相关要求，本项目建设的系统承载在重庆市电子政务外网上，平台通过政务外网与各级政府部门实现互通。江北区大数据资源中心先接入江北区电子政务外网，再经江北区电子政务外网统一接入市级电子政务外网。同时，各云平台的互联网区和电子政务外网区分别汇聚后统一接入本项目，根据江北区的实际需求情况，实现对江北区各云平台的统一管理并获取各云平台监控数据。

3. 特色亮点

（1）统筹规划、协同实施

围绕全市一盘棋、市区一体化目标，统筹规划整体建设思路，结合江北区实际需求，优先建设智能中枢包含的基础性、枢纽性平台。按照需求导向、急用先行原则，结合市级智能中枢建设进程，协同推进江北区城市智能中枢建设。

（2）集约建设、共建共享

充分利用市级城市智能中枢建设成果，集约化建设江北区城市智能中枢，实现市区建设成果共享共用。

（3）一体设计、一网统管

通过顶层一体化设计，用一张大数据网统筹管理全市数据，以市级城市智能中枢为基础"大脑"，江北区城市智能中枢为特色"分脑"，实现基础设施一云承载、数据资源双向流动、核心能力共建共享、运管中心上下联动的工作模式。市区协同推进"五个应尽"，一是基于数字重庆云平台为江北区智慧应用提供统一的云服务，形成共享、共用、共连的"一云承载"云服务体系；二是通过城市大数据资源中心实现市区数据双向流动，构建覆盖江北区全域政务数据资源的城市大数据资源中心，为江北区智慧应用及跨部门、跨行业共享开放应用提供数据支

撑；三是依托市级城市智能中枢提供的共性技术和业务协同等通用能力，构建完善的江北区核心能力平台，对市区共性技术、业务协同、数据价值等各方面服务能力进行有效整合，共建共享，统一对外提供服务，支撑智慧江北各类智慧应用快速高效开发；四是与市级城市运行管理中心联动，协同推进市区上下"一网统管、一网通办、一网调度、一网治理"；五是以"渝快办"为基础，共同建设面向法人、自然人的移动服务门户，以"渝快政"为基础，共同建设面向政府工作人员的移动办公门户。打造覆盖市区的"四个一网"，加快市区新型智慧城市建设。

4. 应用成效

江北区大数据平台建设成果丰硕，实现了市、区县两级资源共享交换，为政府精细化管理和精准化服务提供重要支撑。在交互共享层面，以大数据平台为依托，向全区各委、办、局提供数据共享服务。

（1）数据治理规则制度体系初步建立

① 在顶层设计方面，编制完成江北区"数字政府"总体规划、政务大数据中心一体化建设规范、"数字政府"数据治理专项规划总体标准规范等文件。

② 在数据治理方面，对江北区数据资源梳理的内容、流程、各方责任等进行规范和约束，制定了数据分类规范和数据标识符编码规范；制定了江北区数据资源编目指南、江北区政府数据资源目录管理、采集汇聚相关的管理办法和流程，编制了江北区数据资源采集接入规范、数据资源处理规范、数据资源共享规范等，建立了江北区数据资源质量管理方法、实施与流程控制要求，数据质量评估的量化指标，评估过程、方法和标准等。

③ 在数据安全方面，建立了江北区政务数据资源安全标准规范，包含政务数据资源访问控制管理规范、政务数据资源隐私保护管理规范、政务数据资源安全管理规范、政务数据资源安全接口技术规范、政务数据资源安全应用技术规范。

④ 在信息化建设方面，为江北区打造了信息系统标准规范，制定了政务信息系统建设管理办法、政务信息系统新建流程、政务信息系统建设考核管理办法。

（2）数据治理能力不断提升

本项目积极落实《国家发展和改革委员会 中央网络安全和信息化委员会办公

室关于印发〈政务信息资源目录编制指南（试行）〉的通知》（发改高技〔2017〕1272号）、《重庆市政务数据资源管理暂行办法》要求，按照政务数据资源清单、需求清单、责任清单三大分类，梳理了江北区政务数据资源目录，重点对江北区原政务数据共享交换平台进行升级开发，主要新增了数据采集服务、数据存储服务、数据标准建设、数据共享服务运行、数据共享服务实施、构建和发布数据服务管理、数据汇聚服务、数据服务目录管理、数据服务质量评估、数据服务分析报告等功能，实现了数据共享交换平台与现有自然人库、法人库、自然资源与地理信息库的对接，并将电子证照库数据对接至市级平台，让原数据共享交换平台具备数据采集、汇聚、存储、治理、共享方面的体系化运作能力。

（3）数据运维管理体系持续完善

本项目为江北区政府搭建元数据管理模块，包含元数据展示及元数据稽核和版本管理等功能，并通过数据质量检核，暴露各系统数据质量问题，持续监控各系统数据质量波动情况及数据质量规则占比分析，定期生成各系统关键数据质量报告。提供数据绩效管理服务，包含指标体系的动态创建和管理、考核组管理、考核方案管理、考核排行榜，统一监管数据。完善江北区数据治理服务，包含数据治理体系建立，数据库环境设计，数据资源分级分类，数据质量管理，综合基础库中自然人库、法人库、自然资源和地理空间库的升级改造及电子证照库的对接。

江北区大数据中心建设项目实现了基于共享交换平台数据仓库的数据抽取和数据调用，实现了大数据全生命周期的规范管理，提升了政务资源中心的数据质量和数据汇聚能力，为长期支撑政务大数据分析和业务拓展提供了技术支撑。

10.2 物联网类

随着城市规模的不断扩大、城市建设的不断深入，城市治理难度也在不断提升，物联网凭借对城市运行态势的精确感知、对城市应急事件的及时响应、对政府部门决策的强力支撑，已经成为智慧城市建设不可或缺的基础设施。中国联通自研雁飞智连平台（全球最大亿级单一连接管理平台）和雁飞格物设备管理平台，支持200+物模型，开放近200项API，聚焦公共事业、应急消防、数字乡村等重点行业，提供"网络+平台+终端+应用"的5G+AIoT端到端解决方案，助力智慧城市"可感、可视、可控、可治"。

案例30 江苏南京南部新城智慧城市
——以 5G+AIoT+CIM 为核心,争创智慧新城创新发展实践典范

1. 背景和需求

(1) 项目背景

南京南部新城位于南京市秦淮区南部,临近高铁南站,具备人流、物流和信息流的集聚条件。从南部新城管理委员会的角度出发,南部新城智慧城市建设是管理委员会的重要职责之一,通过城域物联感知的建设可以大幅度提升市政基础设施的智慧化程度,同时也为管理委员会通过城市运营中心对南部新城进行全方位的感知和管理提供必要的数据支持。从企业的角度出发,智慧化的市政基础设施和智慧应用的建设为企业提供了方便、高效的入驻基础。从民众角度出发,城市运营中心为其提供了安全、可靠的生活环境,智慧应用则进一步提升了民众的幸福感和获得感。

针对南部新城智慧城市建设的特点,通过创新智慧城市建设模式,推进新型智慧城市建设和智慧产业融合发展,南部新城智慧城市项目基于物联感知平台核心能力,以 5G+AIoT+CIM 为核心,构建新型智慧城市中枢平台,推进智慧规划、智慧建设和智慧运管等创新应用,形成物联、数联、智联三联一体的新型智慧城市建设体系,实现新城建设与数字城市建设同步推进,一张蓝图绘到底、一张蓝图干到底、一张蓝图管到底。

(2) 项目需求

2020 年 4 月,国家发展和改革委员会首次明确新型基础设施的范围。新型基础设施是以新发展理念为引领、以技术创新为驱动、以信息网络为基础,面向高质量发展需要,提供数字转型、智能升级、融合创新等服务的基础设施体系。在万物互联和人机物共融的发展趋势下,南部新城基础设施的规划与部署面临着扩域新增、共享协作、智能升级的迫切需求。统筹考虑智慧城市未来发展需求,南部新城需要进一步加大通信网络基础设施、感知基础设施和算力基础设施等新基建建设,支撑大规模智慧应用,降低实施部署成本,提高智慧城市设施资源利

用率，避免重复建设。

2015年9月，住房和城乡建设部正式批复南京南部新城成为中芬低碳生态试点示范城市（区）。2016年，南部新城获批江苏省绿色建筑和生态城区区域集成示范试点、综合管廊试点。同时，南部新城为贯彻南京市作为江苏省海绵城市试点的建设要求，先后发布了慢行系统、污水、管线、综合管廊、海绵城市、"绿色建筑+"等专项规划，明确了基础设施智能化等要求。南部新城将以"智慧"着力贯通城市规划、建设、管理和运行的各个阶段，实现管理高效、民生稳定、产业现代的城市发展愿景，打造全国创新驱动型城市发展的示范区。

2. 主要做法

南部新城智慧城市建设以CIM为核心，围绕"1+1+1+1+3"的建设体系开展，基于标准规范，汇聚覆盖南部新城空间的全域数据，构建支撑"规划、建造、运管"的智慧应用场景，服务新城全生命周期管理，打造南部新城智慧城市"细胞级"的精细化服务。主要建设内容包括以下几点。

1套标准规范：参考国家、省、市、行业相关标准规范，结合南部新城定位特点及实际应用需求，通过BIM规划数据标准、CIM标准的有效衔接，研究制定南部新城CIM标准规范。

1套数据：CIM数据库主要针对城市建设运营各阶段的数据需求及CIM平台应用功能的数据需求进行设计，包含基础地图数据库、三维模型数据库、业务数据库、运维数据库及其他数据库等，根据业务场景不同，支撑宏观到微观、静态到动态的业务场景应用。

1个平台：基于CIM数据库，构建CIM平台，面向全域范围按需提供数据、功能、接口、交换共享、入口门户和运维管控等在线服务，以实现CIM资源一体化管理、标准化共享及可视化展示，同时提供可扩展的开发接口，实现平台与其他系统的数据交换与使用。

1个数据中心：在南部新城管理委员会建设临时数据中心，承载现阶段南部新城智慧城市建设的数据、平台和应用，为CIM平台及智慧化应用等提供统一的计算、存储、网络资源调度。

3个方面应用：南部新城智慧城市建设以CIM平台为核心，打造"规划、建造、运管"三大类场景智慧应用。

在智慧规划方面，基于规划数据、BIM 数据等与 CIM 能力平台的有效融合，实现规划成果及规划设计模型的综合展示、城市生长动态展示及综合分析，包含用地规划、出让规划、历史建筑、地下空间、新城项目生命周期管理五大功能模块。一方面通过系统功能为规划处室赋能，另一方面实现南部新城规划成果可视化展示。

在智慧建造方面，依托 BIM 对工程进度进行模拟和管控，通过模型实时反映出建造进度，主要包含智慧工地和智慧环保两个模块，着力提升工地安全管理、环境保护管理水平，依托无人机倾斜摄影、土方量测量、渣土车清洗管控等提高城市建设整体管控质量。

在智慧运管方面，汇聚各类基础设施数据建立智慧管养应用，并结合智能终端实现基于 CIM 的三维可视化实时监控，提供可视化、智能化的实施场景，制定科学有效的养护和管理方案，实现智慧化高效运管，主要包含智慧水务、智慧环卫、智慧灯杆 3 个重点功能模块，并通过事件管理系统形成现场事件处置的闭环管理。

基于政府购买服务的模式，围绕"规划、建造、运管"不同阶段的实际管理需求，构建随物理城市和数字城市同步规划、同步建设、同步运营的运管服务体系，提供城市发展全生命周期一体化运管服务。

3. 特色亮点

（1）架构创新

南部新城智慧城市总体架构通过数字底座将软硬件进行深度解耦，具备非常强的扩展性、规范性、开放性、兼容性和可移植性，为南部新城智慧城市的持续建设打下了坚实的基础。此外，总体架构以 CIM 平台、物联网平台为核心，通过网络接入各种物联感知终端，将所有的业务数据汇聚到智慧城市数字底座，支撑后续各种 CIM+ 应用的开发。南京南部新城智慧城市总体架构如图 10-1 所示。

（2）模式创新

南部新城智慧城市建设最大的创新点在于以政府购买服务模式开展智慧城市建设，在政府购买服务的基础上，南部新城管理委员会招募第三方单位共同参与建设，补充专业领域能力，提供优势资源，形成以政府为主导、以第三方单位为主体、以购买服务为主线的智慧城市建设新模式。

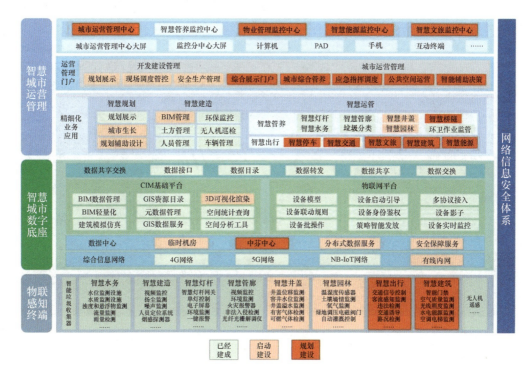

图10-1 南京南部新城智慧城市总体架构

该模式利用集成单位的平台资源、集中采购的优势及集成能力，引入更多有意愿、有能力的建设单位共同参与南部新城智慧城市建设，打造更加开放的建设体系；引入咨询单位和审计单位对建设主体进行有针对性的管理，确保南部新城智慧城市建设在技术上的合理和资金上的准确；在建设方面，相较于传统的项目制方式，采用购买服务的方式进行智慧城市建设，在项目实施过程中对需求的变更更加灵活，响应也更加及时，可以在一定程度上缩短相关流程，加快建设进度；同时，南部新城智慧城市建设严格贯彻建设运营一体化的思路，采用"建设+运营"的模式，集成单位除了完成建设任务，还需持续运营，不仅要"扶上马"，还要"送一程"，协助政府在合同期内逐步解决人力、技术等方面的问题，最终具备独立运营的能力。

（3）项目示范性和推广性

① 示范性

南部新城智慧城市建设项目以CIM平台、物联网平台为核心，以两个平台作为中间层汇聚数据，通过CIM平台收集BIM、矢量和影像等地理信息数据，通过物联网平台收集硬件运行的业务数据,再对外以 API 的形式提供数据,支撑各个智慧应用。目前建设的智慧应用主要包括智慧工地、智慧水务、智慧规划、智慧建造等。智慧建造系统界面如图 10-2 所示。

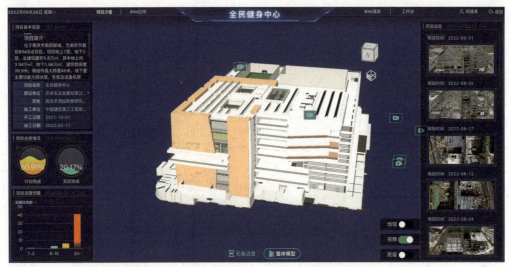

图 10-2　智慧建造系统界面

② 推广性

南部新城智慧城市建设属于新城建设。在工作职能上,新城、新板块管理委员会的行政执法等政务相关职能较弱,工作职能多是集中在开发建设和后续的运营上面,因此本项目主要围绕"规划、建设、运管"的全生命周期进行智慧应用建设,以 5G+AIoT+CIM 为核心构建"1 套标准规范、1 套数据、1 个平台、1 个数据中心和 3 个 CIM+ 应用"的架构,保证了数据的开放性,同时也为后续的 CIM+ 应用开发预留了很大的空间,可以在短期内满足多个项目的并行交付。该体系架构可以很好地耦合生态力量,各个生态合作伙伴只需做各自擅长的事,满足客户的业务需求。

4. 应用成效

(1) 建设运营模式和建设管理办法推陈出新

基于政府购买服务的创新模式,南部新城发布了《南部新城智慧城市建设服务管理办法》,明确了各项目参建单位的工作职责,优化了服务建设流程,加强了资源整合力度,规范了项目管理行为,为项目落地提供了制度保障,为项目的可持续运营创造了条件。

（2）逐步建立以 CIM 为核心的智慧城市建设体系

2021 年 3 月，南部新城管理委员会组织召开了《南部新城智慧城市 CIM 平台及应用建设方案》专家咨询会。在咨询会上，南部新城 CIM 建设思路获参会专家及市城乡建设委员会、市规划和自然资源局、市大数据管理局、秦淮区大数据管理局等单位代表的一致认可。南部新城通过率先实践验证了市区两级 CIM 基础平台建设模式，初步建立了 CIM 定制化服务能力，并同步启动编制《南部新城建筑信息模型数据编码标准》《南部新城建筑信息模型交付标准》等 CIM 相关标准。

（3）基础设施建设为智慧城市建设夯实底座

在 5G 网络建设方面，南部新城全域规划建设 88 个 5G 基站，现已完成多个站点建设并开通 5G 信号，初步解决了开发建设阶段区域信号覆盖弱导致的监管难等痛点。在数据机房建设方面，本项目结合中长期智慧城市应用的计算、存储、网络资源需求进行机房弹性扩容，满足了智慧城市应用承载需要。在运营中心建设方面，南部新城智慧城市临时运营管理中心的建设落地，满足了城市临时综合运营管理调度及成果可视化展示的阶段性需求。

（4）特色化应用服务成效显著

结合南部新城当前开发建设期的实际需求，针对南部新城规划阶段、建设阶段和运管阶段重点关注的不同场景开展试点应用，形成了包括智慧工地、智慧水务、综合管养及整体管控系统等智慧应用。各智慧应用系统已经接入摄像头、GPS、水质水位监测、空气质量监测等各类传感器约 1000 个，收集数据约 300 万条。

一是在工地管理方面，本项目建设了智慧大工地平台，实时监测工地扬尘、噪声等环保指数，及时发出预警告知，提供智慧化监管；树立智慧小工地标杆，以夹岗学校为样板，通过 AI 识别功能，实现人员定位、消防预警、室内有害气体监测等功能，减少工地吸烟、未佩戴安全帽等违规行为，落实精细化管理。

二是在水环境监测方面，本项目服务于水环境治理、水安全、水调度等功能需求，通过部署水质、水位、流量及视频监控等设备，汇总分析有效数据，初步构建智慧水务一张图，提供汛期决策辅助，提升水环境管理水平。

三是在城市综合管养方面，本项目服务于城市道路、水体、园林管养等工作，部署分类垃圾桶、智慧灯杆、园林灌溉等智能感知设备，依托物联网、大数据相关技术，对城市物业管理涉及的"人、车、事、物"进行全过程实时监管，从而合理规划设计城市管养运营模式，降低管养运营成本。

四是在区域整体管控方面，本项目利用倾斜摄影建模，持续跟踪区域标高，精准进行土方测量分析，落实土方平衡动态管理；利用航拍，结合区域网格化管理，定期巡检工地、河道，及时发现整改问题；利用 AI 抓拍设备，加强出入口管理，管控车辆渣土倾倒；最终建立南部新城事件管理系统，实现监测事件的闭环管理。

10.3 CIM类

CIM（城市信息模型）融合地理信息系统数据、建筑信息模型数据和物联感知数据，在数字世界中构建物理城市的虚拟映像，支撑城市规划建设的全流程管控、城市运行情况的全视角监测、城市发展研判的全场景模拟。中国联通打造数字孪生 CIM 平台，构建数字孪生城市标准体系、城市时空大数据体系，促进海量异构城市大数据融合，强化多场景可视化能力、多维度时空分析能力，推动智慧城市虚实共生、融合发展。

案例31　广东佛山市城市信息模型（CIM）基础平台
——以"新城建"对接新型基础设施建设，引领城市转型升级

1. 背景和需求

（1）项目背景

作为现代城市的新型基础设施、智慧城市建设的重要支撑，城市信息模型（CIM）基础平台可推动城市物理空间数字化和各领域数据、技术、业务融合，推进城市规划建设管理的信息化、智能化和智慧化，对推进国家治理体系和治理能力现代化具有重要意义。

2020 年 10 月，住房和城乡建设部印发《关于开展新型城市基础设施建设试点工作的函》，决定在福州、苏州、深圳、佛山等城市开展"新城建"试点工作。2021 年 7 月，广东省人民政府印发了《广东省数字政府改革建设"十四五"规划》，

规划指出要推动建筑信息模型（BIM）技术与工程建造技术深度融合应用，加快自主可控城市信息模型平台（CIM）发展。

（2）项目需求

广东佛山市城市信息模型（CIM）平台建设主要立足于解决以下 3 个实际问题。

① 缺少承载 BIM 的统一平台

随着 BIM 技术在建筑行业的深入应用，越来越多的项目在规划、设计、施工、运营等全生命周期采用 BIM 技术，这些项目产生的 BIM 分散在规划、勘察、设计、施工等单位，项目报建时政府审批部门缺少一个统一的平台来承载这些项目的 BIM，而这些 BIM 对于佛山市建设全覆盖的实景三维又非常重要。统一平台的重要性主要体现在两个方面：一是可以将城市信息模型范围从单体建筑逐步扩展到城区、整个城市，实现城市公共管理、公共服务中所需要的建筑、部件、事件相关数据的有效整合，促使城市走向全系统运行管理，筑牢智慧城市的核心基础；二是通过利用统一平台不断接入各阶段的 BIM 模型，城市的实景三维可以实现动态更新，避免城市更新后需要重新采集城市现状三维模型。

② 未能充分应用城市现有三维数据

目前，佛山市已经积累了一定规模的 BIM 数据和三维模型数据，但该部分信息未能及时共享，在一定程度上造成了资源浪费、劳动投入增加、工作效率低下，还可能降低城市规划工作者判断的精准度，影响工作质量，加大城市管理运维成本。

③ 缺乏支撑智慧城市建设的基础平台

城市是一个地理空间，智慧城市是城市信息化的高级阶段，需要对实体城市进行完整的数字化表达。现阶段政府部门信息化系统主要面向具体业务，业务数据关联度不高，数据相对分散，多采用 GIS 平台对城市地理空间进行数字化呈现，无法满足智慧城市建设的全部需求，缺乏一个基于虚拟城市地理环境、整合城市数据、推进多部门协调、支撑智慧城市建设的城市级基础平台。

2. 主要做法

（1）强化组织领导，统筹项目落地

佛山市委、市政府高度重视"新城建"试点工作，成立专项工作领导小组，市长挂帅主战，设置项目管理、综合支撑、信息模型、基础平台、展厅展示、扩展模块等6个专项工作组,明确工作目标,细化任务分工。试点工作开展以来,"新城建"领导小组多次组织参观考察,分赴广州、上海、长沙、福州、苏州、绍兴等城市,学习其先进建设经验,并邀请相关部委领导、行业专家进行指导,强力推进"新城建"试点任务落地。

(2)注重规划设计,强化保障措施

结合"数字佛山""十四五"规划相关内容,深度聚焦城建领域,兼顾关联产业、企业,实现"新城建"整体协同发展。积极配合广东省住房和城乡建设厅开展《城市信息模型(CIM)基础平台技术标准》等编制,并根据国家住房和城乡建设部印发的《城市信息模型(CIM)基础平台技术导则》(修订版)和相关CIM/BIM标准,开展市BIM/CIM、智能建造、智慧工地、绿色建筑、工程建设项目审批等相关标准研究和编制工作,为全市"新城建"试点可持续、可落地、高质量发展描绘蓝图。

从基础平台建设、数据建库、数据汇集、数据对接服务、运行维护、应用建设等角度出发,以CIM基础平台、"运管服"平台、"工改"平台、智能建造为主要抓手,强化顶层设计和统筹规划,制定符合佛山实际的标准规范,确保项目建设规范、实用、可持续。

将"新城建"试点工作写入《2021佛山市政府工作报告》,重点跟进督办市级财政第一阶段资金投入,并配备专业开发团队进行集中办公,以此强化配套保障措施,强力推动试点工作落地。

(3)强化数据归集,夯实智慧政务基础

根据《佛山市政务数据资源管理办法(试行)》相关要求,推进政务大数据平台建设;通过数据库挂接方式,对已建、在建系统进行数据全量归集挂接,目前,全市已有效归集42个部门、210个系统、超200亿条数据,完成全市"四标四实"基础数据采集工作。

(4)聚焦基础平台,深化数据整合汇聚

充分运用GIS、BIM、物联网、5G、大数据、人工智能等技术,初步构建CIM基础平台,整合包括基础地理信息、城市地上地下、室内室外、历史现状、未来规划等在内的多源异构空间数据和物联感知数据,形成"全空间、全要素、全链条"的多维数据库,为城市信息在四维环境(三维空间和时间交织构成)中的可视化表达提供时空基础。全面支撑城市运行"一网统管",推动城市物理空间数字化和各领域数据、技术、业务融合，以 CIM 基础平台为基座推动"一平台、一中心、N 应用"建设，推进城市规划建设管理端的信息化、智能化和智慧化，如图 10-3 所示。

图 10-3　以 CIM 基础平台为基座推动"一平台、一中心、N 应用"建设架构

3. 特色亮点

（1）建设 CIM 基础平台，促进平台共建共享

一是构建包括基础地理信息、建筑物和基础设施三维模型、标准化地址库等的 CIM 平台基础数据库，逐步更新完善，增加数据和模型种类，提高数据和模型精度，并将 CIM 数据接入市政务大数据平台；二是接入物联网数据，建立一个统一时空基准下的"地上地下全空间、人地房全要素、规建管全链条"多维数据库，形成城市三维空间数据底板；三是构建基础数据接入与管理、BIM 等模型数据汇聚与融合、多场景模型浏览与定位查询、运行维护和网络安全管理、支撑"CIM+"平台应用的开放接入等基础功能；四是支撑城市运行"一网统管"，推动数字城市和物理城市同步规划和建设；五是逐步实现与国家级、省级 CIM 基础平台的互联互通。

（2）建设本地特色标准体系，拓展 CIM 智慧应用

基于对行业、广东省、佛山市现实情况的梳理，遵循国家统一时空基准等现有标准，有针对性地制定佛山市城市信息模型基础平台建设、数据采集建库、建模与

加工处理、数据对接服务、基础平台运行维护等相关标准规范，支持CIM平台稳定、可靠运行，指导CIM+智慧应用标准化建设。

（3）围绕智能化辅助审批，深化"工改"成效

对接CIM平台，加快推进工程建设项目审批三维电子报建。一是强化智能监测分析，从项目、事项、时长、改革举措、数据共享等多维度建立健全工程建设项目运行监控机制；二是强化事中、事后监管，推进工程审批系统与相关人员资格、企业资质、施工现场、信用信息平台等相关系统平台的信息共享和互联互通，推动构建部门紧密协同、高效联动的监管工作机制；三是建设智能化辅助审批系统，推进CIM基础平台与工程建设审批管理系统的交互，支撑工程建设项目BIM报建与计算机辅助审批，并将数字化交付的各类信息模型汇聚至CIM基础平台；四是建设第三方评估评价系统，持续推进工程建设项目审批制度改革，转变政府职能，优化营商环境；五是建立与相关部门的数据共享机制，推进工程项目审批系统与政务服务一体化平台、投资项目在线审批监管平台等互联互通。

（4）CIM融合智慧城建应用，提升城市精细化管理水平

基于佛山市城市信息模型（CIM）基础平台，结合城市规划、建设、运行过程多方面的数据信息，实现城市智能化管理的多场景应用，促进多领域的高质量发展。

智慧工地：基于CIM基础平台，实现建设项目规范化、标准化、信息化、数字化、智能化的管理模式，减少或避免质量/安全事故发生，提升工程建设管理水平，实现工程建设项目高质量发展。

智慧房产：利用CIM技术支撑住建系统涉及房产板块的业务管理工作，实现房地产管理全过程、全要素数字化、三维可视化表达。

智慧物管：综合利用CIM技术，打造感知敏捷、互联互通、实时共享的智慧"神经元"系统，建设智慧社区、智慧园区。

智能建造：CIM基础平台有利于促进BIM在设计、施工和运营管理领域的应用，并结合佛山建材、家电、家具等产业优势，将建筑、建材产业整合，融入装配式建筑产业链，打造高品质装配式住宅"工业化建造＋可选择硬装＋全自主家居"的佛山方案，赋能建筑业转型升级。

在其他城市运营、数字经济、数字产业领域，比如城市规划、智能化市政基础设施建设和改造、智能网联汽车、立体智慧停车库、智慧灯杆等，CIM基

础平台可提供开放式的数据平台，为带动相关数字产业创新发展提供强有力的支撑。

4. 应用成效

（1）数据整合汇聚，形成全市"一张图"

目前，佛山市 CIM 基础平台汇聚了禅城区、南海区、顺德区部分区域倾斜摄影数据、全市域建筑白模、主要建筑和轨道交通 BIM，及禅城全区标准地名地址、水务局、住房和城乡建设局、交通运输局、公安局、广播电视中心、民政局、市场监督管理局等 7 个部门的四标四实数据（四标即标准作业图、标准建筑编码、标准地址库、标准基础网格，四实即实有设施、实有人员、实有房屋、实有单位），挂接本地、外地人口户籍等数据，形成全市"一张三维地图"。

（2）强化平台功能，推进试点示范建设

以禅城区为试点，初步搭建了三维数字底板，实现对基础地理信息、建筑物和基础设施三维模型数据的管理、呈现和构建。

（3）探索 CIM+ 试点，构建示范应用体系

创建基于 CIM 平台的智慧工地、智慧房地产等试点应用，通过与 CIM 结合，接入三维立体化的城市信息模型，将房屋建筑三维模型与四标四实、楼盘表、个体商户、企业法人代表、房地产开发项目基本信息及其工程项目审批全流程数据深度融合，实现房屋精细化管理，为城市大脑相关智慧应用提供数据支撑。

（4）深化制度改革，优化工程项目审批

该平台基本建成工程建设项目审批和管理体系，全面推进工程建设项目全程网办、审批大提速、质量大提升。目前已实现全业务全流程网办、全流程跟踪服务、多部门联合验收，推动工程建设项目审批"一次不跑"，为佛山即将实施的 BIM 施工图报建审查和竣工图数字化备案奠定坚实的基础。

（5）完善智慧安全指挥平台建设，树立行业创新标杆

该平台已整合了 18 个部门的海量应急数据和视频监控数据，对桥梁、燃气等九大专题进行全要素物联网感知，实现了风险早期识别、数据融合创新和多级多方供需资源配置，形成了"防抗救"相结合的实战智慧系统。该平台分别入选"2020 国家治理创新经营典型案例"和"2020 年度中国十大社会治理创新典范"。

（6）拓展智能建造示范场景，努力输出"佛山经验"

根据住房和城乡建设部《关于推动智能建造与建筑工业化协同发展的指导意见》，佛山积极探索可复制、可推广的智能建造发展模式和实施经验，大力推动建筑机器人发展，初步探索智能建造与 CIM 基础平台结合的示范应用场景。

在智能建造-建筑机器人方面，截至 2022 年中旬，碧桂园集团旗下广东博智林机器人有限公司（以下简称"博智林"）在研建筑机器人及智能产品近 50 款，已有 26 款建筑机器人投入商业化应用，可同时适用于现浇混凝土工艺与装配式建筑施工。佛山顺德凤桐花园试点项目是目前国内唯一将建筑机器人批量应用于工程建造过程的试点项目。

在智能建造-建筑数字化方面，博智林以 BIM 数字技术为基础，建立贯穿建筑全生命周期及产业链上下游的产业互联网平台；引入精益建造理念，打造新型建筑施工组织方式；助力建筑业转型升级，促进行业高质量、可持续发展。凤桐花园项目以自研 BIM 基础平台作为底层架构，推动数字勘察、BIM 集成设计优化、BIM 协同平台、成本算量、计划排程、虚拟建造、智慧工地等 7 大类 BIM 数字化产品研发应用，实现建造方案可视化、项目管理数字化，提高建造过程的安全性及建筑的经济性、可靠性。截至 2022 年 10 月底，以佛山顺德凤桐花园项目经验为基础，博智林智能建造模式已覆盖超 30 个省（直辖市、自治区）的 600 多个项目，累计应用施工面积超千万平方米。

在智能建造-装配式建筑方面，广东睿住优卡科技有限公司以佛山生产基地为中心，正在升级华南、华东、华北、西南和华中 5 个智能制造基地，预制装配式整体卫浴等构件已在佛山万科城市花园、金域学韵府、万佛乐平物流园、万科美的西江悦花园、保利玥上等高端住宅/公寓等投入使用。根据调查，目前 PC 构件产能可达 40 万立方米，每年可满足 600 万立方米以上装配式建筑建设需求，已形成对外辐射能力。

10.4 5G+北斗类

"5G+北斗"将 5G 技术高速率、低时延、大联接的特点与北斗系统导航、定位、授时等能力进行充分融合，构建高精度定位服务体系，聚焦智慧港口、智慧交通、智慧农业等领域，为智慧城市建设提供全天候、全时空、全场景的定位服务。中国联通围绕"5G+北斗"通导一体化进行核心技术攻关、创新实践应用，已具备动态厘米级、静态毫米级的室内外精准定位能力，并在水利、文旅、海洋、交通等行业积累了丰富的实践经验。

案例32 河北沧州黄骅港 5G+ 北斗智能化港口
——助力实现世界首个全流程自动化作业煤炭港口

1. 背景和需求

（1）项目背景

由于国内港口历史发展及各种对智慧港口的不同认知，智慧港口建设存在"集团化、生态化""重设备、轻管理""信息数据孤岛"等问题，不断增长的货物吞吐运输需求为港口的装卸货、运输、交通物流等带来更加艰巨的挑战，各港口企业对信息化及智慧港口建设日益重视，近年来集装箱码头自动化技术获得了长足的发展，但是煤炭港口的自动化作业却面临诸多难题。以煤炭码头为例，现场的操作环境"变量"较多，如码头的主要货物是散煤，而不是标准化的集装箱；来往停靠的船型多样，装船时要考虑匹配问题；装船机大臂移动要精准，操作不当极易发生设备碰撞。同时现有操作系统是基于传统集装箱码头管理软件构架演化而来的，在交互响应速度、应变能力、智能化程度和运营规模等方面不能满足大型自动化煤炭码头高效营运的要求，码头装备效率还存在较大提升空间。

2019年，交通运输部等九部委联合发布了《关于建设世界一流港口的指导意见》，文件提出到2025年，世界一流港口建设取得重要进展，主要港口绿色、智慧、安全发展实现重大突破，地区性重要港口和一般港口专业化、规模化水平明显提升。2021年9月，交通运输部印发《交通运输领域新型基础设施建设行动方案（2021—2025年）》提出加快新型自动化集装箱码头、堆场建设和改造，加强码头桥吊、龙门吊等设施远程自动操控改造。推进大宗干散货（矿石、煤炭、粮食等）码头堆取料机、装卸船机、翻车机等设施智能化升级。推动港口建设养护运行全周期数字化，实现建造过程智能管控。在此背景下，国内自动化码头建设呈现快速发展势头，沿海黄骅港、秦皇岛港等主要港口陆续开始建设自动化散货码头。

国家能源集团与中国联通合作，在河北沧州黄骅港开展智慧港口自动化装船系统项目建设，利用"5G+北斗"技术助力实现散货港口工业装备的"设备协同""船岸协同"煤料全流程自动化装卸场景的应用。图10-4为国家能源集团黄骅港鸟瞰图。

图10-4　国家能源集团黄骅港鸟瞰图

（2）项目需求

自动化散货码头建设涉及总体布局、装卸工艺、智能系统、船岸协同智能位姿感知装备等方面的关键技术，其中智能系统和智能装备是决定码头整体技术水平的关键。目前，世界范围内自动化散货码头的核心系统主要由国外公司的产品所垄断，鲜有系统组件向我国港口出口。而对于依托国外组件打造的自动化散货码头，虽然缩短了技术开发的周期和减少了一些风险，但在世界政治格局变幻不定的当下，后续技术支持的持续、可靠性需要正视。

煤炭码头通常的流程包括翻车、堆煤、取料、装船4个业务环节，其中自动化取料和装船需要实时获取设备的高精度位置和姿态信息，但是尚无成熟的解决方案。围绕大型散装码头装船自动化、船岸协同装备关键技术进行研发，煤炭码头自动化改造需要解决两方面问题,一是装船机臂/货轮的位置、姿态的高精准测量,二是基于自动化散装码头轻量级时空服务平台实现北斗模组等 PLC(可编程逻辑控制器)在工业控制环境下的互通应用。

2. 主要做法

煤炭运输港口数字化转型需求主要集中在提升作业效率,实现数字化、精细化、智能化的港口建设。而迈向全流程自动化的技术难点在于大容量传感数据瞬时交互、高速计算、实时决策与执行,以及船舶高精度位姿信息的获取。

自动化装船作业主要包括感知与决策、重构与执行两个技术步骤。感知与决策解决船只定位、定姿问题,在生产作业过程中快速确定装船机/机臂与货轮船的相对位置关系、货轮及机械臂的实时行走姿态,并结合相关作业工艺要求制定 PLC 装船策略以及进行机械臂对应的运动规划。重构与执行主要完成卸船机各运动自由度的运动控制,最终实现散体煤料的装船作业。本项目围绕大型散装码头装船自动化、船岸协同装备关键技术,依托时空服务能力和 5G 网络,研发高精度位姿感知设备及基于 5G 专网的融合 CORS(连续运行基准站)增强的空间感知架构软硬件设计方案,实现对货船及岸侧机械臂位置和姿态进行高精度测量,满足复杂海洋工况下数据通信的高可靠性要求。装船机作业场景如图 10-5 所示。

图 10-5 装船机作业场景

(1)5G+北斗通导一体,实现船舶位置与姿态的高精度测量

创新"5G+北斗+惯导"高精度便携式位姿测量仪,如图 10-6 所示。融合高精度北斗定位和惯导技术,重新优化组合导航算法,解决高精度定位"飞点"问题,采用"基线激光校准"方案,可变基线长度设计,提升姿态精度稳定性,可满足船体俯仰 $0.1°\sim0.3°$、船舱晃动厘米级定位、机械臂姿态 $0.1°\sim0.3°$ 测量的工况要求。

图 10-6　5G+ 北斗高精度位姿测量仪

（2）建设港口 5G 专网与北斗 CORS 数据开放融合架构，实现专网内差分数据播发共享

设计多源、多活并发的基于 5G 专网的融合 CORS 增强的空间感知融合架构，解决大规模自动化散货装卸工艺全域海量传感数据在瞬时交互、高速计算、实时决策与执行等方面的技术难题，实现了自动化散装码头不同受制设备间的多点交互、多活并发的信息交互，提升了自动化码头操作系统交互响应速度、应变能力、计算资源和能源利用效率，有效保证了大型自动化集装箱码头设备与 CORS、设备与系统、系统与 PLC 系统之间海量数据共享处理的高效性和可靠性，确保了自动化码头作业的高效、稳定、可靠的运作。

3. 特色亮点

（1）首创船岸协同位姿感知设备——"5G+ 北斗 + 惯导"高精度便携式位姿测量仪

高精度测量。 基于高精度北斗定位和惯导技术，重新优化组合导航算法，提供高精度的位置及姿态信息，全面提升装卸船机自动化作业效率。

高可靠通信。 基于 5G 实现高质量通信和北斗 RTK 差分数据收发功能，通过联通 5G 专网接入轻量级时空服务平台，真正实现敏感定位数据不出港区。研发"5G+ 北斗"通信导航板卡（如图 10-7 所示），支持 5G SA（独立接入）网络，降低时延，具备 OTA（空中下载）固件升级适配，完成高速率数据传输。

标准化设计。 基于黄骅港这一全球首个散货自动化码头，高精度位姿测量仪从规划与设计开始，始终坚持标准化、通用化设计理念，做到只要主程序参数相同，不同场景机型互换且长周期免维护。

图10-7 "5G+北斗"通信导航板卡

（2）创新多源、多活并发的基于5G专网的融合CORS增强的空间感知融合架构

突破性的全域融合架构，实现了自动化散货码头在信息系统架构的新探索。通过对装船机设备及各类位姿传感单元间的空间感知、动态控制与执行随机弹性耦合的原理性研究，创新构建了设备控制系统（ECS）、5G专网、时空服务平台（STS）和PLC工控系统的融合架构，有效地解决了码头操作系统（TOS）与设备控制系统（ECS）的功能范畴限制，实现了自动化机械设备控制系统及计划调度功能模块的多样性。

突破性的全域融合架构，实现了北斗CORS网在5G信息系统架构的新实践。构建了CORS-MEC-ECS融合架构模式，实现堆取料机北斗单元有线接入PLC，有效地解决北斗差分数据无线范畴在项目设计阶段的复杂限制，通过本架构的可配置、全域融合等特性，实现了ECS中北斗感知单元设备数据的安全性。

创新研发了基于MQTT（消息队列遥测传输）消息驱动、高性能的网络应用程序框架的时空服务平台系统软件，满足高并发、分布式部署、业务通用、可配置、应用服务器（服务组件）多活轻量等功能需求，实现了任务在平台层的毫秒级计算与调度，保证了设备与系统、系统与PLC系统间信息交互的高效可靠，提高了自动化散货码头智能系统的运算和容灾能力。"5G+北斗"智能化港口装船系统如图10-8所示。

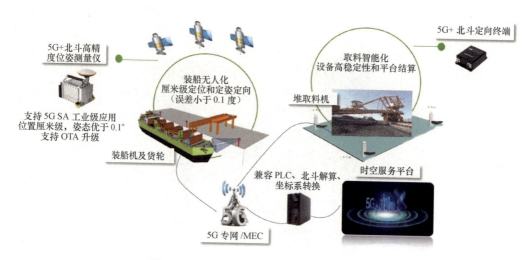

图 10-8 "5G+ 北斗"智能化港口装船系统

4. 应用成效

散货装船实现从"有人遥控"到"无人自动",依靠 5G+ 北斗特色优势,围绕港口需求,首创"5G+ 北斗"高精度位姿测量系统,接入轻量级时空服务平台,满足万吨级货轮、装船机/取料机等港机装备在复杂海况下的实时、精准的位姿测量(位置精度厘米级、姿态小于 0.1°)要求,通过联通 5G 专网改造实现业务 MEC 本地化实时采集作业货轮位置姿态、港机姿态及各自由度单元运行轨迹、PLC 工序完成情况等相关数据,保证敏感数据不出港区,并综合运用时空数据统计、分析等方法,汇聚于港口业务逻辑总控系统,按"翻车、堆料、取料、装船"全流程自动化将生产设备各单元组成一个协同工作体系(同调高频),打通船岸动态作业协同的最后一环,助力黄骅港完成全国首座"翻、堆、取、装"全流程无人化煤炭港口建设。

据国家能源集团黄骅港统计,智慧港口自动化装船系统运行 17 个月以来为港口增加收入超过 1.1 亿元,助推港口产业数字化升级,累计实现装载量超 1 亿吨、累计装船超 2000 艘,实现港口作业效用的 5 个转变:作业配员减少 66%,泊位利用率提高 15%,装船效率提升 10%,装船时间减少 25%,满载率提升 20%。图 10-9 为"5G+ 北斗"自动化改造前后对比图(以二期码头为例)。

图 10-9 "5G+ 北斗"自动化改造前后对比图（以二期码头为例）

黄骅港"5G+ 北斗"自动化散货码头智能系统和装备关键技术的应用，实现了我国大型自动化散货码头生产管理系统的自主化和港口装备技术的升级迭代，填补了我国相关领域的技术空白，使得我国自动化散货码头的建设摆脱了对国外先进技术的依赖，为我国港口转型升级发展提供了技术保障。"5G+ 北斗"位姿测量仪工作现场如图10-10 所示。

图 10-10 "5G+ 北斗"位姿测量仪工作现场

本项目技术成果适用于大型港口向自动化、智能化发展的需求，具有很强的市场竞争力，将进一步提升中国智造的科技实力和市场占有率。项目的落地助力黄骅港成为工业和信息化部第二批"5G+ 工业互联网"十大典型应用场景和五大重点行业实践单位。

10.5 区块链类

区块链技术依托去中心化、匿名化、公开透明等特征，在数据安全与隐私保护、数据追溯、数据存证与认证、数据低成本可靠交易等场景得到广泛应用，对促进智慧城市安全、长效发展具有重要作用。中国联通已发布"联通链2.0"，具备自主可信、端网融合、跨云跨链能力，构建了"1个基础能力平台+8种通用服务"的区块链能力基座，打造可信数据交换等6大数链融合产品，形成"电子证照链、产融链、可信存证链"等行业解决方案，在智慧党建、政务服务、智慧文旅、工业互联网等领域打造了多项标杆示范应用。

案例33 四川"天府中央法务链"
—— 数字化赋能"智慧法治"建设，区块链底座创建可信社会

1. 背景和需求

（1）项目背景

为深入贯彻落实全面依法治国新理念、新思想、新战略、深入实施成渝地区双城经济圈建设国家战略，打造推动高质量发展的法治环境和营商环境，四川省委决定由省委政法委员会牵头在国家级新区天府新区高起点规划建设天府中央法务区，构建"平台驱动层＋核心产业层＋关联功能层＋衍生配套层"的法律服务产业生态圈。

天府中央法务区综合服务中心（如图10-11所示）以打造立足四川、辐射西部、影响全国、面向世界的一流法律服务高地为目标，有效聚集法务资源，全面提升服务功能，形成集公共法律服务、法治理论研究创新、法治论坛交流合作、法治文化教育培训、智慧法务、涉法务全链条服务等功能于一体的专业化、国际化、市场化法治创新聚集区。到2030年，将形成全面覆盖、无缝衔接国际国内法律服务需求的高能级产业体系，持续完善国际法务企业孵化机制和国际法律人才培养模式，不断输出国际领先的法律服务解决方案，成为具有国际影响力的法治平台。

天府法务智慧服务平台（如图10-12所示）是天府中央法务区建设的重要配套内容，由四川省委、省政府统筹部署，四川省委政法委员会牵头推进，四川省高级人民法院、四川省人民检察院、四川省公安厅、四川省司法厅、四川天府新区等部门

共同谋划，旨在集聚国内外高端法务和涉法配套资源，依托大数据、人工智能、区块链等技术，为市场主体提供集法律服务咨询、法律信息数据查询、法律科技创新和法律产业管理、智能运营监管为一体的全时空高端法律智慧服务，为天府中央法务区搭建国际化公共法治创新平台、创新发展智慧法务新业态、形成全产业链的生态系统提供创新驱动力与数字科技支撑。

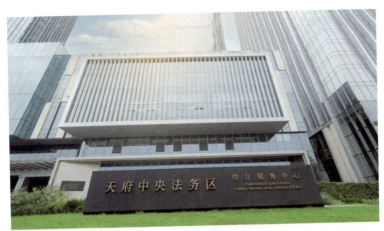

图 10-11 天府中央法务区综合服务中心

图 10-12 天府法务智慧服务平台界面

如今，科学技术与法治建设呈现交叉融合的发展趋势，区块链正是自主创新的重要突破口之一。2021年1月10日，中共中央印发《法治中国建设规划（2020—2025年）》，其中提出"充分运用大数据、云计算、人工智能等现代科技手段，全面建设'智慧法治',推进法治中国建设的数据化、网络化、智能化"。2020 年 4 月 20 日,国家发展和改革委员会首次明确新基建范畴,将卫星互联网和区块链纳入信息基础设施范畴。2020 年 5 月,司法部发布《电子数据存证技术规范》,对区块链存证作出肯定,并予以技术规定。2021 年 5 月,最高法发布《人民法院在线诉讼规则》,确认了区块链存证的效力,首次对区块链存储数据的真实性认定做出规则指引。以数字化赋能"智慧法治"建设、区块链技术在智慧法务新业态中的融合应用,为天府法务区发展治理提供坚定基础保障。

(2)项目需求

① 电子证据安全管理需求

随着互联网行业的快速发展,各类纠纷越来越多地与互联网发生交集,电子数据已成为重要的证据类型,但当下电子证据的采集、保存、使用上普遍存在四大痛点。第一,电子证据灭失风险高。生产环境下的电子证据的原始载体难以脱离信息化系统单独存在,许多电子证据待纠纷发生时,已经自然更替、灭失或被人为删除。第二,证据保全成本高。通过公证机关办理证据保全,成本不菲,部分企业只能选择性地进行证据保全,以至于合法利益不能得到充分保障。第三,电子证据认证难。电子数据未有效随原始载体保全或通过公证保全,则其电子证据效力可能受到挑战,法官难以认定电子证据的真实性。第四,商业秘密保护难。通过第三方电子存证平台进行存证,需将电子数据原件或副本在第三方进行保存,这使得企业的商业秘密保护存在风险。

② 取证评估管理需求

法务工作不仅包括企业合并、招投标、改建等涉企重要经济活动中对企业资信、涉诉情况、信用等级的评估,也包括发生涉企纠纷时进行证据取证、代表企业处理仲裁、诉讼、调解案件等。法务工作普遍存在取证周期长、收集证据难、涉案角色提供的内部证明文件效力不足等问题。日常发生纠纷时证据零散分布于各个系统或各部门相关人员中,证据易丢失、消亡、篡改,电子证据打印后转化为书证提交至法院,难以保证法院采信所有证据,线下提起纠纷费时费力。

2. 主要做法

"天府中央法务链"运用联通链底层技术,以彻底解决电子证据存证难、固证难、取证难、认证难的问题为目标,畅通和规范群众诉求表达,提升司法工作联动能力,助力建设"一云、一链、多行业、全覆盖"的天府中央法律服务体系,为四川省法律公共服务与核心产业的现代化、智能化、立体化建设夯实数字底座。

(1)打造区块链支撑底座,提升公信能力

"天府中央法务链"建设以开放共享能力为标准,一是连通四川省法院、司法厅等政法机关和司法鉴定中心、公证处等公共法律服务机构,同时为"五庭五院"及相关办案机构提供司法业务全流程闭环、安全可靠的数字化能力保障;二是引入政府相关部门、安全单位、大型国企、金融机构等多类单位作为链上节点,以可信存证、高效验证、真实溯源等通用能力支撑不同业务场景,夯实支撑底座能力;三是以丰富的兼容能力,与其他行业区块链平台实现跨链交互,汇聚关联存证信息,拓展关联行业能力,打造基于"天府中央法务链"的产业生态数字化区块链可信存证平台。

(2)融合司法类业务,打通数据孤岛

打通数据孤岛,提升数据可信能力。建设基于"事前固证、事中取证、事后质证示证"法律行业全业务流程的区块链通用支撑能力。首先,通过区块链加密技术对链上数据的隐私性、安全性进行保护,确保核心数据不被泄露、不可窃用,保障数据产权唯一。其次,利用区块链分布式特点,以参与方共识和区块链技术共识双维度,以契合司法业务数据流转为基础,打造基于区块链的司法数据共享应用,确保司法数据取用行为可控,数据主权可认定。最后,通过区块链上链数据不可篡改及行为留痕特性,实现多司法业务数据的可信共享,流转程序透明可溯,提升数据权属可控水平。

(3)赋能多场景应用,创新司法科技

以区块链能力底座为基础,拓展司法行业多场景应用。"天府中央法务链"建设是以纠纷调解、权益保障、诉讼代理、文书公证、案件受理等业务逻辑为蓝本,提供司法区块链应用的智能合约及业务网关。此外,通过统一、标准的技术服务接口,实现司法鉴定文书、电子公证书、电子合同、司法数据取用行为及个人信息等关联数据的链上纳管,形成横向公共服务与纵向司法管理两手抓的司法科技升级。

(4)融合各端能力,覆盖民生主体

"天府中央法务链"以区块链可视化为保障,融合司法现有服务网站、司法小程序、司法行业公开 App 及可扩展移动端页面等多种应用途径，同时面向涵盖群众、企业、司法行业人员及政府职能管理人员多类应用人群，提供高效、开放的司法业务链上资源的存、取、查、验功能，降低当事人的维权成本，为更广泛的使用人群提供司法科技服务。

（5）建立司法行业区块链制度规范，保障安全合规

"天府中央法务链"致力于打造高社会影响力、高产业参与度、高安全可信度的四川本地司法联盟区块链。第一，本项目遵循国家相关政策法规及标准规范开展，确保系统设计、建设和运行符合相关标准。第二，在节点扩展方面，"天府中央法务链"通过制定接入准则和技术规范，实现司法行业区块链可控融合，保障司法行业业务融合可扩展性，提升链上各节点组织的安全合规性。第三，本项目从网络安全、数据安全、应用安全及管理安全等多维度构建行业运行保障体系，保障平台的高可用性、普适性、兼容性。

3. 特色亮点

"天府中央法务链"建设以区块链技术为基础，创新司法科技，推动四川省营商环境工作实现"智、融、联、通"全面优化，激活高质量发展新动能。

（1）以链赋智，优化营商环境

运用区块链底层能力，实现司法业务的互联互通，构建数据融合共享模式，赋能智慧司法建设。以民生服务为根本，深化"让数据多跑路，让群众少跑腿"改革，立足"破三难"，基于区块链的数据可信共享能力，解决"立案难、胜诉难、执行难"等问题，让司法业务数据跑起来，让流程处理快起来，让广大群众安心起来，形成"一网通用，一网通办，一网统管"高效智慧司法服务模式。

（2）以链融合，建设数字法务

"天府中央法务链"的建设体现了区块链等新兴信息技术与全面依法治国理念的深度融合。"天府中央法务链"以科技赋能法律产业为推手，助力法律产业业务数字化、智能化转型，以高可信能力底座提升法律大数据分析及应用效能；以法治与数字化的双轮驱动为抓手，深度融合各行业创新应用，促进网络空间治理法制化，网格管控处理数字化；以区块链技术为帮手，推动数字法务建设，形成多组织相互依存、多业务彼此促进、多数据融会贯通的新模式。

（3）以链联动，推动全程网办

本项目充分发挥法律大数据、区块链的管理作用，增强组织间的联动能力，扩展法务一网通办、司法鉴定统一服务平台、电子公证云平台、数字律所等应用平台的服务边界，以智能服务提高法律行业人员办案效率。逐步优化网上阅卷、证据交换、网上开庭、电子公证等便民服务，切实实现公共服务数字化、核心产业数字化、产业生态数字化，多维数字化赋能，助推智慧城市建设，实现司法服务的全程网办。

（4）链通基层，为民服务

"天府中央法务链"平台打通基层司法服务不同环节数据流通通道，链通司法服务核心业务处置环节，覆盖司法服务基层部门，以保障群众利益为基本原则，以司法服务一网通办为基础能力，通过链上可信数据的流通、示证、质证提升司法服务效率，规范、优化、提升基层法制治理机能。

4. 应用成效

（1）打造可信存证平台，服务法律产业

本项目搭建了以联盟链为基础的司法可信存证区块链，打造了天府法务可信存证平台（如图10-13所示），实现了存证、固证、取证、校验的全流程闭环功能。秉持"安全、权威、公正、中立"的原则，平台提供了法律文书可信存证、电子证据高效验证、取证过程精准溯源等服务，解决了电子证据存证难、固证难、取证难、认证难的问题。此外，平台对接司法鉴定统一服务平台，实现电子司法鉴定意见书/委托书自动上链；对接电子公证云平台，实现电子公证书及相关公证过程文档上链存证；依托天府法务在线诉讼服务专区，实现存证数据一键立案。

（2）打通法务数据孤岛，实现司法数据跨部门核验

打通司法数据孤岛。本项目通过在各政法单位设立区块链节点，实现了法务数据共享过程的数据确权、控制信息计算、个性化安全加密等，有效解决了各部门信息平台自成体系、数据没有统一标准、系统之间互不兼容导致的条块分割问题，帮助政法单位实现数据核验。

明确数据权责。区块链技术能够对数据流通过程进行可信追溯，为有效解决司法数据使用过程中归属权、管理权和使用权的界定难题提供技术支撑。

图 10-13 天府法务可信存证平台界面

构建数据分类共享体系。本项目完善了司法数据信息资源目录体系和分类共享体系，实现了不同共享类型数据的依权限分类共享，提高了安全保障能力。

（3）通过技术与业务深度融合，服务司法审判

通过对接各类互联网业务，本项目实现了电子证据规则与各类互联网应用的深度耦合，架设了司法服务与业务应用的规则桥梁。"天府中央法务链"初步形成了集数据生成、数据存证、数据取证、数据采信等于一体的综合服务体系，建立了涵盖司法鉴定、公证、仲裁、知识产权、金融交易、电子合同、通用存证、公益诉讼等多应用的泛法律服务生态。通过天府法务在线诉讼服务，对接了法院内部系统，在立案、材料递交、证据交换等诉讼环节，为当事人提供在"天府中央法务链"上的证据材料直达法院内部系统的通道。

（4）切实解决取证难、认证难问题，提高审判质效

在立案申请审核、案件办理等场景，法官可以在法院内部办案系统中对当事人提交的材料自动进行区块链存证文件在线勘验，提供证据认定参考依据。由于公众对区块链技术的广泛认知，大多数当事人在调解阶段就化解了纠纷。实践证明，由于具备去中心化的信任机制、不易篡改和可溯源等特点，区块链技术在司法领域拥有广阔的应用空间，客观上对互联网信任体系的建立也有推动作用。通过实现规则前置、全链条参与、社会机构共同背书，区块链把公平、公正的规则依靠技术的力量嵌入了互联网诉讼。

案例34　河北省电子证照区块链平台
——打造政务上链新场景，提供政务服务新体验

1. 背景和需求

（1）项目背景

《国务院关于加快推进"互联网＋政务服务"工作的指导意见》《国务院办公厅关于简化优化公共服务流程方便基层群众办事创业的通知》等文件要求，运用互联网、大数据、云计算、区块链等技术，推进"互联网＋政务服务"，深化简政放权、放管结合、优化服务，实现各地、各部门、各层级间政务服务数据共享，促进政府高效施政，让居民和企业少跑腿、好办事、不添堵，激发市场活力和社会创造力。河北省政务服务管理办公室深入理解和践行国家"互联网＋政务服务"的指导意见，持续建设省一体化政务服务平台，不断优化技术服务能力，持续迭代政务服务平台功能和技术指标，进一步提升省一体化平台的稳定性、可靠性、便捷性和易用性。同时，河北省政务办响应国家关于区块链技术的应用要求，积极探索基于区块链的数据共享模式，实现政务数据跨部门、跨区域共同维护和利用，并尝试率先实现电子证照的链上纳管和可信共享。

（2）项目需求

随着线上办理业务事项的不断增加，目前河北省内各市对一体化平台的可用性、稳定性要求更加严格，需要对现有平台在交互和协同过程中的不可控因素进行统一监控、风险预警和溯源追踪。因此，区块链技术和统一运行监控将是各市政务服务能力建设的必然发展方向，需要引入电子证照区块链，实现电子证照目录、用证信息、证照存证等关键信息的上链纳管，并基于证照链实现与现有省大数据中心电子证照信息库的协同，实现电子证照数据的可信、互通、共享、防篡改及可溯源，满足国家对各省市结合区块链技术不断优化政务服务能力的要求。

① 关键信息上链纳管需求：需要实现电子证照目录和电子证照实体存证等要素数据的上链纳管，保证基于区块链的证照数据可信、互通、共享。

② **链上授权访问控制需求**：需要实现基于区块链的证照授权管理和链上访问控制，与"冀时办"关联，实现证照使用的区块链授权。

③ **链上行为溯源需求**：需要实现所有电子证照用证行为上链管理，包括加注用证、亮证核验等，确保使用数据公开可追溯、可查询。

2. 主要做法

河北省电子证照区块链平台建设目标主要分为两部分，一是开展政务服务运行监控。建立政务服务运行监控平台，通过对系统间数据交互、接口调用的日志汇聚和标准化接入，实现对河北省一体化平台的统一运行监控，实现各业务系统交互和子系统间运行协同的可知、可管、可控、可感知、可溯源。基于政务服务运行监控平台，逐步实现"管运分离"的运营管理模式，对河北省一体化平台的业务运行、数据质量、数据安全、网络环境、设备终端等，实施全面纳管监控。二是引入电子证照区块链。实现电子证照目录、用证信息、证照存证等关键信息的上链纳管，并基于证照链与现有河北省大数据中心电子证照信息库协同，在实现电子证照目录、用证信息、证照存证等关键信息的全面上链纳管基础上，逐步实现基于证照链的"以链为主"的电子证照数据的可信、互通、共享、防篡改及可溯源。

（1）政务服务运行监控平台建设

政务服务运行监控平台针对各业务系统集群间的业务往来及集群内部的数据交换、系统交互，通过与河北省一体化平台中各系统日志、数据库的对接，实现统一日志采集、日志标准化和日志解析，形成监控数据库，基于日志汇聚处理和大数据分析，实现政务服务平台的统一运行监控，支撑上层运行监控、感知预警和问题溯源等监控环节，并以可视化方式对运行情况进行统一展示。

① 运行关系梳理

梳理数据流转交换关系，明确系统间交互清单和接口先行后续关系，形成接口级处理流图和数据流转轨迹。

② 监控数据采集和处理

实现日志、数据库视图、探针数据等多元采集，汇聚政务服务一体化平台的监控数据，建立统一的数据解析标准，从监控数据源中标准化提取各维度监控指标，为上层监控应用提供支撑。

③ 运行监控

汇聚和接入系统间运行监控数据，对各系统交互和子系统间协同进行实时监控，对异常进行报警，实现对办件进度、数据交换、接口运行的监控管理。

④ 运行审计

通过各系统日志的采集，建立日志审计规则和审计分析模型，对一体化平台运行过程进行审计，主动感知政务服务运行过程中的风险和问题，并实施预警。

⑤ 运行追踪溯源

建立系统交互和数据交换的关联分析图谱，实现针对各子系统间关联关系的快速掌握和相关信息的查询。在一体化平台发生运行故障时，能够快速溯源，定位故障原因，推进问题迅速解决。

⑥ 运行监控可视化

运行监控视图包括运行关联图、运行拓扑图等，实现运行监控的可视化管理，生成政务服务运行报告，自动生成政务服务一体化平台的运行画像。

总体设计路线依据"三线一标三时"原则，构建政务服务运行监控平台。

- 三线即"统建平台申报、统建平台审批""统建平台申报、厅局平台审批""厅局平台申报、厅局平台审批"的三大数据流主线。
- 一标即统一规范化细粒度日志标准。
- 三时即运行时监控、故障前预警、故障时溯源的3个时段。

（2）电子证照区块链建设

电子证照区块链建设以构建"三上两验一查"的证照区块链体系为核心，逐步实现河北省证照信息的链上纳管、链上授权访问控制及链上用证行为溯源，以接口方式，为全省证照库、省大数据中心证照信息库及相关业务系统提供上链及链上核验服务。其中，"三上"是实现证照关键信息上链（包括证照目录信息、证照实体存证及证照加注信息等），证照授权上链和用证行为上链；"两验"是实现基于证照区块链的证照信息一致性比对核验，用证行为链上访问控制、权限核验；"一查"是实现基于证照区块链的用证行为溯源查询。

电子证照区块链以区块链底层支撑平台、区块链服务管理平台、业务对接网关管理平台为底座,需要开展联盟链建设、数据上链建设、链上数据管理、链上证照应用、区块链管理等工作,主要涉及河北省电子证照库、河北省大数据中心电子证照信息库、"冀时办"、各级各部门申报审批系统及相关业务系统等交互对象。

① 联盟链建设:依靠区块链分布式账本结构,在政务云上为河北省证照库、河北省大数据中心、"冀时办"等联盟主体各节点建立联盟链,联盟链通过智能合约技术对业务访问进行控制和监控,确保数据安全,实现证照数据共享最大化。

② 数据上链建设:包括确权授权委托信息、用证行为信息、证照目录信息、加注件信息、证照持有人信息等上链。

③ 链上数据管理:实现通过 API 查询链上数据和核验链上数据。

④ 链上证照应用:通过 SQL(结构查询语言的接口)和 API 为上层应用场景提供区块链基础服务功能,包括证照核验比对、链上访问控制、链上行为溯源等应用。

⑤ 区块链管理:主要包括主机管理、区块链网络管理、通道管理、智能合约管理、网关管理、共识算法、加密算法、区块链浏览器(各维度数据信息展现)、区块链监控、用户管理等。

3. 特色亮点

本项目一方面围绕"省级统建平台、厅局自建平台"的总体思路,对政务服务管理办公室内部电子签章系统、政务服务系统、数据交换系统、事项梳理系统、综合查询服务系统、统一身份认证平台等进行运行时监控、故障前预警、故障时溯源,实现了各业务系统间交互和协同全过程的可知、可管、可控、可感知、可溯源。另一方面把区块链作为核心技术自主创新的重要突破口,加快推动区块链技术和产业创新发展,充分利用区块链数据共享模式,实现政务数据跨部门、跨区域共同维护和利用,促进业务协同办理,深化"最多跑一次"改革,为人民群众带来更好的政务服务体验,协助省政务服务管理办公室响应国家关于区块链技术的应用要求,率先实现电子证照的链上纳管和可信共享。本项目主要亮点如下。

(1)集约化监控

构建了集约化的河北省一体化平台运行监控体系,实现了监控、预警和溯源的全省统一服务。

（2）平台化支撑

运行监控平台的建设，为"互联网+政务服务"补强了技术支撑能力，为政务服务稳定、高效运行保驾护航。

（3）可信化管理

区块链平台为电子证照提供了防篡改、可追溯的管理手段，为推进"互联网+政务服务"和数字政府建设增添新路线。

（4）共享化服务

电子证照区块链实现了电子证照可信共享，为跨地域、跨部门、跨层级、跨系统、跨业务间电子证照共享互认和服务起到了示范作用，为政府高效施政和优化服务奠定了基础。电子证照区块链用户端界面如图10-14所示。

图10-14　电子证照区块链用户端界面

4. 应用成效

本项目将省市两级政务服务应用运行监控与电子证照区块链进行有机结合（如图10-15所示），推动公安、住建、民政、人社等50多个省级部门、超1300种证照上链，上链数据规模达到亿级，并与"河北政务服务网""冀时办"App打通，本人无须携带实体证照，"一键亮证"即可办理业务。运用区块链、大数据技术实现电子证照防窃取、降低电子证照被篡改和非授权使用等安全风险，并且可追溯电子证照使用行为全过程，实现了海量电子证照的高效安全管理，建立了电子证照查询、使用、核验的数字化管理体系。

对于政府部门，本项目推动了电子证照共享和数字化流通，助力打通数据孤岛，提升政务服务效率。本项目围绕河北省电子证照库、河北省大数据中心、"冀时办"完成证照关键信息上链、证照授权上链、用证行为上链，实现了基于证照区块链的证照信息一致性比对核验，用证行为链上访问控制、权限核验，以及证照区块链的用证行为溯源查询,提高了审批效率,降低了政府行政成本。

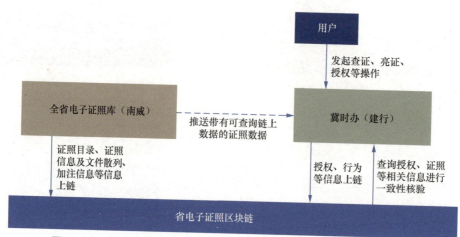

图 10-15　省市两级政务服务应用运行监控与电子证照区块链有机结合

对于企业和个人,本项目实现了政务数据跨部门、跨区域利用,通过从电子证照库中核验并调取信息,助推"群众跑腿"向"信息跑路"转变,促进业务协同办理,推动构建一站式的政务服务模式,实现了办事企业群众"零跑腿",让企业和群众在办事过程中切实感受到政务服务的便利性。

本平台可向上对接国家政务服务平台,向下服务市、县,真正形成国家、省、市、县 4 级电子证照共享互通,是区块链技术在智慧城市、数字政府领域的典型示范应用。